思想觀念的帶動者

文化現象的觀察者

本土經驗的整理者

生命故事的關懷者

心靈工坊 PsyGarden

Master

對於人類心理現象的描述與詮釋

有著源遠流長的古典主張，有著素簡華麗的現代議題

構築一座探究心靈活動的殿堂

我們在文字與閱讀中，找尋那奠基的源頭

A WAY OF BEING

存在之道

Carl R. Rogers

卡爾．羅傑斯——著　鄧伯宸——譯

人本心理學家 卡爾·羅傑斯談關係、心靈與明日的世界

The Founder of the Human Potential Movement Looks Back on a Distinguished Career

目錄

【導讀】卡爾・羅傑斯：於專業、於生命都一路相逢的引路人／曹中瑋　008
【原序】聽一個不懈的鬥士娓娓訴說／歐文・亞隆　025
【自序】願你踏上存在的旅程　033

第一部　我的經驗與觀點

第一章　溝通的體驗　038
第二章　我的人際關係哲學及其發展　058
第三章　回顧：四十六個寒暑　076
第四章　變老，還是成長　099

第五章　現實只有「一個」嗎？　124

第二部　以人為本取向的觀點

第六章　以人為本取向的功能　138
第七章　同理心：一種未受充分理解的存在之道　158
第八章　愛倫・韋斯特：孤獨　182
第九章　建立以人為本的社群：對未來的啟示　197
第十章　六個短篇　222
第十一章　心理衛生專業的新挑戰　249

第三部　教育的過程及其未來

第十二章　學習可以兼顧思想與感情嗎？　274
第十三章　越過分水嶺：現在的位置　299

第十四章　大型團體中的學習及其對未來的意義　322

第四部　展望未來：一個以人為本的腳本

第十五章　明日的世界，明日的人　344
【附錄一】卡爾．羅傑斯著作年表　361
【附錄二】參考文獻與出處　380
【附錄三】延伸閱讀　390

【導讀】

卡爾・羅傑斯：於專業、於生命都一路相逢的引路人

曹中瑋／資深諮商心理師

一個偉大的理論觀點，必是歷久彌新、永垂不朽的，永遠對後學者有深遠的影響。卡爾・羅傑斯正是偉大觀點的創發者，而我也是其中一位受感召的人。

卡爾・羅傑斯被譽為「人本主義心理學之父」，並創立以人為本的治療學派（Person-Centered Therapy，台灣多譯為「個人中心」學派，編按：也可譯為「以人為中心」）。在此書中，羅傑斯說他更想改用「以人為本取向」（Person-Centered approach）來表達自己的理念：「我不再是只談心理治療，而是談一個觀點，一個思想，一種生活方式，一種存在的心態，適用於任何情況——個人的、團體的、社群的——其目標則為成長。」

我個人認為，羅傑斯這生前最後一本重要著作，即在闡述這種以人為主的理念，是如何應用於各個層面——婚姻、家庭、學校、政府、文化與國家——的關係處理，勾勒了目前的

論述、實踐成果與未來願景。於本文，我將就本書的重要主題分享我自己的體會。

獨立的個體及對人之向善潛能的相信

前一陣子，有位跟我學習完形諮商十多年，目前也在大學教授諮商理論課程的學生問我，怎麼覺得個人中心學派和完形諮商學派很是相近？我愣了一下，想了想，覺得應該不是兩者相似，而是「我」，在某種程度是站在以人為本取向的基礎上學習完形諮商的，才讓學生有這樣的感覺。讀了這本《存在之道》，我更加確定自己「個人諮商理論」的發展，的確深受卡爾．羅傑斯影響，特別是我的人性觀和對心理師在諮商中的定位——站在當事人的左或右旁，略為後方一小步，為他點亮一盞燈，陪他前行——更是有著羅傑斯的影子。

羅傑斯的「以人為本」的核心精神，指的是：每個人都是獨立的個體，都該被允許能真實地做自己，理解與接納人人皆不相同，與此同時，羅傑斯也堅信「每個人的內在自有豐富的資源，供其理解自己，改變自我認知、心態及自主行為。不過，前提是你要提供一個有利於心理狀態的環境，這些資源才會啟動。」而我對人性的觀點也是如此：「我對生命有很高的崇敬，更深信人類生來就具有無限潛能。不過，這可以因應人生各種挑戰的能力，是以種子的形式存在的。它需要在有充分水分和豐厚養分的環境下，才能向上成長茁壯，長出一片屬於自己的美麗景致。對人類而言，那些水分和養分就是關懷與愛。」1

不過耐人尋味的是，羅傑斯認提到的東方態度：「我對這個人的欣賞，一如我欣賞落日。如果我們能夠順其自然，人之美，猶如落日之美。事實上，我們之所以能夠欣賞晚霞，或許正因為我們無法控制它——我認為這是一種東方的態度；也是我最歡喜的一種。」在我看來，「東方」的態度若也包含中華文化，大師可能有點誤會。大師對「東方」的印象也許是諸如老莊思想之類的觀點，崇尚無為而治，講求順其自然。但對一般人而言，此一信念多半表現在對天地和大自然臣服，或天人合一的態度上。然而如果是對待人，尤其是父母、師長對待子女、學生，往往掌控性很高，更不易把他們視為獨立的個體，讓他們順性發展。這種集體主義與個人主義的文化差異，羅傑斯在本書第九章略有提及，而這也提醒身在「東方」的我們，要領略與實踐羅傑斯的信念，我們比起西方人可能還有更多的關卡要突破。

人與人的互動溝通

然而不論如何，所有的實踐都從人和人的溝通開始。

在羅傑斯的方法裡，「傾聽」——深度傾聽，帶著創意、積極、用心、精確、同理且不帶評斷的傾聽，是人際關係裡最重要的能力。還有另一個溝通的基礎：真心、真誠，心口一致，即一種「我心感我受，我口說我心，三者一體」的狀態。羅傑斯描繪道，「那一刻，我是整合的，是完整的，是一體的。」

我認為，我們不只傾要聽他人，還必須願意傾聽自己。聆聽身體的訊息、心裡的感受、內在的渴望與呼喚，然後用心回應它們。這不但是自我整合、自我和好的必要條件，而且一般來說，能真心面對自己的內在狀態，才能真正分辨人我，用清明的心去傾聽他人。

令我訝異的是，即使是羅傑斯，也坦誠表示自己曾有一段很長的時間，無法做到傾聽內在並對自己欣賞與關懷，甚至不假思索地排斥別人對他的正向稱讚，因此感覺不到被愛。他也是經過很久的努力，才慢慢地能夠再次真心接納或感受別人的關心和欣賞，並覺得溫暖及充實，「……由於不再害怕正向感情的施與受，我變得更能夠欣賞別人。」

我們可以細細地閱讀第一章有關溝通的論述。這樣的聆聽雖然不容易，但我相信每個人的心中都盼望著能被聽懂、接納和陪伴，也願意用心聽懂他人，如此創造人與人美好的連結。

治療中三個必要及充分條件

我在大學讀輔導系時，在學習上崇尚羅傑斯的理論，私下閱讀則熱愛存在主義，並試著

1 曹中瑋（2009），《當下，與你真誠相遇》，第二十一頁，張老師文化。

將存在主義治療和以人為本的學派結合。沒想到我那自以為的嘗試，竟在本書中得到呼應：「一九五七年，我已經發展出一套嚴謹的治療理論及治療關係理論，提出〈人格改變的必要及充分條件〉（Rogers,1957）……我驚訝的發現，這甚至是本土品牌的存在主義哲學。」原來羅傑斯早就認為其理論是美國版的存在主義哲學了。可見當時我學藝不精，沒能融會貫通理解到其精髓。

也是在這樣的思想背景下，有了本書在第六章詳述治療中的三個必要及充分的條件。當年的我認識到，這不但是必要條件，而且要足夠「充分」，也就是說，只要能做到這三點，心理治療工作即可有效順利進行。只是，這讓當時是新手的我覺得那是件不可能的任務，以致我雖對以人為本取向仰之彌高，卻「是猶卻步而欲求及前人，不可得也。」（《孔子家語・儒行解》）

這三個必要及充分的條件如下。第一個要素是**真誠**，**真實**，或**一致性**。但在這條件裡，羅傑斯強調「『透明』一詞最能說明這種狀態：治療師要讓自己對案主透明；案主可以在治療關係中徹底瞭解治療師；案主感覺得到治療師沒有隱瞞。」對此，我覺得有必要說說我個人的理解。我相信，這樣的透明一致是限縮在治療關係中的，治療師在治療室外的私人生活，還是要謹慎保留。而所謂徹底瞭解治療師，應該強調治療師在治療過程雖帶有專業角色，同時更需要也是位真實的人，並使個案能完全領會治療師在治療中給予案主的所有回應。

第二個重要態度是接納，關心，或肯定，也就是「**無條件的正向對待**」。第三個要件是

同理心的理解。對同理心這個條件，羅傑斯更另闢第七章詳細討論。他進一步強調同理心在所有的人與人的關係裡，都該是個核心的態度。而要能有好的同理能力，不只是把自己的觀點與價值都放到一邊，不帶任何成見地進入別人的世界，也是真正站到對方的位置，用對方的角度去看對方所見，以及感同身受對方的心情。

不過，在羅傑斯《成為一個人》書中說：「同理心的理解，是治療者能準確而同感地瞭解受輔者的世界，宛如那是自己的世界。」而歐文．亞隆則在《生命的禮物》書中提及同理心：「要從病人的窗戶往外看，試著去看病人所看到的世界。」[2]我想，「宛如」以及「從病人的窗戶往外看」都意味著：治療師還是必須保有自己，只是在同理的那個當下，把自我暫時放到了一邊。所以羅傑斯才會說，「能夠做到這一點的人，定然對自己有著充分的自信，知道自己面對他人光怪陸離的世界，也不致迷失，仍能來去自如，輕鬆回到自己的世界。」

同時，「治療師自身整合得越佳，所展現的同理心便越高。」因此，我強調心理師要先接納、整合自己，建立充分的自信，並擁有良好清晰而彈性的個人自我或心理界限，才可能在心理諮商中做到好的同理。而整合、自信和界限這三者，其實是交互影響及相輔相成的。

閱讀至此我終於明白，當年感覺個人中心學派在實務上不易運用，表面上以為是這個學

---

2 引自曹中瑋（2022），《懂得的陪伴》第二一三頁，心靈工坊。

派沒有具體、明確的步驟和獨特的諮商技術，使菜鳥的我難以上手。其實重點在於，那時的我不要說擁有自信，根本不喜歡自己，不接納自己，也沒能建立夠好的人我界限，自然無法對案主真正地無條件接納與關懷，也做不到有品質的同理理解。

治療（諮商）關係

本書雖無特別專談治療關係的篇章，但可以說全書都在討論人與人之間如何建立既開放又信任的好關係。譬如羅傑斯就說：「訓練治療師的經驗，我得到一個令人相當有壓力的結論：治療師的心理越成熟，越整合，對關係所提供的幫助越大。這一來，無異於嚴格要求治療師要先成為一個人。」

這讓我想起，多年前在國北碩班教授「諮商理論專題研究」，將羅傑斯在《成為一個人》書中，對良好治療關係提出的十個問題整理摘述為「十項諮商員大哉問」[3]：

1. 我能不能以某種方式讓另一個人感受到我是值得信任、可靠的，而在某種更深刻的層次上，我仍是前後一致的。
2. 我是否有足夠的表達能力，使我能將自己不含混地傳達給對方？
3. 我能否讓自己體驗到這種對別人「溫暖、關懷、喜愛、興趣與尊重」的正面態度？

4. 我是否有足夠的力量，使自己可以和他人分開來？我是否能屹立於我的獨特性上，不致被他人的恐懼所驚嚇，亦或是被他人的依賴所吞沒？
5. 我是否能安全地讓他人擁有自己的獨特性？
6. 我是否能完全進入他人的感受與個人意義的世界之中，而且也能像他一樣看待這些感覺與意義？
7. 我是否能接納這個人向我呈現的各個面向？是否接受他正如其人？
8. 在這種關係中，是否有足夠的敏感度而使我的行為舉止不致於使對方感到威脅？
9. 我是否能使對方免於外在評價的威脅？
10. 我是否能視這一個人為一個正在形成（becoming）的過程，而不是被束縛於他的過去和我的過去？

有一位學生在學習心得中寫下：「對於現在的我來說，這帶著詩意直敘的文字，與其說是提問，更像是某種祈禱詞。像是醫療人員、運動員在正式執業前的宣誓詞，帶著理想、神聖與某種天真的勇氣——讓人驚異於此境界的難度，但似乎又覺得理應如此。」

是的，即便事隔四十多年，第一次讀到此原著時的震撼感仍歷歷在目。當時我確實以既

3 摘述自羅哲斯（1990），《成為一個人》（宋文里譯），第五八—六四頁，九大桂冠出版。

浪漫天真又神聖堅毅的心情，宣誓著自己將以此十點作為從事諮商工作的精神依歸。數十年來，這也一直督促我抱著既戒慎恐懼又義無反顧的心，艱辛、奮力地期盼自己能實踐那神聖的呼喚……

現實？多元現實

羅傑斯深切期盼能建立一個以多元現實為基礎的群體或社會。因為他相信：「我唯一能夠認知的現實，是我當下所察覺及感受到的世界；你唯一可能認知的現實，是你當下所察覺及感受到的世界。而唯一可以確定的是，所有這些察覺到的現實各不相同。『現實世界』之多，一如世間之人！」

羅傑斯在其第五章專章討論「現實」（真實）是什麼、是否只有一個的議題。社會心理學家勒溫（Kurt Lewin）所建構的場地論（Field Theory）和羅傑斯的現象場（phenomenal field）觀點相近。所謂場地論，是認為「個人主觀知覺到、注意到的外在人、事、物，才真實存在著；人們想像出來的東西，即使不是客觀存在，對當事人而言也是真實存在的，如鬼。換句話說，只有個人知覺到的『外在』，才會進入我們的意識層，成為影響我們的外在環境。」[4]

而現象場也就是我們的主觀世界，包括我們所有的經驗（個體天生帶有的氣質和外在環境交互作用所生成的），我們也以它作為瞭解世界的基礎，主觀的詮釋外在各種刺激的意義。因此，每個人都是相當獨特的。「基於每個人的獨一無二，以致不論是誰都是非常珍貴而值得尊重的。換句話說，不論這個人的行為表現如何，只要「存在」，就具有無限的價值和尊貴，再也找不到與其相似的另一個人。」[5]

我想，羅傑斯特別討論這一點，說的是這世上只有屬於個人主觀的現實／真實，我們必須接受社會中每個人都是觀點各異（不只觀點，根本面對的所謂真實也不相同），允許人人都可以成為如其所是的自己，尊重和接納每個人的差異性，而社會要能如此運作，必然需要人人具備此種態度，並帶著足夠的耐性以及充分且夠好的溝通，以達到在差異中共存。於是，「我們能夠將這些各自不同的現實看成是人類史上最可貴的學習資源；坦然無懼地共同生活，彼此學習。如此一來，人類關心別人的天性，就不再會是『我關心你，因為你和我一樣』，而會是『我看重你，珍惜你，因為你和我不同』。」

這真是個美好的宏願——創造一個尊重個體又願意合作、無衝突的大同世界。也許，我們可先將此理想用於心理諮商中，實踐於全體人類世界實在很是艱難，特別是如重視他人取向、家族為重的華人文化，離得更遙遠了呢！

4 《懂得的陪伴》，第三七頁。

5 《當下，與你真誠相遇》，第二六頁。

孤獨

這本書第八章討論了一個悲劇的個案——愛倫・韋斯特，對我的衝擊與啟發最大。一方面是在篇章裡，深刻而真切地體會到羅傑斯對自己的相信，對即便同樣是治療界的大師之工作，直接提出不同的見解。且對那治療過程的失誤，感到痛心和憤怒。當然，他有充分的理由評論這個個案工作，尤其個案最後選擇以自殺了結自己的生命。羅傑斯說，「讀這件悲慘的個案令我憤怒，但也令我鼓舞。憤怒的是，這樁悲劇糟蹋了一個活生生的人；鼓舞的是，我覺得我們在這些年中已經學到了很多，如果愛倫・韋斯特今天來找的是我，或我認識的治療師，她一定會得到幫助。」

那句「如果來找的是我……」，讓我就如親眼看到他那堅定的眼神和讓人信任的表情，聽到他在告訴我：「別怕！你要相信自己，帶著內在的力量無懼地說出你內心真實的見解和感受。」

羅傑斯其實是很溫和親切的人，又提出尊重、關懷接納和同理三個關係中的核心條件。但在他的專業生涯中，之前有與精神病學界重量級人物以及與行為主義學派史金納的論辯，在美國心理學界相當轟動，也影響至深，連他本人都說，那是兩場「戰鬥」。他這種總是為理想勇於宣揚與認真實踐的精神很是令我崇敬。

第八章另一部分對我的衝擊，來自羅傑斯對人之所以感到孤獨的核心因素之論述，「第一個是，人與自己、與他的有機生命感受疏離……其內在感受在體驗中所感知的是一個意義，意識自我牢牢抓住的卻是另一個意義……」

以下我用文中個案發生的關鍵事件來闡述此點：個案二十歲時，愛上位外國男子並與之訂婚，但因父親反對，她未做抗爭就順服了父親，離開所愛之人。個案內在感受到自己愛上這男子，但父親認為這男子並不適合她，她只是一時迷惑，根本沒有愛對方。個案否定了自己的感覺、自己的判斷，認同了父親所說，也擔心如果不這樣，會失去父親的愛，而誤以為自己的感受就如父親所說。

也就是說，當我們不再信任自己的感覺和情緒，而只遵從重要他人及社會文化「規範」我們該有什麼感覺和情緒，長久下來，我們就逐漸和自己疏離。尤其，若我們其實體會得到自己的感受，但害怕若以自己的感受來行事，將無法得到父母和身邊他人的肯定與愛，內在的掙扎與矛盾將更折磨人，心很容易因此生病。說到這裡，讀者是否覺得在我們的社會環境中，多數人都有這樣的困境呀！

遠離了自己，人的存在感也就消失了，自然不再相信自己，失去了價值感和活著的意義。我個人也常在督導中提醒心理師，當個案主述覺得孤單，有時不是只關心個案的人際關係，反而需要去探究他與他自己的關係。而當個案覺得別人都不喜歡自己時，我更是會問：你喜歡你自己嗎？

羅傑斯認為，「孤獨的另一個因素，是缺乏能夠與人溝通自己真實體驗的關係，也就是無法在關係中溝通真實的自我。」我認為這因素和前一個因素很是類似——不確定、不相信自己的感覺，自然不敢也無法在關係中溝通真實的自己。或說，沒有「真我」的存在，又哪來人與人的關係呢？關係至少是兩個「我」或「個人」之間的互動與連結。

因此，解決人類孤獨的議題，唯有先改善個人和自己的關係；若要幫助人們達到自我和好的目標，則必是先聽懂他、接納他和包容他，讓他能「成為他自己」。

全人教育的大願

羅傑斯對當時美國教育的狀況很是憂慮。他認為教學過於偏重「脖子以上的教育」，以知識傳授為重，忽略情感面的教育。且各級教育行政機構過於重視齊一的規範——「國訂課程、強迫就學、終身教授、上課時數、分數、學位」等，使教育僵化而空洞。

相對於以人為本的教育，羅傑斯也描述相對之傳統教育的樣貌——基本上以教師為中心傳授知識，學生多為被動接收，管教上雖取消體罰，但是仍維持以權威和製造壓力、恐懼的方式為重，給新老師的忠告往往是：「第一天就要把學生給壓住。」，同時，完全忽略全人教育。

以曾經在師資培育機構教書的我而言，讀來很是慚愧。台灣的教育確實也在進步，更呼籲實踐以學生為本的教育理念，但我認為某種程度上還是偏向作者所描述的傳統教育樣貌。

我覺得根源在於我們對人性未能真正的相信。雖然「我們自幼學習儒家孔孟的人性本善論述，似乎相信人性本善、向上成長等信念；但反觀我們整體社會的制度卻是以防弊為主軸設計的，沒那麼相信人們能自動守法守紀。我們生活中也存在防人之心不可無、不太相信人的氛圍。父母、老師更是如此，認為如果不督促孩子和學生，他們就不可能自動自發[6]」，也總覺得孩子們不懂事，必須提供他們更多的規範和指導。不要說「孩子」，連滿十八歲的青年人，仍有很多人認為他們不夠成熟，無法做出好的選擇和判斷，而反對選舉人自二十歲降為十八歲。

羅傑斯在書中第十二章，寫下「以人為本的教育模式」該有的九個要件，以及若能落實實踐，那將是一種多麼美好的教育環境。最讓我感動與心嚮往的三點是：「學生的好奇心、天生的求知欲得到滋養和強化，進而成為一個終身學習者；不論學生與教師都能在此肯定自我、培養自信及自尊，發現自我內在價值的美好；惡性競爭不再，取而代之的是合作、互敬及互助。」

因此，本書十二、十三和十四章內容可以作為教育政策擬定很重要的參考。而我相當認同作者認為真正成功施行的關鍵在教師身上，須重視師資養成教育的內涵，這也可供國內師資培育機構深思。當然，更期盼可以引發更多人關心與討論我們文化中對人性的矛盾觀點。

6 《懂得的陪伴》，第一〇五頁。

專業霸權心態的檢討

閱讀第十一章「我們有勇氣揚棄專業心態嗎？」真是讓我心驚。羅傑斯認為心理助人專業推動資格與證照制度，其實弊大於利。一個是考試本身，很難用筆試測出適合的專業工作者；二是有證照無法保證工作能力；三是主管機關僵化地決定參加考試者之資格；最後，許多相關工作的志工，即便有相當充分的訓練和實務經驗，更是熱誠又稱職，然通常他們無法取得證照。

前三點國內的情況亦然。目前台灣的心理師證照考試即只有筆試，很多人也都擔心，這樣確實難以測出一位心理師「這個人」是否適合以及其專業執行能力；因此，是否擁有證照自然無法保證其工作能力；參加考試之資格認定這點在國內也常出現爭議，最明顯的是國外就讀相關專業的碩士，因其所修科目及實習制度與規定有所不同，常被拒於考試資格之外。

羅傑斯也提到，證照唯一的優點是能排除一些「江湖郎中」，但因為上述的四個弊端，這點也不全然能成立。而且證照制度實施久了，很容易走上「僵化及窄化的路，與過去綁在一起，扼殺創意。」我想，還有可能一不小心也會產生某種程度的專業霸權和專業傲慢，不得不慎。

我國的《心理師法》於二〇〇一年正式公布實施也才剛過二十年，但我也隱隱體會到羅傑斯批判證照制度的論點正在現實中產生效應，尤其憂心少部分心理師迷失在生存競爭裡，以個人的工作量、收入和表現為主要考量，而非以個案本身的需求和福祉為依歸。當然，在台灣心理助人算是一門新興行業，這證照制度對專業的發展是有必要和正向的助益。只期盼我們及早注意證照制度帶來的缺失，時時檢視制度本身的彈性與合理性；取得證照的心理師們更要記得進入此領域的助人初衷，不畏艱難，不斷精進專業知能，更因這能與人深刻交流的工作而感受生命的美麗！

「變老？還是成長？」走向「變老，但在成長！」

最後，我想討論本書第四章所寫的內容——「變老，但還要繼續成長改變」這個觀點。這是我生命走至此時此境的感觸。

今年剛巧正式進入可擁有敬老卡的我，這十年來確實清晰地感覺到身體的變老，視茫茫、髮蒼蒼、齒牙動搖的狀況越來越明顯，記性也變差，常忘東忘西的。但我同時也感覺到自己這十年來，內在心靈的成長比之前更為快速。

在專業上因想要做好傳承的工作——「不只走到目的地，更盼說出如何抵達」，我開始在工作當下，練習對工作過程作後設認知；並利用寫紀錄和回看相關工作影音檔的機會，努力思考並試著描述出「我是怎麼做的？當下何以如此反應？」當我比較明白自己在諮商中所做的是什麼後，便勉力完成《懂得的陪伴：一位資深心理師的心法傳承》這本書。

也因身體的變老，我為自己選擇雖不喜歡但必須要做的強化肌力運動課程，以減緩它的老化速度，以維持生活基本的行動力；而眼睛除了老化，同時有些病變，雖吃藥控制中，我也開始超前部署，多練習以聽為主的課程和書籍，拜疫情之賜，這部分在網路上發展快速。

期盼接下去的十年我也還是能夠如此，不怕變老，持續成長。

我期許自己能以羅傑斯的觀點看待死亡：「我的生命終有結束的一天，這看起來再自然不過。就某種程度來說，我已經活在他人心中……同時我也相信，我發展出來的存在理念及方法，至少將繼續好一段時間；因此，如果我走到了終點，我的某些方面仍將以多種方式活著。」

而當下，我將「好好活著，活在當下，帶著既好奇又謙卑的心，平靜地面對生命中所有的遭逢。」[7]

感恩，自年輕至今，心中的專業大師能在這樣的時刻，以這本《存在之道：人本心理學家卡爾．羅傑斯談關係、心靈與明日的世界》再度引領我走向人生的最後一段旅程。我很相信，一切都是上蒼最好的安排！

---

7 曹中瑋（2020），《遇見完形的我》，第十三頁，究竟出版社。

【原序】

聽一個不懈的鬥士娓娓訴說

歐文．亞隆（IrvinD. Yalom）／存在心理治療師、暢銷作家

初任教職，卡爾．羅傑斯與一群心理學系學生擠在一塊，當時，他約三十八、九歲的年紀。錄音帶剛問世不久，學生們津津有味地聽著一場心理治療晤談的錄音，只見他不時停下來，重複回放治療的片段，指出晤談不妥的地方，或詳細說明案主在什麼時候有了重大進展。

那是羅傑斯出現在《存在之道》中的一幀身影，當然，他還有許多其他的形象，例如在另一個場景，那已是他又長了二十歲之後的事。

在一場關於愛倫．韋斯特（Ellen West）的學術研討會上。愛倫．韋斯特，一個廣受多方探討的病人，自殺身亡已經數十年；然而羅傑斯談起她，討論的深度與感情強度，令在場的人無不為之動容，彷彿兩人極為熟識，而她的服毒自殺不過是昨天的事情一般。他不僅為她的虛擲生命感到悲痛，也對她的醫生及精神科醫師表示憤怒，譴責他們的精確診斷毫無人

味又充滿偏見，只是把她當成一個物件。他問，他們怎麼能這樣？他們難道不知道把一個人視為物件，治療注定失敗？要是他們把她當作一個人，拋開成見，將心比心，體驗她的境遇，體驗她的世界，或許能夠消除她那致命的孤獨。

還有另一個形象，是十五年之後，卡爾・羅傑斯七十歲，應邀至美國心理學會擔任榮譽講座。聽眾好整以暇就坐，等著看一個德高望重的七旬老翁細數陳年舊事。令人意外地，羅傑斯以一連串的挑戰，著實給了他們一記當頭棒喝，他強烈要求學校的心理諮商教師們不要再自我滿足，別再拿過時脫節的教育糟蹋學生；而必須改變體系，投身設計一套教育，解放學生的好奇心，強化學習的樂趣。接著他抨擊專業心態的故步自封，並批判只為了取得資格與證照，不計一切的努力，根本不值得，因為徒然擁有資格證照，卻和黑牌密醫無甚區別，這樣的貨色大有人在，反而將許多具有天賦的治療師拒於門外。美國心理學會僵化的官僚體制已經封凍了業界，窒息了創意。整場講演下來，無一人瞌睡。

這些場面，以及《存在之道》讓我們聯想起的其他許多相似的場景中，卡爾・羅傑斯處處為他人成長所做的努力顯而易見。說到羅傑斯的方法，他自己喜歡用「以人為本」（person-centered）[1]的概念來涵蓋。打從職業生涯的發端，羅傑斯帶領行為偏差的弱勢兒童，歷經十二年的時間，關心並尊重案主的經驗世界，就是羅傑斯最高的工作信條。以這一信條為中心，他開始構思自己的治療理念，亦即治療的方向要靠案主自己才能找到——只有案主才知道痛在哪裡，哪些感受有待發掘，哪些問題才是關鍵。三十五歲時他寫了一本教科書，專論問題兒童的治療，引起學術界的廣泛注意，並因此受聘為俄亥俄州立大學教授。

在那裡他率先開了一門有關諮商的課程（請注意，時為一九三〇年代末期，就我們所知，臨床心理學根本都還不存在），沒隔多久，他的治療理念具體成形，他又寫了一本教科書：《諮商與心理治療》（*Counseling and Psychotherapy*），但是出版商沒有興趣。他們告訴他，他們只出版與現行學科及領域相關的著作！不過到了最後，這本《諮商與心理治療》與羅洛·梅的《諮商的藝術》（*The Art of Counseling*），在臨床心理學的誕生上卻扮演了重要角色，開啟了未來人本主義[2]取向的治療方法。

---

1 編註：卡爾·羅傑斯的工作方法，最早稱為「非指導」（Nondirective）療法，一九五一年改稱「以案主為本」（Client-Centered，或稱「以案主為中心」）取向的療法，一九七四年再改為「以人為本」（Person-Centered，或稱「以人為中心」）取向的療法。從工作方法名稱的演變可推敲羅傑斯思路摸索的過程，本書《存在之道》是羅傑斯晚年「以人為本」階段的作品。國內常以將 person-centered 譯為「個人中心」，但「個人」一詞更常用來表達 individual，與 person 涵義不同，故本書譯為「以人為本」。

2 編註：以卡爾·羅傑斯、亞伯拉罕·馬斯洛（Abraham Maslow）等人所帶起的心理學風潮，通稱人本主義心理學（Humanistic Psychology），曾被視為是精神分析、行為主義之外的心理學第三勢力。羅傑斯另一部著作《成為一個人》的譯者宋文里曾指出，Humanistic Psychology 最自然的譯法就是「人文心理學」，這詞來自人文主義（humanism），是在文藝復興時代相對於有神論的概念。但這種相對脈絡在漢語語境並未發生，譯為「人『本』」是多此一舉（見《文化心理學的尋語路》第十三頁註腳〔宋文里，二〇二卡爾·羅傑斯也是個奮戰不懈的鬥士，無役不與——與阻止心理學家治療病人的藥學界及精神病學界，打的是疆土戰；與否定以選擇、意志及決心為核心的史金納（B. F. Skinner）等化約論者的激烈辯證，打的是理念戰；與把他「以案主為本」的方法視為過分簡化及反智的精神分析學派，打的是程序戰。

如今，半個世紀過去，羅傑斯治療方法的正確性有如天經地義，可說不證自明，更何況還有數十年來的治療研究加以背書，當年卻要打那些激烈戰鬥，實在令人難以理解，搞不懂他們是所為何來。今天，一如羅傑斯生涯早年所持的觀點，任何有經驗的治療師都同意，治療的關鍵無他，治療關係而已。**當然**，最重要的是治療師對病人真誠以待——治療師越是一個真正的人，卸除自我保護或職業面具及角色，病人也就越會積極回應，做出建設性的改變。**當然**，治療師接納病人，必須不懷成見，是無條件的，同時，治療師定要以同理心（Empathy）[3]進入案主的私人世界。

然而，所有這些羅傑斯要求業界注意的觀念，過去卻被視為旁門左道。他的主要武器雖是客觀證據，在運用實證研究闡明心理治療過程及結果的背後，卻是他的創意在推動一切。有關治療師與案主關係的關鍵要素——同理心理解（empathic understanding）、真誠（genuineness），以及無條件的正向對待（unconditional positive regard）——在社會科學家的眼裡，他所做的研究至今仍為典範，優雅而又實用。

在羅洛·梅的大力聲援下，羅傑斯傾其一生建立並大力促成人本主義取向的心理治療。兩人的治療目的與方法基本上雖然一致（而且兩人都是協和神學院〔Union Theological Seminary〕出身），其信念來源卻不同：卡爾・羅傑斯得之於實證研究；而羅洛・梅則源自於對文學、哲學及神話的探討。

有人說羅傑斯的治療方法太過於簡化，他生涯之中也因此飽受攻擊，以案主為中心的治療，業界許多人都當作笑話，說在這樣的治療中，治療師只不過是在重覆案主最後的幾句話罷了；然而瞭解羅傑斯的人——包括觀察過他與病人晤談的人，或用心讀過他的著作的人——都瞭解他的療法絕非簡化，也絕不是畫地自限。

嚴格來說，羅傑斯的治療始終都是由下往上，而不是由上往下，換句話說，他的治療工作是從直接觀察出發，包括對他自己及別人的觀察，提出低階但可以檢驗的假設（羅傑斯與

〇〕）。然因「人文」、「人本」兩中文用詞各有慣用的領域，在兩岸心理學界則已通用「人本主義心理學」。本書譯者亦認為「人本」一詞較能彰顯羅傑斯「以人為本／以人為中心」（person-centered）的核心精神，故採譯「人本主義」。

3 編註：「Empathy」在國內較通用的譯法是「同理心」，也人有譯為「共情」、「神入」等等。羅傑斯另一部著作《成為一個人》的譯者宋文里教授指出，同理心是個偏斜的翻譯，這個字的原文原意，更強調的是以心會心，故不可望文生義，以為只是以「理」推測。（參考《成為一個人》，第xvii頁註腳；《心理學與理心術》，第一九九頁〔宋文里，二〇一八〕。）

精神分析之間的主要的差別正在於此，後者是以高階推論建構未經驗證的理論，再據此擬訂及調整治療步驟），而且在生涯早期就達成了幾項根本性的假設，後來都成為他的工作基石。

對人類來說，選擇有其現實的重要性與意義，這一點他深信不疑。對於人類的醒悟與改變，他相信身體力行的力量要比思考理解來得更大；他相信，人的內在具有實現傾向（actualizing tendency），亦即一種追求成長及完善的天性。他常說，所有的有機生命（organic life）都具有一種人格形塑衝動（formative impulse），抗衡內在的混亂力量。他的實現傾向論使他躋身少數人文思想家行列，如尼采、齊克果、戈德斯坦（Kurt Goldstein）、馬斯洛（Abraham Maslow）及凱倫．霍尼（karen Horney），他們都相信，每個人的內在都具有強大的潛力，促成自我瞭解及人格改變。因此，尼采有關人類完整論的第一個「金句」就是「成為你自己」；而凱倫．霍尼，一個特立獨行的精神分析學家，則相信「一如橡子必將長成橡樹，小孩也將成長為一個成人」。所以，從這個觀點出發的治療，講求的不是建構、重建、調整或塑造，而是催化，是移除成長障礙，協助釋放本然具有的能力。

以人為中心療法對人格改變的效果如此巨大，以至於羅傑斯認為，這種方法沒有理由僅侷限於心理問題上，他想方設法將這種效果運用到許多非臨床領域。數十年來，積極投身教育事業，大聲疾呼教育在認知學習之外，也要包含情意領域的學習；教師要關注的是全人，要建立一個接納、真誠及以同理心理解的學習環境；要用人本導向的方法訓練教師及管理人員，要培養學生的自尊心，釋放學生天生的好奇心。

會心團體（encounter groups）有的時候被定位為「正常人的團體治療」，足跨治療與教育之間那條微妙的界線，也曾經被人不怎麼尊重地說成是介於「收縮腦部與擴展心志」之間。一九六〇年代，羅傑斯已經明白深入性團體治療的體驗具有巨大的改變潛力，於是一頭栽入會心團體運動，為帶領人的技巧帶來了重大貢獻。他反對強制與操控的帶領人風格，強調如同以人為本取向的療法在個人諮商中的必要，在團體經驗中也同樣不可或缺。身為帶領人，必須同時是參與者及帶領人，以身作則才能夠營造一個助益的環境。而對於他自己的處方及他的團體公約，羅傑斯謹守不逾，展現了驚人的誠實：一如在他的個人治療中，他不僅揭露自己的私人煩惱，甚至連他對其他成員的看法也毫不保留地揭露——就此而言，他相信他們也可以帶領別人走向建設性的自省。

對小團體固然如此，對大團體也一樣。到了七五高齡，羅傑斯還在社群中帶領多達數百人的團體。他相信以人為本取向的團體可以成為化解人類衝突的工具，無論是處理國家、或國際的紛爭。他決心對跨文化及種族的緊張發揮影響，過去十年來，他風塵僕僕到處旅行。在南非，他舉辦黑人與白人的溝通團體；在巴西（當時尚為專制獨裁），跟大批聽眾談個人自由與自我實現；為十七個中美洲國家高級官員，舉辦為期四天的衝突解決研習營；然後去到蘇聯，示範以案主為本的諮商，場場爆滿。由於他為國際獻身所做的努力影響廣泛，曾獲得諾貝爾和平獎提名。

《存在之道》以羅傑斯的溝通觀點開展，就他來說，最重要的莫過於精確且坦誠地表達自己的感情與思想。對任何敬畏、說服與操控的想法，他都避之唯恐不及，如此說來，寫這篇推薦文倒顯得多餘了；推薦之唯物，儘管值得寫的不多，卻也不會有人嫌少的。一如讀者將讀到的，羅傑斯娓娓訴說自我——格外清晰優雅。

【自序】
願你踏上存在的旅程

對於自己人生及工作的變化，有時候我不免感到驚訝。這本書就包括過去十年──大概七十至八十歲之間──發生的改變。書中結合了多樣題材，都是近幾年寫的，有些發表在各種期刊上，有些則從未發表過。在介紹本書內容之前，且容我回顧一下幾個有關自己變化的里程碑。

一九四一年，我寫了一本書，談的是諮商與心理治療，次年出版。當時我注意到，無論在思考或工作上，自己所用的方法十分不同於其他諮商師，該書完全聚焦於助人者與受助者之間的口頭互動，其間並無任何明顯的建議或暗示。

十年之後，一九五一年，此一觀點在以案主為中心的治療書籍中再度呈現，並更為充分、更為篤定，人們透過這本書認識到，這些治療原則也可以應用到其他領域。書中有其他人執筆的篇章，或借鑑他人經驗的部分，探討的都是團體治療、團體的帶領及管理，以及以學生為中心的教學，應用的領域大為擴張。

我與同事所做的工作不斷衍生發展，我卻遲遲才面對，連我自己都無法相信。一九六一年我寫了一本書，書名為：「一個心理治療師對心理治療的觀點」，全書核心雖然是個人工作，不同的篇章其實都是在處理不斷擴大的應用領域。幸運的是，出版商對這個書名沒有好感，並修改了其中一章的標題，建議把書名定為《成為一個人》（*On Becoming a Person*），我接受了這個建議。我一直以為，這書是為心理治療師寫的，但卻驚訝地發現，它竟是寫給人看的，各式各樣的人——護理師、家庭主婦、上班族、神父、牧師、教師、年輕人——所有的人。如今，全世界已有數百萬人閱讀過這書的英文版及眾多翻譯版本，其所造成的影響改變了我原本狹隘的觀點，即以為只有治療師才會感興趣，這不僅開闊了我的想法，也拓廣我的人生。從此我相信，自己所有關於探討治療師與案主關係的作品，對婚姻、家庭、學校、政府及文化與國家之間的關係也都同樣有效。

談到這裡，現在我要回到這本書，談談它講了些什麼。一開始，我集結了五篇文章，都屬於非常個人化的，包括我自己對關係的體驗、我自己隨著年齡增長的感受、我的思想緣起、我對自己生涯的看法，以及我自己對「真實」的看法。不可避免的，這些東西不僅是我寫的，而且都是在寫我自己，是否能夠觸動你及你的經驗，則是我不敢預言的了。

在這一部分，乃至整本書中，在我處理「he-she」、「him-her」的問題上，有些文章多少有些過時了。多虧了女兒及其他女性主義傾向的朋友，我對語言上的兩性不平等越來越敏感。我以為，也相信，自己對於女性是平等對待的，晚近幾年來清楚意識到，在一般性的陳述上都只用男性代名詞其實也是一種歧視。但我寧願維持這些文章的原貌，在遣詞用字上不刻意提升到自己今天的標準，因為這看來實在有點不誠實。書中有些地方談到越戰，那場（在我看來）在極其愚蠢、非人性且毀滅性的戰爭，對美國與越南來說都是要命的悲劇，我不諱言，也都過時了。

本書的第二特部分，主要談的是我的專業思想與活動。這些思想與活動應用的廣度，從我在專門術語上的改變就看得出來，譬如原來「以案主為本的治療」變成了「以人為本取向」。換句話說，我不再是只談心理治療，而是談一個觀點，一個思想，一種生活方式，一種存在的心態，適用於任何情況──個人的、團體的、社群的──其目標則是**成長**。其中兩篇文章寫於過去一年，其他的則更早，將它們放在一起卻具體呈現了我今天的工作與思想。我特別喜歡其中包括六個短篇的章節，那是我從中深刻學習的經驗快照。

第三部分談的是教育，一個我覺得大有可為的應用領域。我向教育機構提出了一些挑戰，並對未來幾年我們可能面臨的問題提出幾個想法。我擔心的是，有鑒於現行教育環境的保守，以及預算的縮減與短視，我的觀點太不正統，可能不會受到歡迎。這一部分所談的都是關於學習的長遠計畫。

在最後一部分中，面對科學思想無可預知的進展，以及許多新發展所造成的文化巨變，我提出了自己的看法，並推想我們的世界會以何種方式轉變成什麼樣子；另一方面，我也就什麼樣的人能夠在這個改變的世界中生活下去，提出了看法。

書中有些篇章以前曾經以不同的形式發表過。第四章〈變老，還是成長〉、第九章〈建立以人為本的社群：對未來的啟示〉，及第十五章〈明日的世界，明日的人〉則是首次發表。

綜合各章所言，全書的主題乃是我所追求的一條存在之道——在許多國家、許多行業、各色各樣人生旅途中，一條能夠讓人愉快、充實的存在之道。至於對你是否有用，只有你自己能夠判斷，但是我歡迎你，踏上這趟存在的旅程。

第一部

我的經驗與觀點

第一章

溝通的體驗

一九六四年秋，我應世界頂級科學大學帕薩迪納加州理工學院（California Institute of Technology in Pasadena）之邀，在系列講座中發表演講。多數講演人來自物理科學界，慕名而來的聽眾據說都是教育程度高、品味高的人士。主辦單位鼓勵講演人現場示範，無論其主題為天文、微生物或理論物理，而我的主題則是溝通。剛開始收集資料，扼要記下計畫講述的內容，我對自己的準備不甚滿意。現場演示的想法一直在心中掛著，後來還是打消了。結果顯示，接下來的演講都是在談溝通問題的解決，而不只是講溝通這件事。

—•—

關於溝通，我懂得一些，可以蒐羅的資料更多。答應接下講演之初，我的計畫是收集這方面的知識，整合成一篇講演。幾經思考，對於自己的計畫越來越不感到滿意。知識，在今天的行為科學中已經不是最重要的；明顯地有一股風潮正興起，那是與人類有關的經驗知識或直覺層面上的知能。在這樣的認識基礎上，我們所討論的領域不只是認知與理性知識的學習——這些學習幾乎都可使用口頭語詞交流；而是要比較用心地去體會，想法與言詞之外，還要關照到整個人內心的反應及感情。因此我決定，與其談溝通這件事，不如在感受的層面上跟大家做交流，只是這並不容易。我認為，通常只有在小團體裡覺得真正被接納，這樣的交流才可能發生，一想到要面對的是大團體，我就不免擔心。沒錯，當我知道聽眾那麼多時，就想要放棄這個想法。後來由於妻子的鼓勵，才重拾信心，決定朝這個方向做一次嘗試。

另一個加強我這個決心的原因，是我知道現場示範是加州理工學院這個講座長久以來的傳統。儘管照一般的情況來說，以下內容並不算是示範，我還是希望，這是一場溝通的現身說法，所談的主要都是感受與體驗。

其實我的動機再單純不過，想和大家分享自己在溝通方面的所學，這都是我從自身經驗得到的成長學習，並非是要你們拿我當做榜樣，依樣畫葫蘆。在我看來，若我能夠充分表達自己的經驗，或許你們可以把我所說的做為對照，以檢視自己的經歷，並判定對你們是否有用。在我與他人所做的雙向溝通中，有的經驗使我覺得愉快、溫暖、愜意及滿足；有的則不然，可能在當場、尤其是事後，都令我覺得沮喪、不悅，對自己感到失望和不滿。我所談的也就是這些事情。換個方式來說，我和別人的溝通中，有些使我覺得開朗、提升、充實，促進了自己的成長。在這些經驗裡面，我往往覺得，別人也會有相同的感受，覺得自己更為充實，自己的發展與狀況大有進步。不過也有別種情形，我們彼此的成長與發展都減緩或停滯，甚至倒退了。事情再清楚不過，我要的當然是那種具有成長進步的溝通，至於那些使自己及別人都退步的交流，自是避之惟恐不及。

我要分享的第一個感受其實很簡單：傾聽乃是一種享受。就我來說，長久以來我一直都是如此，記得念小學時就有過這樣的經驗。一個小朋友問老師一個問題，老師給出的答案很完美，但卻沒有真的回應小朋友問的問題，碰到這種情形，我既痛苦又沮喪。我的反應是：「你根本沒聽懂他嘛！」這種過去（還有現在）常見的溝通不良，令我幼小的心靈失望透頂。

傾聽為什麼令我感到滿足，且聽我道來。傾聽一個人時，意味著我和這人有了連結，人生因而豐富起來。正是透過傾聽，我才得以瞭解一個人，瞭解他的個性、人際關係的一切。傾聽還帶來另外一種特殊的欣慰感，那有如聽聞天籟，因為其中除了這個人當下的直接訊息之外，無論那可能是什麼，都具有普遍性。在所有我傾聽過的個人交流中，都隱含著有序的心理法則，其有跡可循一如整個宇宙的秩序。因此，欣慰是雙重的，既是聽懂了這個人，還發現自己觸及了普遍真理的滿足感。

我說自己樂在傾聽，當然，那指的是深度傾聽。我的意思是，面對說話的人，我聽他們的話語、想法、語氣、內在的意義，乃至下意識的意向。有的時候，一句表面上不重要的話，我卻聽到了深埋在表面下、不為人知之處所發出的深沉吶喊。

於是我學會了問自己：這個人內心世界的聲音及狀態，我聽得見、感覺得到嗎？我能夠和他深層共鳴，感知到他的擔心、有話說不出口，以及他真正想說的東西嗎？

這裡我想到了一個例子，我對一個十來歲男孩的諮商。如同今天的許多青少年，晤談一開始，他說自己沒有目標，我特別就這一點問他：「任何目標都沒有？」他甚至表現得更加堅持，硬說他什麼目標都沒有，連一個都沒有。我說：「你想做的事，難道一件都沒有？」「一件都沒有……呃，沒錯，我想要繼續活下去。」那一刻的感覺，我記得特別清楚，非常深刻地感應到了這句話。或許，跟其他人一樣，他只不過是在說，他想要活下去，但是換個角度看，他可能是在跟我說——有的時候，是否要活下去才是他最大的問題（這一點看來極有可能），因此，我試著從各個層面去回應他。他這句話的意思到底是什麼，我不知道；我只是對這句話可能包含的各種意思保持開放，其中包括有時候他想自殺的這種可能。我有意願也有能力，從各個層面去傾聽他，或許，在諮商結束之前，可以讓他告訴我，不久前他還真的差一點把自己給轟掉了。我真正要聽的，是聽一個人的各個層面，聽他努力要傳達的聲音。這個小故事只是例子之一。

另外還有一個例子。不久前，一個朋友打長途電話給我，談起某件事情。談完，才掛上電話，他的語氣卻讓我覺得不太對勁。我告訴自己，在我們討論的事情背後似乎透著焦慮、沮喪，甚至絕望，與我們所談的事情毫無關係。那種感覺極其強烈，於是我給他寫了封信，把自己的感受說出來：「或許我是多慮，果真如此的話，大可將此信丟進字紙簍，但掛上電話後，從你的聲音裡我聽到了焦慮、痛苦，或許還有嚴重的失望。」然後，對他以及他的狀況我說出我自己的感覺，希望對他能夠有所幫助。帶著幾分疑慮把信寄出，心想自己也許大錯特錯；但很快地，回信來了。有人聽懂了他，他萬分感謝。雖然只是從他的語氣判斷，我聽到的卻是他千真萬確的心境。對於自己能夠聽懂他，我感到欣慰，完成了一次真正的溝通。這個例子告訴我們，語言傳達一種訊息，語氣卻傳達了完全不同的東西，這種情形屢見不鮮。

我發現，無論在治療晤談中，或對我來說意義重大的深入性團體經驗中，傾聽都會產生重要影響。真正去傾聽一個人，和那一刻對他來說極為重要的意義時，聽的不只是他的話語，而是他這個人。當我讓他知道，我還聽到了他沒有說出來的訊息時，許多事情就發生了。首先，是感激之情形諸於色，他整個人都放鬆了，想要跟我談更多自己的世界；他變得自由自在，換了一個人似的；對於改變，態度也更加開放。

我常常注意到，深入傾聽一個人，往往都會出現一種情形：當一個人知道有人聽到了自己時，雙目為之含淚，幾乎屢試不爽。我打從心底相信，他是喜極而泣，彷彿在說：「感謝上帝，總算有人聽懂我，總算有人瞭解我了。」那一刻，在我的想像中，是一個地牢中的囚犯日復一日發出摩斯密碼：「有人聽到我嗎？有誰來救我？」終於有一天，他聽到了微弱的點擊聲，解讀出來是：「聽到了。」就只因為這簡單的回應，他從自己的孤獨中解放出來，得以再度為人。今天，有許多人都生活在自己的地牢中，與外界完全隔絕，你必須細心傾聽，才聽得見那發自地牢的微弱訊息。

若你覺得這樣太過於費心耗神，我倒可以分享自己的一段經歷。最近參與的一個會心團體，十五位成員都是身居要職的主管。深入的聚會為期一個星期，在最初幾天，我要求大家寫些東西，寫一些自己不太願意與團體分享的感受或感情，寫的東西都無需具名。其中一位先生寫道：「我不太容易跟人親近，總把自己封閉起來，幾乎無法穿透，什麼都不能進來傷害我，但是也沒有任何東西出得去。我壓抑自己的感情，以至於成為一片感情荒漠。這令我很不快樂，卻又不知如何處理。若能看見他人對我的反應並瞭解箇中原因，或許會有所幫助。」這是來自地牢的訊息，再明顯不過了。一個星期快要結束時，一位成員承認這段未具名的訊息是出自於他，更詳細地敘述了自己的孤獨及冷漠。他覺得人生對自己殘酷，使他活得沒有感情，不僅在工作上如此，在社群中亦然，而最可悲的是，對家人也如此。漸漸地，在團體中，他越來越能夠表達自己，比較不害怕受到傷害，也更願意與他人分享自己，這對所有的參與者也是極有價值的體驗。

令我感到欣慰的是，幾個星期之後，他來信問我另一件事時，附上這樣的內容：「打從（團體）回來，我覺得自己有如一個感情受到了挑動的少女，卻又深受這種感覺的困擾，既期待又怕受傷害。我無法確定，是誰挑動了我——是您還是團體，或者兩者兼有。我認為是後者。無論如何，感謝您為我帶來這次有意義、且對我大有幫助的經驗。」在我看來，他這樣說並不為過，因為正是團體中我們幾個人能夠真正傾聽他，於是他將自己從地牢中釋放出來，走進了人際關係的溫暖世界。

接下來，就來看看我要分享的第二個重點。我喜歡**被聽到**。在我的人生中，曾多次覺得自己被無解的問題困住，惶惶不可終日，有一段期間甚至覺得自己一無是處，對自己感到絕望，一蹶不振。比多數人幸運的是，在這些時候，我碰到了一些能夠傾聽我的人，將我從惑亂恐慌中拯救出來，相對於我對他們的瞭解，他們對我的瞭解還要更深一些。他們聽我訴說，無有指責，無有批判，無有讚譽，無有評價，就只是聽，釐清並回應我所說的各個方面。我可以向你保證，當你身陷心理困擾時，有人真正的傾聽你，不做任何評斷，既不把你當成是他的責任，也不試圖改造你，那種感覺真的是棒透了！每當這個時候，我便不再感到焦慮，使我得以將人生中所經歷的恐懼、自責、失望及困惑傾吐出來。只要有人傾聽，聽我訴說，我便能夠重新審視自己的世界，繼續走下去。令人不可思議的是，只要有人傾聽，看似無解的種種難題便迎刃而解，只要能夠向人傾訴，看似無解的困惑也因此釐清。對於自己經歷過這些充滿體諒、同理而專注的傾聽時光，我銘感於心。

無法聆聽別人，因而不能瞭解對方，這是我不能原諒自己的。如果只是單純的不理解，或未能抓到他的重點，又或是他的話難懂，我還不至於太過自責；若是因為對他所要說的已經心存成見，根本聽不進去，因而沒有聽懂他，這真的會令我對自己很不滿意。到了後來我才意識到，我聽的，無非是自己想要聽的，根本沒有真正在聆聽；更糟糕的是，我存心把他的話曲解成為我希望他說的，而且聽進去的就只有這一部分。這可能非常微妙，尤其讓人驚訝的是我的駕輕就熟，只要稍稍扭曲他的話，小小曲解他的意思，就可以把他的話弄成我想要聽的，而且連他那個人都好像是我想要的樣子。只有在他提出抗議，或我良心發現，才醒悟自己其實是在操弄他，我還真不能原諒自己。同時，我也清楚知道，對於傾訴的人來說，別人沒把你當成是你，聽到的都是你沒說過的，那還真是令人沮喪，足以造成憤怒、困惑及大失所望。

最後這段話其實導引出下一個我想分享的心得：當我努力表達內心的某些東西，把自己私密的世界都敞開來，別人卻不瞭解，對我來說，那種沮喪及其所造成的自我封閉太可怕了。抱著賭上一把的心情，把自己豁出去，將一些非常私密的事分享了他人，對方卻不接受，無法瞭解，那種挫折及孤獨的感受還真是巨大。我一直認為，這樣的感受會把某些人給逼瘋。那會使他們放棄希望，不再指望還會有人瞭解他們。哀莫大於心死，一旦失去了希望，他們益趨異常的內心世界就成了自己唯一的歸宿，再也無法活在與別人分享的經驗中。對這樣的人，我心中是百般不忍，因為我知道，當我拼了命想要把自己某些私密的、不輕易示人的感覺分享給他人，結果所得到的卻只是批評、安慰，甚至扭曲時，我的反應定會是：「天哪，全都是廢話！」處在那樣的時刻，你才會知道什麼叫做孤獨。

因此，你可以從我所說的這一切知道，就我來說，創意、積極、用心、精確、同理且不帶評斷的傾聽，在人際關係中是不可或缺的。對我來說，提供這樣的聆聽非常重要；接受這樣的傾聽尤其重要，特別是在我人生的某些時刻。當我提供了這樣的傾聽時，我感覺得到，自己的心隨之成長；當我接受了這樣的傾聽時，我十分確定，自己已然成長，解放了，提升了。

接下來，我們來談談我在另一領域的心得。

當我能夠真心面對自己內心的種種狀態時，感到極大的欣慰。可以傾聽自己時，我沉浸其中。真正掌握自己當下的感受，絕不是一件容易的事；但我總是受到鼓舞，因為多年下來，我一直都在進步。不管怎麼說，我相信這會是一輩子的功課，畢竟我們誰也無法自在地去碰觸生命中的所有經驗。

講到「真實」（realness），我有的時候會用「心口一致」（congruence）一詞來代替。我的意思是說，我心感我受，我口說我心，三者是一體的，亦即是一致的。那一刻，我是整合的，是完整的，是一體的。沒錯，如同每一個人，我在有些地方也做不到心口如一；然而我瞭解到，真心、真誠，或心口一致——無論使用哪個術語，那才是最佳的溝通基礎。

那麼，所謂面對自己的內心狀態又是什麼意思呢？身為心理治療師，這裡不妨拿我有的時候在工作上所碰到的情形來說明。有的時候，一種感覺「在心裡升起」，看起來與當時正在做的事情並沒有什麼特別的關係；不過我學會了接納並信任這種心裡的感覺，並試著將之傳遞給我的案主。舉個例子來說，一位案主正在跟我說話，突然間，我心中浮現一幅景象，一個小男孩雙手合十祈求道：「拜託，請成全我，請成全我。」我知道如果我是真心對待自己與他的關係，並將內心的這種感覺傳達給他，就非常有可能在他內心激起某種反應，促進我們之間的關係。

容我再舉一個例子。如同其他作家，就我來說，每要下筆時，往往很難接納自己，為了要讓自己所說的東西得到別人認同，獲得同業讚賞，受到大眾青睞，經常會讓我三心兩意，難以落筆。要如何才能聽到自己真正想說及想寫的？其實還蠻困難的。有的時候，甚至還得哄自己去接納自己內心的所思所感，告訴自己，你寫，並不是為了出版，而是為了讓自己開心。我寫東西都是在舊紙片上，因此，即使浪費紙張也無須自責。感覺及想法來時，潦草寫下，字跡凌亂，全是信手拈來，全不考慮組織架構，透過這種方式，有時反而更能夠接近自我真實的狀態、感受和想法。以這種方式所寫出來的東西，從未讓我感到遺憾，也往往可以深刻地傳達給他人。因此，每當我面對自己，面對活躍於表面下的感覺和隱藏的自我，那真是莫大的滿足。

每當我敢於以真心與他人交流時，滿足感油然而生；但是這絕不是容易的事，部分原因在於我的感受時刻都在改變。當下的感受與溝通之間通常都有時間間隔，有時候幾分鐘，有時候幾天、幾星期或幾個月：我感受到了某些東西，感覺到了些什麼，但也只有事過境遷，等狀態冷卻下來，才敢拿出來與人分享交流。然而，若能夠以當下真實的自己與人交心，我覺得那才是真誠、自然、生動的。

當我與另一個人真實的內在相遇時，那一刻實在美妙無比。就拿過去幾年對我極為重要的會心團體經驗來說，有的時候，有人會毫無保留地揭露自我。當一個人不把自己隱藏於面具之後，而是從內心深處發話，情況是如此明顯，我會立即飛奔相迎，迫不及待要和這個真實的人相會。有時如此表達出來的感受是正向的，有的時候卻是完全負面。這裡我想到的是一位身居要職的專業人士，他任職一家大型電子公司的研發部門主管，在這樣的會心團體中，有一天也不知哪裡來的勇氣，他談起自己的孤獨。他跟大家說，這一生他一個朋友都沒有，認識的人很多，但沒有一個人可以算作是朋友。「事實上，」他補充：「世界上我真正能夠溝通的只有兩個人，我的兩個孩子。」一話說完，他當場傷心落淚，我相信他已經忍了許多年；也正是他這樣真心地面對了自己的孤獨，令現場的每個人也都心有戚戚，感同身受。最重要的是，他的勇氣使我們每個人在交流上更加真誠，拿掉面具，走出平常的虛假。

每當我意識到——當然都已是事後一段時間——由於太過於擔心或沒有安全感，我總無法讓自己正視自己內在的真實，如此一來，始終都做不到真誠或心口一致，為此我對自己感到失望。談到這一點，馬上想到一個還滿令人難過的例子。數年前，應邀擔任史丹佛行為科學高級研究中心研究員，研究員都是優秀的知名學者，在我看來，他們無論在學問上或成就上無疑都是一時之選。對這些自視甚高的人來說，每個人都很在乎自己給他人的印象，無論是在自信上或學問上，表現出來的總比真實的自己更多一點。我發現自己居然也如出一轍——形諸於外的自信和能力，都超過真實的我；意識到自己活出的不是真實的自己，而只是在做戲，說老實話，還真厭惡自己。

壓抑感受太久，一旦爆發，不僅扭曲，還具有攻擊性或傷害性，這往往讓我感到後悔。

有一個朋友，我非常喜歡他，但是他有一種特別的行為模式讓我感到氣惱，平時基於禮貌，為了保持風度及和諧，我總是壓抑著，時間一久不僅惱怒爆發，甚至成為一種對他的攻擊。由於傷害太深，我們花了好一些時間才修復關係。

當我擁有力量容許他人真實地做自己，接納他與我有所不同，內心才會感到滿足。我認為，這通常是頗具威脅性的嘗試，就某些方面來說，對於擔任主管及為人父母者，這都會是一項重大考驗。能夠容許部屬或兒女不迎合我，成為一個獨立的人，能擁有他們自己的想法、追求及價值，我做得到嗎？這讓我想到這一年與我共事的一位成員，他很有才華，但是在價值取向上明顯與我有別，行為上也和我極不同調。這讓我很是掙扎，以致無法完全放開心胸由著他去做他自己，在想法及價值上走自己的路，完全不和我同調。然而，不管怎麼說，我覺得自己還算是成功的，因為在我看來，容許他人成為一個獨立的人，才是讓他人自主發展的正途。

若我發現自己竟意圖以自己的形象管理或塑造他人，我就惱恨自己，一直以來，這都是我專業經驗中的一種痛。我極不喜歡學生以「弟子」自居，亦步亦趨照著他們以為我希望的樣子塑造自己。對學生我固然有所要求，但卻無法避免這種令人難過的可能性，在不知不覺的情況中，不經意地控制著他們，把他們弄成我自己的翻版，以致喪失了他們成為自主專業人士的權利。

從以上所言，我相信一切都很清楚了，只有我自己能夠接納自己的內在真實，或感知到它，或接納他人的內在真實，我才會感到滿意；當我無法接納自己的內在真實，或無法接納他人的內在真實時，我就會感到焦慮。當我能夠做到心口一致及真誠時，我才幫得上別人；而唯有他人對我真心相待，心口一致，他也才幫得上我。當一個人的內在真實與另一個人的內在真實相遇，就在那難得的一刻——如馬丁．布伯（Martin Buber）所言——可貴的「人我關係」降臨。人與人之間這樣的深度契合可遇不可求，不過我深信，縱使只是偶一有之，我們仍得以享有人生。

再來我要來談談自己在人際關係上的另一個學習心得，對我來說，那是得之不易而且痛苦的經驗。

別人對我的關心、接納、欣賞或稱讚，只有我真心接納或感受時，才會覺得溫暖及充實，之所以如此，在於我過去的人生經驗，總以為這是十分不容易做到的；有很長一段時間，我幾乎都不假思索地排斥他人對我的正向感覺。我的反應通常是：「誰，我嗎？你在乎的只怕不是我吧。你喜歡的可能是我的表現或成就，但絕不是我。」這一方面，還多虧了我自己的治療。即使到了今天，我還是無法全心接納他人的溫暖及心意，但是只要做到了，我就整個人都放鬆下來。我知道，有些人奉承我，只是為讓自己得到些好處；有些人對我說好聽的話，也只是怕得罪我。然而，我現在已經意識到，有些人對我的欣賞、喜歡及愛，的確是真心的，我也全心接納。我覺得自己現在已經不再那麼冷漠，能夠接納並享受這種心意了。

當我真心稱讚、關心或喜愛一個人，並將這種心意傳達給他時，我覺得滿心充實。如同許多人，我常常擔心自己的感情表白會把自己給困住。「若我在乎他，他就會予取予求。」「若我愛她，我就會想要占有她。」在這方面，我認為自己已經不再那麼擔心。如同我的案主，我也漸漸明白，關懷與肯定，無論給予或接受，並不是那麼危險。

若要具體說明，不妨再拿最近的一個會心團體為例。有一位婦人，照她自己的說法，是一個「口快、易怒、急躁的人」，婚姻瀕臨崩潰，感覺活得很沒意思。她說：「害怕人們的嘲笑和踐踏，我把許多感受硬生生地埋在心底，不消說，那對我的家人及我自己都是一種傷害。我把最後的一線希望寄託在這裡——那份信任，就像是在絕望的大海中試圖找到一根針般艱難。」她談到自己在這團體裡的經歷，補充說：「真正的轉捩點，是你一個簡單的動作，一天下午，我抱怨你根本不配是這個團體的一份子——沒有人可以靠在你的肩上哭泣——你摟住了我的肩膀。前一天晚上我還這樣寫下自己的感受：『天呀，這世界上竟然沒有一個人愛我，一個都沒有。』看來那天你是真心關切我的崩潰，我感動得不知所以，彷彿生平第一次有被接納的感覺，一句話都說不出來，渾身雞皮疙瘩。沒錯，我是感覺得到被人需要，我愛，我很稱職，我發飆，我失控，所有這一切我都感覺得到，然而就是感覺不到被愛。你想像得到，那一刻，感激與謙卑之情有如洪流將我淹沒，整個人都釋放了。心懷極大的喜悅，我寫下：『我真正感覺到了愛。』卻又懷疑這一切不是真的，很快就會消失。」

當然，這位婦人的每一句話都是在講她自己，不過仔細想起來，講的何嘗又不是我呢？

和她一樣，我也有著同樣的感覺。

另一個例子是關於愛的體驗與給予。在我參與的一個團體中，有個政府主管級的人物，是一位職位重要的高級技術工程師，團體第一次聚會時，我對他的印象就極為深刻，對照於其他人，他豈止是冷漠、高傲，簡直就是憤世嫉俗，好像誰都對不起他似的。談起他的辦公室管理，儼然就只是「照本宣科」，絲毫不講人情。在初期一次聚會中，他談到自己的妻子，一個團體成員問他：「你愛你的妻子嗎？」見他沉吟良久不語，問的人便說道：「好了，答案已經很清楚。」這位主管說：「不對，等一下，我之所以沒有回答，是因為我在想：『我愛過任何人嗎？』說真的，我不以為自己愛過任何人。」

幾天後，一位成員毫不掩飾地訴說自己的孤獨和寂寞，說自己一直都活在面具的後面，他聽得十分用心。第二天上午，我們這位工程師說：「昨天晚上我把他講的話想了又想，甚至忍不住哭起來。我不記得自己多久沒有哭過了，覺得自己感覺到了一些東西，我想，或許就是愛吧。」

毫不意外地，一個星期還沒結束，他變了一個人似的，在兒子的管教上，他一向要求嚴格，但是他已有不一樣的想法；他也開始真正體會到妻子對他的愛——如今，他感覺到了愛，總算能夠回報以愛了。

由於不再害怕正向感情的施與受，我變得更能夠欣賞別人。我越來越相信，我們都欠缺這種能力；我們經常都是如此，甚至對我們的孩子，愛他們只是為了要控制他們，而不是因為欣賞他們。對我來說，最令我感到滿意的——也是最能夠促進他人成長的體驗——是我對這個人的欣賞，一如我欣賞落日。如果我們能夠順其自然，人之美，猶如落日之美。事實上，我們之所以能夠欣賞晚霞，或許正因為我們無法控制它。此刻我看著晚霞，我不會說：「右邊的橘色稍微淡一點，下邊的紫色深一點，雲的顏色多一點桃紅。」不會，絕對不會。我不會想要控制晚霞。夕陽當前，我就只是看著，心懷驚嘆。我最喜歡自己的時候，就是能夠以這樣的態度欣賞自己的工作同仁、兒女或孫兒女。我認為這是一種東方的態度；對我來說，這也是我最歡喜的一種。

另外一個要稍微提一下的心得，說起來沒什麼好得意的，但卻是事實。沒能受到稱讚及欣賞時，我不僅覺得沮喪，而且連行為都會受到心情的影響。在團體中受到重視，我成長，我綻放，我是一個有價值的人；在一個不友善或不受重視的團體裡，我則一文不值，啥都不是。或許他人會問，理直氣壯地問——他何德何能，如何能獲得這些聲譽？我希望自己在這兩種團體中都能夠做到我還是我，是同一個人；然而事實上，同一個人，身在一個受人重視的溫暖團體中，和身在一個充滿敵意、冷漠的團體中，是截然不同的。

因此，讚賞或愛、被讚賞或被愛，讓人感受到的是一種推動成長的力量。同樣是愛，理解的愛，欣賞的愛，而非佔有的愛，會讓人成長綻放，開展他自己獨特的自我。一個人懂得用非佔有的愛去愛人，自己也得到充實，至少，這是我自己的經驗。

以上我所提到的這些特質——同理心傾聽的能力、心口一致或真誠、以接納或讚賞待人，在人際關係中都有益於良好溝通的建立，有益於人格建設性的變化。關於這方面，我大可以拿出一些研究證據來加以佐證。不過話又說回來，在我所提到的這類晤談中，研究證據反而不適合了。

我還是拿兩篇得自深入性治療團體經驗的文章來結束這一章。那是一個為期一週的研習營，這裡引用的文章，是兩位成員於研習營結束後數週所寫。我們要求每位成員都寫下自己的感受，並分享給團體所有成員。

第一篇出自一位男士，談的是研習營結束之後，他馬上碰到的一些困難，包括與繼父相處的時光：

> 繼父在乎的不是我這個人，而是我的具體成就。這使我大受打擊，心情沉到谷底，再度開始懷疑起自己的意義，特別是自己的能力。還好我經常回到團體來傾聽，聽你們的所言和所為，讓我感覺到自己並非一無是處——不一定非要有什麼了不起的具體表現不可——這一來，甚至得以提升自己，走出沮喪焦慮。於是我得到一個結論，跟你們在一起的經驗對我影響至深，令我感激不已。這和個人治療大不相同。你們沒有義務關心我，沒有責任拉我一把，不需要讓我知道你們的經驗可以幫助我，也不需要讓我知道我可以幫助大家——但你們做到了，這對我來說意義重大，遠遠超過了我所經歷的一切。
>
> 每當我莫名其妙地覺得應該把自己封閉起來，不當率性而活時，就想起之前那十二個和

我一樣的人所說的，放下一切，心口一致，做回自己，並且因為所有那些不可思議的事情，他們更加喜歡我。從此以後，這使得我更有勇氣走出自己。整個看來，我這樣做往往也幫助了其他人感受到同樣的解脫。

我也更能夠讓別人進入我的內心——讓他們關心我，並接納他們的溫情。我懷念我們在這團體中相遇，促成這些變化的時光，感覺起來就像是撤除了長久以來的籓籬，如此徹底，使我深深體會到了一種敞開，那可是從所未有的新經驗。我無須害怕、抗拒或畏懼地逃避這種使我得以從心所欲的自由——我做到了，並讓你們與我同在。

第二篇摘自一位婦人的報告。她與丈夫一同參加這個人際關係研習營，只不過兩人分屬不同小組。她談了許多她在小組中揭露感受的經驗，以及這樣做所產生的結果。

對我來說，下定決心一頭栽入，是我所做過最困難的事情之一。我所受的傷害、我的孤獨，即使是面對最親密的朋友，我也一直隱忍不說。壓抑的感受只有在談笑間信口說出，我才能把內心的傷痛完全吐露；面對他們，我卻做不到。你們打倒了隱藏傷痛的牆，與你們在一起真好——不再退縮。

還有，以前我很怕受到誤解或批評，人生中真正重要的事情，無論好的或不好的，也寧願不向別人吐露；只有到了最近，我才敢冒這個險。在團體中，面對這種恐懼覺得格外放鬆，回應你們的批評及誤解時（還深自慶幸沒有感覺到敵意），發現自己並沒有受傷的感覺，而是更加好奇、懊悔、不安，或許還有難過。對於自己受到這樣的幫助，能夠認清自己，面對自己，感到由衷的感激。在你們對人的關心與尊重中，即使我的行為可能激怒你們或挑撥你們時，你們仍然盡力促成，使我接受這一切，並發現這是有益的，我銘感於心。

有時我非常害怕這個團體，儘管從未害怕過你們任何的單一個人。有的時候，我渴望有個人聊聊，頂多也只是找個人，然而在這個星期，我發現，其實你們大多數人對我都有幫助。需要人的時候，發現不是只能找帶領人，還有其他的那麼多人，真是令人鬆一口氣。這種經驗打開了我的心靈，更能夠信任他人，增強了我向他人敞開自己的能力。

最棒的是現在我完全得以釋放。一旦釋放了，才瞭解自己以前緊繃到了什麼程度！如今，每當情緒起伏或疲憊使自己變成一個不善傾聽的人時，我就警惕自己，因為我發現，內心的傷痛、焦慮甚至壓抑，都會擾亂聽的能力。從那以後，無論聽或回應，我都比以前好得太多了，也更能意識到自己的感受及感覺——一種對自己從未有過的洞察。

至於心口如一，以前對我來說只是一個理想，不容易做到。說老實話，那對我來說總讓我覺得不安，很難說得出口。這裡是第一個令我覺得真正安全的地方，使我得以看清自己，體驗自己，表達自己。如今發現，心口不能如一才痛苦。敞開自己的內心，並在我們之間保持這樣的開放，其放鬆與喜樂乃是從所未有的體驗。我真的很感謝您，因為有您，才使我們彼此之間如此坦誠相待。

我相信，在這些經驗中，你們都看到了一些對促進人際溝通極為重要的因素。善聽的能力，被傾聽的深刻滿足；一種更真實的態度，相應地也激發他人更加真實；因此而能更開放地去愛與被愛——所有這些，在我的經驗中，都是使人際溝通得以充實及提升的要素。

第二章

我的人際關係哲學及其發展

嚴格來說，這篇文章具有自傳的性質，我希望能為自己思想體系的發展及改變方式，提供一些線索，把我目前的情況與年輕時所接受的教導和相信的東西做個對比，盡力指出使我的觀點不斷改變的因素；其中有外在的、也有內在的因素，也有從人際關係衍生出來的。這篇文章首見於一九七二年八月在夏威夷檀香山舉行的人本主義心理學會大會，在場的聽眾顯然深受感動，希望對各位也同樣有意義。

在這裡，要討論的是我待人之道的發展與改變，不僅包括這些年來我在專業上的態度改變，也涉及我個人心態的變化。

先從童年談起。生長於一個嚴格的正統基督教家庭，我對待他人的價值觀深受父母的影響。我是否真的相信這些道理，我不敢說；但我知道，我都是依照著這些價值觀處事。對待我們那個大家庭以外的人們，依我看，我們的心態大致如下：「外面人們的行為都有問題，我們家族是不贊同的。許多人日常進行打牌、看電影、抽菸、跳舞、喝酒等活動，其中有些行為甚至令人難以啟齒，或許他們不知道還有更好的生活方式，因此最好的辦法就是忍受他們，但是必須避免和他們有任何密切交流，在家裡過自己的生活。『不要和他們混在一塊，要有個區隔。』照聖經說的話去做就對了。」

我清楚記得，整個小學期間，這種傲慢的無意識分別心正是我的行為特徵。沒錯，我連一個要好的朋友都沒有。成群同齡的男孩和女孩在我家後街騎單車，但是我從未去過他們家，他們也從沒來過我家。

至於和家裡其他人的關係，我和幾個弟弟相處得極好，但妒忌二哥；雖然和大哥年歲差距太大，講不上什麼話，他卻是我十分崇拜的對象。知道父母親愛我，我卻從不跟他們講自己內心的感受及想法，因為我心裡明白，那只會招來指責，暴露缺失。自己的想法、白日夢及心裡的感受，我全都放在心裡。

總而言之，今天我所談論親近交流的人際關係，在那段童年歲月中是完全不存在的。對家人以外的人，我的態度疏離與冷漠，那都是從父母身上學來的。

我在同一所小學念了七年，從那以後，到念完研究所，我待在同一間學校的時間都不超過兩年，無疑地，這對我也造成了影響。

從中學開始，有點意識到想要找同伴的渴望，只是要滿足這種渴望卻有著兩重障礙：首先是上面提到過的父母的心態；其次是環境因素。念了三所中學，每一所都不足兩年，都是以長途火車通學，以致社交關係無法扎根，也從未參加過放學後或晚上的學生活動。同學中不乏我看重和欣賞的，我也可能受到有些同學的關心和喜歡——部分原因或許是我的功課好；但沒有時間培養友誼，和他們從未有過密切的互動。高中時我唯一參與過的活動，是一次高年級的聚餐。

如此這般，在重要的青少年時期，我沒有知心的朋友，有的都只是膚淺的接觸。曾有兩個學期，碰到通情達理的老師，我在英文作文中還真的表達過一些內在感受；在家裡，和第二個弟弟感情極好，只是年齡相差五歲，我們無法深交。那時候，無論在什麼人際關係中，我更加意識到自己只是個局外人，是個旁觀者。在我看來，我之所以對收集和飼養大型夜蛾有強烈的科學興趣，無疑地，多少是為補償在親密分享上的缺乏；這時候我才瞭解，自己是個獨來獨往的獨行客，在人的世界裡，我竟無一席之地。社交上我一無所有，有的只是表面的接觸。那段時期，我滿腦子的奇思異想，若有人給我診斷，或許會被視為精神分裂（思覺失調），幸運的是，我從沒和心理學家打過交道。

進了大學，第一次打破這種孤獨生涯。我念的是威斯康辛大學農學院，在基督教青年會很快就和一群學員打成一片，儘管共同的興趣很狹窄，以此為起點，我們發展成一個自主的持續性團體，舉辦各種活動。在其中，我第一次瞭解所謂的同志、甚至朋友是什麼；我們探討有關道德及倫理的看法與理念，進行了熱情、開心且充滿樂趣的討論，甚至把個人問題拿出來分享，特別是以一對一的方式。兩年下來，這個團體對我意義重大，直至我轉到文理學院主修歷史，才和他們斷了聯繫。

在我看來，這個時期可以看作是我專業生涯的第一次摸索。我擔任一個兒童營隊的領隊，完全樂在其中。說到我的工作，無非就是舉辦一些力所能及的活動，如遠足、野餐、游泳等。記憶所及，對那些小男生，我既不鼓勵也不曾談過任何他們可能感興趣的問題；如果對象是同輩，很明顯地我已經開始意識到交流的可能性，但與這些十二歲的小蘿蔔頭溝通，卻是想都不曾想過。

暑假時，我也在一個弱勢少年營隊擔任輔導員，與另外八位輔導員帶領一百名男孩。我們兼差打工摘櫻桃，加上事後的體育活動，讓我有了可以做點事情的想法。記得在那裡，我首度嘗試了一次大有問題的「幫助」關係，宿舍裡有些物品及金錢不見了，證據指向一個男孩，於是我和幾個輔導員將他單獨帶出來，要叫他承認是他幹的。當時「洗腦」一詞還沒發明，但我們做的就是那一套。我們哄騙，說理，說服，我們軟硬兼施，有人還為他禱告，然而他就是抵死不認，讓我們大失所望。回想起這尷尬的一幕，當時我已經有了一種助人的想法：要讓別人承認錯誤，使他迷途知返。

然而，不管怎麼說，我變得比較社會化。開始與女孩子約會，戰戰兢兢的，一點把握都沒有，可以肯定的是，這是一個開始。我發覺自己跟年齡大些的女孩比較有話說，因此，儘管還是新鮮人，卻約會了幾個高年級生。我也開始和海倫交往，她後來成為我的妻子，這才漸漸開始了深度溝通，談希望，談理想，談目標，並發現人與人之間其實是可以分享內心的想法與夢想。這是一段逐漸成長的經歷。

大學兩年之後，我們兩地分隔，仍繼續戀愛，經常聯繫，又過了兩年，我們結婚。回想這段時日，發現這是我第一次和他人建立真正關心、接納和分享的關係，這對我來說意義重大。婚姻生活的頭兩年，我們都學到了重要的一課。出於偶然，但也是機會，我們都懂得了一個道理：人際關係中看起來不太可能分享的東西——內心的困擾和不滿，分享起來才是最有意義的。這事說起來還真難，充滿風險而且可怕，我們反覆學習了許多許多次。對我來說，這都是有助於成長的經驗，受用無窮。

同時，在紐約協和神學院念研究所時，我們一同修了幾門課，另一方面又各自有所追求——她走上藝術家的路，直到成為一個全職母親；我則繼續我的研究。儘管我越來越偏離宗教方面的學業，但對我走上人際關係這條路，卻也有兩次值得一提的經驗。其一是一項由學生自行組織、管理、沒有教師帶領的研討會，我們共同負責自己想要談的主題及進行方式；更重要的是，我們開始交換自己的疑慮及工作上碰到的問題。我們成為一個相互信任的團體，討論重大的問題，達成諒解，改變了我們許多人的人生。另一個經驗是古溫・華森（Goodwin Watson）教授開的一門課「與年輕人共事」，華森教授生前任職國家訓練實驗室[1]，是一位傑出活躍的培訓教師，也是教育界先進的領導人。學習這堂課程，讓我第一次清楚認知，與人密切互動是可以當成一份工作的，於是我放棄了原本的宗教學程，轉學到哥倫比亞師範學院，在那兒古溫・華森成為我的論文指導教授，我開始學習臨床心理學。

透過威廉・赫德・凱爾派翠克（William Heard Kilpatrick），我也開始接受約翰・杜威（John Dewey）的思想。

這時候，我已經嘗試朝向理解的人際關係邁進，學到的東西對我後來發展非常重要。我懂得了與人深度交流是可行的，是有收穫的；在密切關係中，「無法」（"cannot"）分享的種種才是最重要的，也是最有意義的分享。我發現，在有關人的理解上，團體可以扮演一個值得信賴的角色；我甚至開始相信，身為學校單位的主管，可以信任學生帶領他們成長；我還發現，我們可以幫助遭遇問題的人，只是其中巧妙各有不同。

在臨床心理學研究所的訓練中，如何與前來求助的人建立聯繫，我學過兩種主要的方式。在師範學院，運用的方法是測驗、評量、診斷晤談及誘導，方法雖然不帶感情，卻充滿了莉塔・霍林伍思（Leta Hollingworth）博士個人人格特質所散發出來的溫暖，她教導我們身教更重於言教。後來，到新成立的兒童輔導院（Institute for Child Guidance）實習，碰到的卻是一個非常不同的環境，在那樣一個由精神分析學派當家的地方，我對個人的瞭解更加深入。在那裡我發現，要瞭解一個人，一定要透過詳盡的個人歷史——人格動力學可以上溯至祖父母、父母、叔舅姑姨，最後才是「病人」，可能包括出生時的陣痛、斷奶的情形、依賴的程度、手足的關係等等，資料甚至可能超過七十五頁；另外還有各種詳盡的測試，包括

1 國家訓練實驗室（National Training Laboratories）一個由團體領袖組成的組織，特別活躍於商業團體。

新傳入的羅夏克墨漬測驗（Rorschach test），最後，還要對孩子進行多次晤談，才決定使用哪一種治療。不過，結果幾乎是千篇一律：孩子接受精神科醫師的精神分析治療，母親也一樣，由社工人員做精神分析，偶爾也請心理學家輔導兒童。不論如何，當時我進行了自己的第一個治療個案，先從個人輔導開始，然後是越來越多的個人晤談，我親身體驗了觀察一個人行為改變的興奮感。至於改變是我的熱誠所致，還是得力於我的技巧，我就說不上來了。

回想起來，我明白，我之所以熱中訪談及治療，部分原因要歸諸於自己早年的孤獨。在這裡，能夠真正與人親近填補了我內心的渴望；治療晤談也提供了機會，直接親近一個人，免除了漸進深入認識的漫長與痛苦。

完成了紐約的學業，拜新訓練之賜，我已熟知如何專業地對待一個人。儘管師範學院與臨床心理學研究所之間差別頗大，兩者的幫助卻使我得到了相同的處理方式——「收集大量有關這個人的資料：他的歷史、他的智力、他的特長、他的人格。綜合這些資料，針對他現在行為的肇因、他可以用得上的個人與社會資源，及他未來的預後情況，做出詳盡的診斷，並盡力以簡單的話語對相關單位、他的父母及孩子自己（如果他能夠理解的話）做出說明，然後提出可行建議，付諸實施；若他改變了行為，就再反覆接觸加以強化。整個過程中，完全保持客觀、專業，除非個人的感情有助於關係的和諧，不然自己絕不涉入。」

現在這聽起來簡直就難以置信，但卻是千真萬確的事，因為我還記得，自己當時曾經對一位精神科醫師（不是精神分析師）表示輕蔑不屑，就只因為他對待問題兒童的態度。他喜歡他們，甚至帶他們回家。他顯然不懂得保持專業的重要。

當我到了紐約羅徹斯特（Rochester），任職於兒童研究所（Child Study Department），一個專為不良少年，及家庭環境惡劣、由社福機構監護的孩子們所設置的輔導診所，我對自己信心滿滿，我記得（如今想起來仍痛心不已）我告訴家長教師會及社區團體，我們的診所有點像是汽車修理廠：你們帶來問題，由專家加以診斷，並為你們提出矯正的忠告。

然而，我的信心漸漸潰散。一直待在同個地方，我不得不接受現實，自己的忠告及建議並不是全都有效。許多受我輔導的孩子都安置在中途之家，就在隔壁，我天天都看得到。令我吃驚的是，有的時候，前一天還和一個男孩做過特別「成功」的晤談，跟他說明他行為失常的種種原因，第二天他卻拒絕見我！我必須讓他回心轉意，找出問題出在哪裡。我開始了體驗學習。

當時，獨立的羅徹斯特輔導中心（Rochester Guidance Center）剛成立，取代了原來的兒童研究所，我擔任主任，由醫師轉診過來的案子越來越多，但無論是孩子或家長，我們都沒有管理的權力，若要有所幫助，就必須建立關係。

當時有幾件事情顯著地改變了我的做法，這裡就談一下記憶中最鮮活的一個故事。一位聰明的母親帶她行為嚴重失常的孩子來診所，我跟母親談孩子的過往，另一位心理師則為孩子做測驗。經過討論，我們確定問題出在母親對兒子的拒絕。這個問題由我和母親來處理，另一位心理師則帶孩子做遊戲治療。一次又一次的晤談（經驗的累積，現今我的態度已更加溫和柔緩），我試圖幫助母親認清她拒絕的對待模式對孩子所造成的影響，但是一點作用都沒有。大約經過十幾次晤談，我告訴她，我們都努力過了，但沒有結果，或許應該停下來，她同意了。當她要離開房間時，回過身來問道：「你們這裡做成人諮商嗎？」我感到困惑，回答說我們有的時候會做。她馬上返回到座位上，開始傾訴自己與丈夫之間積重難返的問題，說她極度需要幫助。這下子可把我難倒了，她所說的跟我從她那兒整理的個人歷史全不相干，我根本不知道該做什麼，大部分時間就只是聽。最後，經過更多次晤談，由於她整個人變得更真實也更自在，不僅她的婚姻關係改善，她兒子的問題行為也消解了。我這裡迫不及待要說的是，許多年以後，直到兒子念了大學且表現良好，她仍繼續和我保持偶爾的聯繫。這樣的案主她是第一個。

這對我來說是非常重要的一課。我一切隨她，不隨自己；我就只是聽，不急著把自己的診斷意見推給她。我們更像是私人關係，一點都不「專業」，然而結果卻說明了一切。

大約就在那個時間，我參加了奧圖・蘭克（Otto Rank）為期兩天的小型研討會，發現他的治療（而非他的理論）所強調的正是我自己開始領會到的一些東西，覺得很受啟發，也很受鼓舞。當時我雇用的一名社工，自費城社會工作學院（Philadelphia School of Social Work）畢業，她學的正是蘭克的「關係治療」（relationship therapy），從她那裡我也學到了不少。因此，我的觀點改變得越來越多。我在《問題兒童的臨床治療》（*Clinical Treatment of Problem Child*, 1937-1938）一書中詳細交代了這個轉變，儘管全書大部分談的是診斷與規範，但是我在其中花了很長的篇幅專論關係治療。

一九四〇年到俄亥俄州立大學任教，研究生聰明好學，跟他們提出我的臨床觀點，自己也受益匪淺。同時，我也瞭解到，在諮商與治療上，自己講的一些東西都是新的，或許稱得上是創見，並寫了一本這方面的書。隨著記錄治療晤談的夢想得以實現，使我可把注意力放到晤談中不同反應所產生的效果上，進而使技巧——即所謂的非指導性技巧（nondirective technique）成為強調的重點。

然而，這種對案主的信賴，及對案主自我探索並解決自身問題能力的信任，也讓我另有發現，我既然信任案主，為什麼無法相信學生？這樣的態度對有問題的個人既然是好的，為什麼對有問題的工作團隊卻行不通？我發現，自己所進行的不僅是一種新的治療方法，而且是一種截然不同的生活哲學與人際關係哲學。

其中有些議題，我在俄亥俄州大學時就已經得到解答，等有機會到芝加哥大學開辦新的諮商中心，可以自行決定政策及挑選團隊時，我便著手制定並落實處理人際關係的新方法。同樣地，這也可以總結如下：

- 我相信，只要能提供一個真誠理解的環境，建立一種親近而持續的關係，每個人都能探索並理解自我及自身的問題，並且解決這些困難。
- 我放手以同樣的信任對待自己的工作團隊，致力建立一個環境，使每個人把整個團體的目標當成自己的責任，團體也為每位成員負責。我獲得授權，我也將這個權力完全下放給團體。

- 我以實驗的態度信任學生及班級群組，讓他們選擇自己的方向，並由他們評定自己的進步。

於我來說，芝加哥是一段重大的學習之旅，不僅有充足的機會檢驗自己上述的假說，並將我們早年所開展的治療假說進一步付諸實證檢驗。到了一九五七年，我已經發展出一套嚴謹的治療理論及治療關係理論，提出〈人格改變的必要及充分條件〉（Rogers, 1957），談的全都是個人的心態，而非專業訓練。儘管這篇論文相當大膽，但是提出了可檢驗的假說，並在接下來的十五年間引發了相當多的研究，總體上都獲得了證實。在這個時期，出於學生的鼓勵，我認識了馬丁・布伯，先是著作，後來才是本人，並結識索倫・齊克果（Soren Kierkegaard）。我的新方法得到了極大的支持，我驚訝的發現，這甚至是本土品牌的存在主義哲學。

最後，這也是我人生中的一個重要的學習時期。一段糟糕的治療關係——實際上根本談不上治療，將我逼入了一個深層的內在危機，最後不得不找一位同業接受治療，我這才懂得了「一朝得悟喜若狂，來日絕望一場空」的滋味。然而當我漸漸跳脫出來，終於知道，早有許多人已經幸運地先我而知。我總算開竅了，我不僅可以信任案主、團隊、學生，也可以信任自己，信任不斷在自己內心湧現的感覺、想法、決心。懂得這番道理並不是件容易的事，但卻是最有價值的，可以終生奉行。與人相處時，無論是與自己的案主或其他人，我發現自己更自在，更真實，也更深切理解對方。

上述所有的學習心得，早自一九四六年的芝加哥研習會，直至近年來我投入甚深的團體，在我與團體的關係中，我都身體力行不斷。所有這些團體都是會心團體，儘管這個名稱後來才出現。

下面我將很快地談談自己在威斯康辛大學及拉荷亞（La Jolla）的歲月。在威斯康辛，我對自己在芝加哥學到的東西有了新的認識——大體來說，多數心理學家都還未能接受新的觀念，或許我自己也是如此，儘管我努力抗拒這種故步自封。但一如從前，學生總是最敏銳的。

在威斯康辛，我違反了一個自己辛苦學到的道理，結果可說是災情慘重。在一個研究精神分裂症治療的大型研究團隊中，我把權力與責任下放給團體，卻沒有進一步建立一個親切、開放、人際溝通的環境，而這種環境是承擔責任不可或缺的基礎；接著，當嚴重的危機發生，我卻犯下一個更要命的錯誤：嘗試把下放給團體的權力收回來。結果不言可諭，隨之而來的是反抗與混亂。這是我學到的最慘痛的教訓之一——為不採行參與式管理上了一課。

在拉荷亞可就愉快得多。一個志趣相投的團體最後形成了人的研究中心（Center for Studies of the Person），是一次令人興奮的不平凡實驗。我這裡只談談其中有關人際關係的方面，因為成員眾多，從肯亞、羅馬到愛爾蘭，從紐澤西、科羅拉多到西雅圖；活動更是多元，從心理治療到寫作，到深奧的研究，從組織諮商到帶領各種團體，從學習團體催化到點燃教育方法改革——若要全都講述實屬不可能。就心理層面來說，我們是一個密切的社群，彼此支持鼓勵，但也相互公開批評。中心主任雖然身負例行事務的責任，但在權力上，並沒有任何一人高於他人。每個人都可以隨己所欲，可以獨自作業，也可以與他人協同合作，每個人都對自己負責。當時我們只獲得小額資助，由一個民間基金會提供；我們不喜歡大額或政府資助，其約束往往一開始感覺不到。將我們聚到一起的不是別的原因，無非大家有志一同，關注人的尊嚴與天賦，以及人與人之間真心誠摯溝通的可能性。這對我來說是一次重大的實驗，其目的在於建立一個自由運作的團隊，一個真正非組織的、完全以人際分享為基礎的團隊。

只是我這個人很容易熱忱過頭。這裡我還要談一談自己的另一個知識源頭。追溯起來，始於麗奧娜·泰勒（Leona Tyler）多年前的一封信，信裡她說，我的想法和作為可以看作是連接東方與西方思想的橋樑。這一說法很令我感到驚訝，不可否認地，近幾年來我也頗好佛家、禪宗的道理，特別是兩千五百年前中國先賢老子的思想，這裡且讓我引一段他深得我心的句子：

儘管在聽，

其聽覆我以寂靜，
終使我得以聽聞
一己之自性

這短短幾句話，卻囊括了我喜愛的兩位思想家。馬丁．布伯著力闡發的是道家的無為思想。無為，指的是人的整體作為。但無為而治——亦即一般所稱「無為」的原則，卻往往遭到誤解。布伯對「無為而治」的詮釋是這樣的：

干涉萬物，於彼於己，兩皆有害……強加己意者，其力顯而小；不強加己意者，其力隱而大。……

聖人……不干涉生命，不強加己意於彼，但「助眾生自適（老子）」。聖人整合自身，亦以此引領眾生整合自身，復歸其本性與天命，唯道是從。（Buber, 1957）

我想，我對人們所做的努力，也越來越趨向於復歸「其本性與天命」；或者，若問如何才能勝任一個有效率的團體領導人，答案也在老子的話裡：

最好的領導人，人們僅知其存在；

次一等的，人們感戴服從；
最差的，人們懼怕厭惡……
好的領導人，少言，
不做則已，做必事成，
人們都說：「這是我們自己做的。」2

但我最愛的是老子的另一段話，這總結了我許多最深層的理念：

我不干涉，人們自會照顧自己，
我不指揮，人們自會端正自己，
我不教導，人們自會充實自己，
我不強制，人們自會做好自己。3

我承認，這段話太過於簡化，但對我來說，其間自有真理，是我們西方文化還無法領會的。

結語

這些年來我在理念變化上的漫漫長路，我想我已經做了明白交代。一開始，我的觀點是人性本惡，就專業來說，最好是把人看作物件，透過專業給予協助；專家可以提出建議、操作、塑造個人，產生可欲的結果。

相對的，讓我總結一下自己現在的想法，也是我願終生奉行的想法。如我所說的，我往往不能從這些學習中受惠，多次在小地方失誤，偶爾還犯下大錯。這裡且讓我將這些心得一一道來，不是按其發生的順序，而是順其自然加以呈現。

我肯定自己各種面向的經歷感受；我珍惜各種情緒——生氣、溫柔、羞愧、受傷、愛、不安、付出及恐懼，包含所有突然冒出來的反應，無論正面的或負面；我珍惜各種念頭——愚蠢的、有創意的、怪異的、明智的、瑣碎的，所有的一切都屬於我的一部分；我喜歡自己

2 Bynner, 1962。
譯註：《道德經》原文為：「太上，下知有之；其次，親而譽之；其次，畏之；其次侮之……悠兮，其貴言。功成事遂，百姓皆謂我自然。」

3 Friedman, 1972。
譯註：《道德經》原文為：「我無為而民自化，我好靜而民自正，我無事而民自富，我無欲而民自樸。」

的行為衝動——適當的、瘋狂的、成就取向的、性的、凶暴的。所有這些情緒、想法及衝動我都欣然接受，視之為豐盛生命的元素。我不一定把它們真當回事，但是一旦接納了，我會更加真實；因此，我的行為也就更能夠順應當下的情況。

基於我的經驗，我發現，只要能夠營造出真誠、肯定及理解的環境，事情就會變得不一樣。在這樣的氛圍中，無論個人或團體，都會由刻板轉為靈活，靜態轉為動態，依賴轉為自主，抗拒轉為自我接納，可預期轉為不可預期，在在體現了人的實現傾向（actualizing tendency）。

身在一個促進成長的環境中，無論對自己、個人或對整個團體，都可以發展出深度的信任。在這樣的環境，個人、團體，甚至植物都會成長。我喜歡營造這樣的環境。

我懂得了一個道理，在任何重要或持續的關係中，經久不散的情緒最好是把表達出來。唯有把自己的**感受**表達出來，縱使情況暫時可能令人沮喪，然而相較於否定或隱藏，最後的結果卻是有益的。

我也發現，最好的人際關係自有其節奏：敞開，表達，然後調和相容；交流，改變，然後暫停不言；試探，焦慮，然後暫求心安。我無法一直待在一個會心團體。

對我來說，相較於抗拒，徹底敞開好處甚多。這並不是件容易的事，但是即使只做到一部分，對關係都大有益處。

對我來說，貼近真實感受的原味是不可或缺的。我無法生活在抽象中。因此，與人保持真實的關係，在泥土中弄髒雙手，觀察一朵花的綻放，或欣賞落日，於我的生命皆屬必須。至少有一足必須立定於現實的土壤中。

活著，多數時間面對外在世界，是我最喜愛的生活。我珍惜內觀的時刻——認識自己，冥想及思考，但是這也必須經由外在的活動加以平衡——與人互動，生產一些東西，無論是一朵花、一本書，或一件木工。

最後，我有一個深信不疑的信念，儘管只能是一個假設：我所提倡的人際關係哲學，包括這篇文章中所呈現的，可以應用到所有與人相關的情況。在我看來，既可以用於治療、婚姻、親子，可以用於長官與部屬，也可以用於一個族群與其他族群的互動。我甚至敢大膽地說，也可以用於赤裸裸的權力運用上——譬如政治，特別是與其他國家的關係。我盡畢身之力挑戰美國當今在外交政策上，特別是在瘋狂的戰爭中所展露無遺的信念：「強權即公理」。照我看來，這根本就是一條自我毀滅的道路。我完全同意馬丁．布伯及東方先賢的看法：「強加己意者，其力顯而小；不強加己意者，其力隱而大。」

第三章

回顧：四十六個寒暑

俗話說得好，天下沒有白吃的午餐，本文的寫作正是如此。我榮幸獲得美國心理學會頒發的傑出專業貢獻獎，外加一大筆獎金；榮譽加身，責任隨之，於是有了這篇講話，發表於次年（一九七三年）八月在蒙特利爾舉行的大會。我還記得，當時為了講演內容還頗感苦惱，記得先寫了一篇文章，覺得不合適便放棄了；後來我選擇回顧自己的職業生涯，回到四十六年前，談談自己在紐約市兒童輔導中心擔任研究人員（確切地說，應該是「實習生」）的早期經驗。中心為一財力雄厚的民間機構，由紐約聯邦基金（Commonwealth Fund）出資，為兒童輔導培訓工作人員（塞繆爾・貝克〔Samuel Beck〕和我都是在那一年學習了羅夏克墨漬測驗，那是由戴維・列維博士〔Dr. David Levy〕自歐洲引入）。同年歲末，結束實習，在紐約羅徹斯特謀得一職，年薪僅兩千九百美元。這份工作在本章中也會談到。

接下去，我會提到許多受我影響的國家。在本文寫就以後，這些年來，還可以加上更多的國家，包括最近在波蘭舉辦一個包含九十名成員的研習營，這也是我第一次在所謂鐵幕中的經驗。

這一章的內容非常主觀，是從自我內在角度來看自己的專業生涯，純粹出於自己的理解。我敢說，若由別人來看，肯定大不相同。

—●—

一九二七年迄今，我一直是個執業心理學者，做過兒童診斷研究，為兒童問題的處理提出建議。一九二八年，為兒童的內心世界列出了一份清單，蒙老天不棄，迄今仍有數以千計的銷路。我與父母、學生及其他成年人做心理諮商；與有問題的個人——一般的、神經質的、患精神病的——做深度心理治療；從事並主持心理治療及人格改變的研究；建立了一套嚴謹的治療理論。四十年教學經驗的養成，我透過認知與實驗兩個途徑學習。利用深入性團體經驗，促進個人的發展；透過錄音、示範及影片，努力闡述個人治療與團體經驗的過程；透過今天看來無以數計的文字、磁帶及錄影，努力傳達自己的經驗。身為心理學家專業陣營的一員，我貢獻過一己之力；我的專業生涯未曾中斷、多采多姿，充滿爭議，但回報豐碩。

如此這般，我不免想到一個有趣的問題：像這樣一個心理學家，回顧將近半個世紀的研究與工作，他自己又會怎麼想呢？這個問題我將在講演中做出說明。還有，思及這些年自己的專業生涯，以及不同時期的發展與變化，我現在又是如何看待的呢？

令人難以置信的影響

回顧我的工作及其被接受的程度，我最大的反應應該是驚訝。三十五年或四十年前，如果有人告訴我，我的工作會帶來這樣大的影響，我是絕對不會相信的。我和我的同事所做的工作已經改變了各行各業的企業組織，後面我將會提到其中幾個。我們的工作顛覆了諮商領域，將心理治療向公眾監督及研究調查敞開；使高度主觀的現象得以付諸實證研究；為每個層面的教育方法帶來改變；成為促使產業（甚至軍隊）領導統御概念、社工實務概念、護理實務概念及宗教工作概念改變的因素之一；一直是推動會心團體的主要趨勢之一；至少在某些地方還影響了科學哲學；並開始影響不同種族之間與文化之間的關係；甚至對神學與哲學學生也造成了影響。

據我所知，我的作品改變了許多人的生活方向及目的，這些人遍及法國、比利時、荷蘭、挪威、日本、澳洲、紐西蘭及南非等地；美國以外，有十二個國家的讀者能以當地文字閱讀我的部分作品；在日本，甚至可以讀到我所有作品的全集。看到這份長長的清單，還真是令我驚訝不已。

姑且這樣解釋

我的工作為什麼產生如此廣泛的影響？我當然不會說，是因為自己有什麼了不起的天分，更不會說是因為我的眼光遠大。論功勞，我認為當推那些年輕的同事，那麼多年來，是他們擴充並深化了我的思想及工作；然而，即使是他們的努力，也難以解釋造成這樣深遠影響的原因。在我所提到的許多領域，除了我們所寫的東西，無論我自己或同事，都不曾在其中工作過，或某種程度地參與過。

就我對此一現象的理解，那就好像在不知不覺中，我發表了一個時機剛好成熟的想法。好像一池春水，由於平靜異常，以致一塊石頭落入池中，激起的漣漪就越傳越遠，越傳越遠，其所形成的影響自不能歸諸於那塊石頭；又或者打個化學的比方，就好像溶液已經過度飽和，只要加入一小粒結晶，也就啟動了一整塊結晶體的形成。

那想法、石頭、結晶，又該怎麼解釋呢？我們不妨這樣看。那是一個逐漸形成並經過檢驗的假設：每個人的內在自有豐富的資源，供其理解自己，改變自我認知、心態及自主行為。不過，前提是你要提供一個有利於心理狀態的環境，這些資源才會啟動。

這個假設，既可以說是新的，卻也算是舊東西了。它絕非純粹的理論，而是踏踏實實一步一腳印走出來的。

第一，歷經艱難與挫折，我終於明白了，單單聽懂了案主，並努力將自己的理解傳遞出去，就是一股強大的治療力量，足以推動一個人的改變。

第二，我和我的同事都瞭解，人類心靈的運作，不管多麼複雜神祕，同理心的傾聽（empathic listening）提供了一扇最清明的窗口。

第三，依據觀察，我們只做低階的推論，做出可驗證的假設。我們大可做高階推論，發展出抽象的、不可檢證的高階理論，然而我自己低調的農業背景把我擋了下來（佛洛伊德派學者選擇的就是第二條路，我以為，這也是他們的療法與以案主為本的療法的最根本差異之一）。

第四，對假設進行驗證，我們在人與人際關係上都會發現新的研究結果；然而，隨著更新的發現出現，這些發現與涵蓋發現的理論就不斷改變，此一過程一直持續至今。

第五，人可以釋放自我改變的能量，而關係可以助長、也可以窒息這種自主的改變，我們的研究結果都關係到這兩方面的基本方法，所以可以廣泛應用到其他領域。

第六，與人相關的情況、人的行為變化，以及質性不同的人際關係所造成的影響，於人類的活動中幾乎無所不在。因此，其他人開始意識到，這種可經驗證的療法，其假設或許可以普遍應用，或者予以重新檢驗、重新設定，運用於無數的人類情況。

以上講了許多，嘗試解釋思想觀念令人難以思議的驚人擴散，其實這一切都始於我不斷問自己的一個簡單的問題：仔細觀察並評估我與案主相處的經驗，在幫助他們解決個人的痛苦、有害於自己的行為，以及有破壞性的人際關係上，我還可以學到更有效的方法嗎？總之，無非是不斷的摸索與嘗試，誰又想得到會一傳十、十傳百，影響得這樣遠呢？

心理學的矛盾

談到我的工作所影響的領域，你可能已注意到我漏掉了一個地方：我們沒有提到對學院心理學，或所謂科學心理學的影響。這並不是疏忽，精確地說，我認為我們對學院心理學沒什麼影響，無論在講堂裡、教材上或實驗室中皆是如此。我的思想、理論或治療方法，在這些地方都只是一語帶過；總體來說，我認為，在學院心理學家的眼裡，我一直是個令人尷尬到不行的現象。**我不恰當**。我現在越來越同意這個評價。且讓我細細說明。

我相信，關於我及我的工作，科學心理學及專業心理學都懷著一種矛盾的感情，既愛又恨。在他們的眼裡（這裡我必須承認，大部分是聽來的）我這個人頭腦不清楚、不科學、異端、太寵學生，並且對於自我、治療師態度及會心團體等瞬息萬變的事物，都充滿怪異和令人不安的熱情。從基礎學科的評分到令人垂涎的博士學位授與，我竟不甩學院中專業課程及整個成績評估體系，而那是學院最神聖的奧祕。大部分心理學教科書作者提到我，充其量就是那幾句話，說我是一種技巧——非指導性技巧——的發明人，我還真不是心理學術界的圈內人。

然而說到另外一個矛盾現象，更令人傻眼。整個心理學界，科學的與專業的，又把一堆榮譽灌到我頭上，其中許多在我看來都是過譽。令我驚訝的是，居然把前三大科學貢獻獎也頒給了我，時在一九五六年，當時我的爭議性甚至比今天還大。我曾被選為美國應用心理學會（American Association for Applied Psychology）主席，當選過美國心理學會主席，也被推舉或獲選為一些重要的委員會及部門的主席。所有這些榮譽都讓我感動不已；其中最讓我激動的則是科學貢獻獎及其褒揚文。我之所以會獲選擔任某個機構的首長，部分原因或許在於我的雄心，我這個人總是雄心勃勃，要在自己的專業上領先群倫，而這個獎之於我，就某種意義來說，是我所受到過「最純粹」的肯定。多年來，我一直努力要把一個潛力無窮、卻沒有人關心的科學領域具體知識化，推動我前進的並不是獲獎的雄心；身體力行於研究，也不只是要向別人證明些什麼，這明顯也不是科學研究的目標。在這項工作的根本層面上——深入的觀察、晤談的紀錄、假設的直覺、原始理論的開展，我不負自己的期許，算得上是一名真正的科學家。不過在我看來，顯然也只有我的同事和我才真正知道並關心箇中滋味，正因為如此，一九五六年美國心理學會大會喚我上台，與沃夫岡·寇勒（Wolfgang Kohler）及肯尼斯·史賓塞（Kenneth Spence）一同接受心理學科學貢獻獎時，我忍不住為之哽咽流淚。這清楚地證明了，我固然令心理學界感到尷尬，某種程度上來說，卻也讓他們感到驕傲。這個獎對我來說意義重大，遠勝過後來的許多獎項，包括去年首度頒發的專業貢獻獎。

我的確喜歡去年的褒揚文，特別是文中實話實說，說我是心理學界的「討厭鬼」，這一來可把我提昇到了一個地位——「可敬的討厭鬼」。這矛盾的表達方式，我很喜歡。

兩場戰鬥

回顧過去這些年，我曾兩次投入具有專業重要性的戰鬥。

與精神病學界的鬥爭

第一場戰鬥是與精神病學界有關。當時許多精神病學專業人士主張，心理學家不得從事心理治療，也不得擔任「心理健康」的行政業務，特別是牽涉到精神科醫師時。在紐約羅徹斯特，我第一次遭遇到這種情況。當時，我們的兒童研究所非常成功，那屬於社會局的一個單位，一九三九年改組成為一個新的獨立機構，羅徹斯特兒童輔導中心（Rochester Guidane Center）。一場激烈的競爭展開，有些在台面上，也有台面下的，目的是要讓我離開中心主任的位子，由一位精神科醫師來取代。問題不是出在我的工作品質，而是出於一個觀點：心理學家不可擔任心理健康業務的主管，理由無他，就是「沒有先例」。雖然兒童研究所多年來都是以兼職的方式雇用精神科醫師，但精神科醫師現在卻集合起來，說心理學家根本沒有權力雇用他們。我既拿不出任何重要的先例，也找不到任何專業團體的聲援。這是一場孤軍奮戰的戰鬥，而對我來說，這場戰鬥簡直就是存亡之爭，因為我明明做得很好，而且非常想繼續做下去。十分感謝董事會，幾乎全都是非專業的人士，最後，在這場戰鬥中，他們決定站在我這一邊。

在俄亥俄州立大學過了五年平靜歲月，一九四五年到了芝加哥，戰鬥再起，甚至更為激烈。精神病學系主任走馬燈般地換人，卻沒有一任願意和非正統的、羽翼未豐的諮商中心合作。最後，其中一人乾脆要求大學當局關掉諮商中心，理由是中心並無證照從事醫療行為（亦即心理治療）。無論美國心理學會或其他心理學組織，仍然沒有為我們提供任何支持。我竭盡所能收集證據，發動一輪猛烈的反擊，又一次，我充滿感激，這一次多虧芝加哥大學校長的公平考量，建議精神病學系撤回要求，他們照做了。這就是我公開與精神病學界僅有的兩次爭鬥，大多數情況下，我採取雙重戰略：一方面，我努力協調兩種專業共同追求的目標；另一方面，我快馬加鞭，迎頭趕上，務使心理學家在此一領域執業的權利不再受到挑戰。畢竟在研究上，他們表現卓越，在實務與理論上也毫不遜色。

在上述兩次的戰鬥中，當我被逼到角落時，生長在六個小孩家庭中所養出來的那股狠勁就跑出來了。只看到我溫文爾雅一面的人，領教了我的奮力一搏，對我的態度及行動無不大感驚訝。我就像舉起一塊以前殖民時期的警示布條，上面是一條惡狠狠的響尾蛇，外加警語「別踩我！」。

一九五七年到了威斯康辛大學，我可以欣慰地說，同時兼任心理學系及精神病學系的教職，終使這場鬥爭愉快收場。實際上，我發起了一個心理學家與精神病醫師合組的團體，逐漸化解了兩派人馬早期在這個州誓不兩立的法律大戰。

與行為主義心理學的戰鬥

我的專業生涯中另一次戰鬥，是對人類的研究方法上站在人本的這邊。一九五六年的羅傑斯—史金納辯論，在心理學界是最值得重印的篇章之一；若要我回顧此一持續存在的差異，無論深淺，對我來說都毫無意義。這裡對於這段過程，我只做簡單陳述。

為了避免誤解，我先說明，操作制約理論及其發展和應用，我同意是個極有創意的成就，在某些知識的促進上是很有價值的工具，其貢獻我無意抹煞。只是這並不能消除我們之間的分歧。

這裡我也要說，我個人十分敬重弗萊德．史金納。他是個踏實的人，積極任事，把自己的想法落實成為合理的結論，因此，儘管我們之間存在著極大的差異，並無損於我對他的敬重。有幾家期刊邀我對《超越自由與尊嚴》[1]做個回應，我婉拒了，因為我覺得他有權利表達自己的看法。我感到失望的是，他不同意發表我們在杜魯斯（Duluth）明尼蘇達大學長達九個小時爭鋒辯證的內容；這場聚會全程錄音，是我們之間對爭議做最深層的探討，與會的其他人士全都同意發表其錄音或文字紀錄，只是會後，史金納卻不答應。我覺得整個業界都被騙了。

---

1 *Beyond Freedom and Dignity*, Skinner, 1971.

以我的瞭解，行為主義與人本主義之於人類，兩者的根本差異是一種哲學的選擇，可以討論，但是不可能訴諸證據解決。一個人如果數年前接受了史金納（相信他今日依然是相同觀點），那麼，決定這個人行為的唯一因素就是環境，而環境乃是因果的一環，因此，這也是一個牢不可破的因果鏈。我所做的一切，或史金納所做的，都只是我們受條件制約的必然結果。如他所說的，人的行為都是出於被迫，只是看起來並非出於被迫。按照此一邏輯，如同約翰．喀爾文（John Calvin）之前所做出的結論，宇宙就有如一口大鐘，一旦上緊了發條，便不可阻攔地走動起來。因此，我們心目中的決定、選擇及價值都只是幻覺；換句話說，史金納寫書並不是想表達他的觀點，也不是要指出他心目中有價值的社會，只不過是他受到制約，在紙上做出來的某些表達而已。令人驚訝的是，在一場我們都參與的聚會中，他還真承認了這一點。

根據我的治療及團體經驗，對我來說，選擇之於人類，其真實與意義乃是無可否認的。就我看來，在某種程度上，人乃是自己的建築師，這絕不是幻覺。我已經提出過證據，在預測一個人的行為上，自我理解的程度或許是最重大的一個要素，因此，對我來說，人本主義乃是唯一可行的方式。然而，對每個人來說，要走哪一條道路——行為主義還是人本主義——自是遵循他自己的選擇。

說是由個人決定其選擇，並不等於無論什麼選擇結果都會一樣。舉例來說，選擇了人本主義思想，就意味著選擇了不同的研究主題及不同的研究方法，也意味著之所以追求社會改變，是基於人類具有求變的欲望及潛能；而不是基於條件制約。此一取向導致民主政治思想，而非精英管理。因此，選擇一定有其結果。

技術導向的社會注重的是對人類行為的管制，定然會傾向行為主義，對我來說，這是完全合理的推斷；同樣地，學院派心理學一貫堅持「智力就是一切」，則會比人本主義更傾向於此。一個大學的心理學家如果同意後一說法，便一定會承認，身為一個主觀的人，無論在研究主題的選擇上、資料的評價上、與學生的關係上，或自己的專業工作上，他都會全心投入。如此一來，也就脫掉了「客觀」這件舒適的保護衣，把自己變成了一個脆弱且不完美的主觀存在，不分理智與感情、客觀與主觀，徹底投入自己所有的活動。可以理解地，這乃是十分危險的事。

簡而言之，真正的問題出在這兩個悖論的衝突。如果極端的行為主義是對的，那麼，一個人的所有作為本質上便都是無意義的，因為，他只是一條綿密無縫的因果鏈中的一顆原子而已。另一方面，如果徹底的人本主義是對的，那麼，選擇就參與了進來，人的主觀選擇就對因果鏈產生了影響，如此一來，以顛撲不破的因果鏈為基礎的科學研究，就不得不從根本上加以修正。對於這種兩難，我以及其他人都嘗試提出過解釋——我是在一篇題為〈自由與承諾〉[2]文章中試過——但都是不完全的；不過我相信，這些矛盾的充分化解將有待於未

2 Freedom and Commitment, Rogers, 1964.

來。

說老實話，我相信，長此以往人本主義的觀點終會取得優勢。依我看，美國人已經開始拒絕讓技術支配我們的生活。我們的文化——日益趨向對自然的征服與對人的控制——已經沒落。放眼望去，廢墟上出現的是一種新人，高度覺悟，自我導向，一個內在探索者，對內心世界的探索更多於外在世界；對組織的服從與權威的教條不屑一顧，不相信自己的行為是被塑造的，也不會去塑造別人的行為。這樣的一個人肯定是人本主義的，而不會是技術取向。以我的判斷，這種人的存活率才高。

然而，我的這個信念卻存在一個例外。如果我們容許一人當政，或一個由軍方控制的政府——很明顯地，我們現在已經很接近這種情況——那就另當別論了。一個政府、軍方、警察、工業的複合體，會更樂於使用科學技術達成軍事及工業的征服，使用心理技術來控制人的行為。如果我說，人本主義心理學家——重視的是獨立個人的終極自由與尊嚴，及其自我決定的能力——這樣的政府禁之唯恐不及，絕非誇大之詞。

話說到這裡為止，我已經扯到未來了，還是回到自己的回顧，談些不那麼嚴肅的事情吧。

兩個困惑

令我感到困惑的事有二，性質不同；一件較為次要；另一件則頗令人憂心。

關於理論

到一九五〇年時，我越來越想確認自己的思想是否能夠形成連貫的理論形式。正在此時，西格蒙·科赫（Sigmund Koch）邀我參與他的不朽系列著作：《心理學：一項科學的研究》[3]。這小小的推動力剛好是我需要的，於是，接下去三、四年中，在此一理論的架構上，我投注的心力更甚於自己之前所寫的任何東西。據我的評估，這是當時有關人格與行為變化最嚴謹的理論陳述。一位有數學背景的年輕心理學家最近對我說：「其精確的程度，我可以用數學術語予以重述。」我必須承認，我的看法相近。

能夠參與科赫的系列，我深感欣慰，因為我確信，這些書未來都會成為研究生及心理學家研究的讀物。雖然沒有精確的數據，但我猜想，這些書事實上並沒有什麼讀者。沒錯，我

3 *Psychology: A Study of a Science*, 1959-1963.

寫的那一章：〈在以案主為中心的架構下，治療、人格及人際關係理論的發展〉[4]是我寫過最受到忽視的一篇論文。這並不會令我特別沮喪，因為我相信理論經常變成教條，只是多年以來，一直令我不解。

關於創造性領導

第二件讓我困惑的事情屬於不同的性質。年輕的時候，儘管並不是一個英雄崇拜者，但由於自己沒沒無聞，心目中確實有許多景仰的對象，視之為「**真正的**心理學家」。我記得，一九三六年，李奧納德．卡爾麥寇（Leonard Carmichael）出任羅徹斯特大學心理系系主任，整個專業團隊為之轟動：為配合他的要求，設置一座特殊的實驗室，為他的學生提供大筆獎學金，以肯定他的才華與領導能力。當時辛苦窩在受虐兒童保護協會兒童研究所的危樓中，我還真有些嫉妒，但更多的是仰慕與期許。對另外好幾個人，我也有同樣的感覺，他們所受的心理學訓練皆優於我，判斷力比我更出色，著作及研究成績都頗負盛名。他們都才能優異，將會在心理學上提出偉大的理念，如同傑出的化學家、物理學家及天文學家，發揮智慧，領導世界。我一點都不懷疑，當時我挑選的那些人，三十年之後，都將是心理學界高創意與高產值的領導人。

然而到頭來，我全都錯了。卡爾麥寇，自我提到他的大名之後，果然不負眾望，成為受人敬重的行政主管，在業界享有至高的名望。至於我挑中的那些人，也都成就了受人尊敬的生涯，有些在心理學圈外，有些則在圈內。不過他們年輕時期所發的宏願，言猶在耳，卻都未曾實現；基於某些理由，這令我深感困惑，只因為他們都有著一個共同點，他們對心理學全都喪失了至關緊要的開創性關懷。為什麼會這樣？是他們的關懷太過於狹窄，隨著年歲增長太容易滿足？還是他們欠缺基本的信念或思想，在工作上得不到引導？又或是他們的努力在他們看來與整個大社會脫節，覺得自己微不足道？還是他們初期的工作主要只是要表現給同儕看，此一推動力隨著年齡失去了重要性？或者是他們的努力只是為了要站穩，並保護自己的工作成果，因此阻礙了他們向外探索開創性的未知？我不知道答案。總之，這使我至為不解，也使我在挑選具有開創性思想的未來領導時，加倍地小心慎重。

我的知識來源

無論過去或今日，滋養我的思想與經驗浩如江河，回顧這一切，有幾個最重要的源頭。

4 A Theory of Therapy, Personality, and Interpersonal Relationships as Developed in the Client- Centered Framework, Rogers, 1959.

案主與團體成員

首先，也是最重要的，就是接受治療的案主及團體中的成員。個人晤談與團體聚會的資料有如黃金礦派，令我驚訝不已。首先，是汲取陳述、情緒及肢體語言等直覺層面的體驗，其所提供的知識類型複雜多樣，很難以言詞表達。然後，是聽取交談的錄音，這可以把交流中遺漏掉的整理出來，這裡面還包括部分遺漏的東西，如語氣的細微變化、半成型的句子、停頓及嘆息。再來，用心做成文字紀錄之後，將訊息整理到一張紙上，列出「人格改變的成分」——彷如一具可供細察的顯微鏡。透過上述三個步驟：首先，整體地加以感受；其次，重聽錄音，並結合感受與認知；其三，把每個可以理解的線索再推敲一次，我才能把最深層的感受所得，與最抽象的認知及理論結合起來。除此之外，再也沒有其他方法了。如同我之前所說，這種類型的晤談或許是最有價值的一扇明窗，直透人與關係的內在世界。在我看來，與案主及團體成員之間的深摯關係，乃是我一切知識的來源，捨此我將一無所有。

年輕同業

對我來說，第二重要的激勵來源是我與年輕人的共生關係。我並不瞭解這種相互吸引，但卻賴此而成長。年輕時，我確實從前輩那兒學到了不少東西，有時候，也向同齡的同事學習，但在過去三十五年中，任何真正的專業資源都來自年輕人。我深深感謝所有的研究生、年輕的同事及敏學好問的年輕聽眾，過去他們教導我，今天仍然在教育我。我知道，多年以來，若要我在同輩的同業或年輕群體間選擇一個合作對象，我定會偏向後者。他們比較不保守，不那麼多心，更敢於批評，提出的建言也更有創意，我從他們那兒得到的實在太多了；無論是在思想或感情上，他們都無私奉獻，點燃我的創意。這樣的例子不勝枚舉，我很想寫出一些，卻又怕掛一漏萬，對其他人不公平。我們相互啟發，相互激勵，這樣的交流我總希望是對等的，但往往覺得自己的收穫遠多於付出。我認識許多人，當年歲漸長，不再繼續接受年輕心靈及生活方式的激勵，令我深感遺憾。

學術閱讀

再來，更等而次要的，是往往被視為主要知識來源的印刷品。閱讀之於我，最大的價值無非是支持我自己的觀點。我明白，自己並不是什麼學者，不過就是從別人的作品中汲取想法和觀念罷了；然而，有時一本書不僅證實了我的嘗試性想法，甚至還會引發我更加深入，說到這一點，索倫．齊克果、馬丁．布伯、麥克．波蘭尼（Michael Polanyi），皆屬此類。我不得不承認，我若有那麼一點學者味，還都是機緣；依我的看法，機緣乃是「一種於偶然間製造運氣與機會的能力」。我有種奇怪的感覺，我似乎就有這種能力，舉一個最近的例子，在我準備〈新人的出現：一場新革命〉這篇文章時，注意到有幾個人也提出過相同的觀點。當時，伏萊德與安妮．理查茲（Fred and Anne Richards）送我一本他們剛出版的新書《新新人類》（*Homonovus*, 1973），幾乎就在同時，約翰・洛克斐勒三世（John D Rockefeller III）也送了我一本他的書《第二次美國革命》（*The Second American Revolution*, 1973），同樣也是高度相關。後來，我與一位北加州的朋友談起我對美國心理學會投稿的文章，他說：「你讀過喬依斯・卡羅・奧茲（Joyce Carol Oates）發表在《星期六評論》（*The Saturday Review*）上的文章嗎？」我不得不承認，不僅不知道文章，連作者都不知道，於是，他影印給我，這篇文章不僅支持我的觀點，而且讓我對現代小說的全新面貌有了新的認識。如此這般，我的這篇文章看起來是我連著幾個星期在圖書館寫出來的，但至少有一半是拜機緣所賜。這在我的人生來說，可說是司空見慣。

我對溝通的關注

繼續回首凝視過往——儘管這樣的姿勢已經令我脖子僵硬——我看見的或許是我專業生涯中最重要的主題，亦即我對溝通的關注。基於某種理由，打從早年時期這就是我極度關切的事。看到別人溝通，我都覺得苦不堪言，總想主動跳出來，以免遭到誤解；總希望盡可能地理解他人傳達的訊息，無論是案主、朋友或家人；我也希望別人理解我，即使是最分歧的觀點，我也努力把話說得清楚分明。在看法與經驗兩極的群體之間，包括陌生人、不同文化背景的成員、不同社會階層的代表，我一直都扮演一個角色，務使他們能夠做到更好的溝通。一生之中，這樣的例子不勝枚舉，這裡且談其中一件。匹茲堡公視頻道（WQED）在一九七一年播放了一段現場錄影，是一群與毒品有關的人聚會，包括「正方」的人，如毒品緝查員；也有「反方」的人，如遭判決定讞的毒販。其中有黑人也有白人，有年輕人也有中年人，有來自貧民區的，也有中產階級。儘管團體成員分歧甚大，由於溝通與坦誠，整個過程變得生氣勃勃，令我難以忘懷。可惜的是，影片名稱《因為那是我的道路》（*Because That's My Way*），未能夠把現場交流的活絡充分反映出來。

心心念念都是溝通，有著讓人料想不到的回報。我和一位名叫葛洛莉亞的年輕女子晤談半個小時（有人可能看過這段影片〔Shostrom, 1965〕），建立了深入的溝通關係。完全出乎我的意料，她和我保持聯繫長達八年，基本上就是我們之間的坦誠所賜；我和藍迪，影片中那位被判刑的毒販，也經常書信往來，長達一年多。針對精神分裂患者我們做過一項複雜的研究，其中有位案主維克先生，八年之後他又找到我，說：「您好，醫生。」讓我知道他依舊安好，不曾再回到州立醫院，甚至連一天都沒有。這樣的回報，隨著歲月流逝，益發令我回味無窮。

結語

簡單回顧我的專業經歷，可以總結如下：

我們的工作所造成的影響，令我感到驚訝。
我隱隱感覺得到，時間成就了一切。
看到自己在心理學上造成的矛盾，覺得好玩和開心。
與精神科醫師的戰鬥結果，令我感到欣慰。
很高興自己參與了行為主義與人本主義之間那場持續的思想對抗大戲。
在我看來，自己的理論嚴謹，卻不受青睞，令我困惑，令我自慚。
看到一些真正有才華的人的後半生，令我大惑不解。
我特別感謝那些我曾幫助他們發展和成長的人，從他們身上我學到了不可或缺的東西。
我對年輕人有信心，從他們身上我們有學不完的東西。
我更加明白自己的人生主題，無非就是追求清晰曉暢的溝通，及其所產生的一切結果。

現在與未來

談到這裡，我本來應該打住了，但我停不下來。回顧對我來說還蠻勉強的，畢竟，現在與未來才是我最關注的。對於我現今的關心與活動，還沒做個快速的檢視，我不能就此結束。

我不再積極從事個人治療或實證研究。我發現，年過七十之後，有些事情就力不從心了；但我仍然繼續參與會心團體，相信那對社會具有重大的影響。舉例來說，我參加了一個醫學教育人性化的計畫，到目前為止，已經有兩百多名高層醫學教育人士參與了這個深入性團體，其所帶來的良性改變遠遠超出了我們的期望，其結果或許會帶來更人性、更體貼的醫師。這樣的團體經驗必將是一個可能帶來影響的新領域。

我也協助成立並參與跨種族及跨文化的團體，相信不同群體間建立更好的理解，乃是這個星球生存的根本。最難搞的團體，是由北愛爾蘭貝爾法斯特公民組成的，團體中的代表，有鷹派及鴿派的天主教徒，也有鷹派及鴿派的新教徒和英格蘭人。從這個團體的影片中可以見到參與者的困難，以及邁向更加理解的部分進展——縱使長路漫漫，卻也跨出了第一步。在我看來，這個會心團體是一次小小的試驗，可以應用得更深更廣。

我繼續寫東西。我承認，儘管我對人及其關係的整個方法有所改變，但是變化緩慢（而且其基本面幾乎不變），在其應用上，我的關切卻有顯著的轉移。我主要的關切不再放在個人治療的知識上，而是放在更為廣泛的社會影響上。說到這裡，心中又浮現一個過去就常自問的疑問：「我會不會過度擴大自己，大而無當了？」這個問題只有交給未來的人去判斷回答了。

然後，我種花蒔草。每天早上都會到花園走走看看，為繁殖的小苗澆水，除除雜草，噴殺有害昆蟲，為一些抽芽植物施肥，但是碰到早上找不到時間去做這些事情時，我有種被騙的感覺。我的花園為我帶來一個有趣的提問，也正是我在自己整個專業生涯中一直想要解答的：什麼才是成長的有利環境？在花園裡，挫折難免，且都是眼前的事，結果無論成敗，也都是當下立判。但當我出之以耐心、理解與悉心照顧，提供了一個環境，而得有一季罕見的繽紛時，我的欣慰猶如看見一個人或一整個團體的成長，欣欣向榮。

第四章

變老，還是成長

這一章是自傳三部曲的第三樂章。第二章談的是我自己的成長及思想的發展，第三章回顧的是我的專業生涯，接下來，我要談的是我最近十年的人生，從六十五歲到七十五歲。由於寫這些內容時我已經七十八歲，所以還寫了一些「補充題材」，放在文章的最後面。

這一篇經過好幾次編修才定稿。一九七七年年初，在巴西的一個大型研習營展示了第一個版本；後來，在聖地牙哥向一小群聽眾發表，是稍微經過修改的版本；一九七七年七月在拉荷亞第三度提出，作為「活在當下：人生階段研習營」活動內容的一部分。

我曾經受邀演講談老年，但是我有自知之明，對於老年我懂得還真不多，何況我唯一真正瞭解的老人就只有我自己。所以，就來談談這個人吧。

—•—

七十五歲，是個什麼樣子呢？當然，絕對不同於五十五或三十五歲；只是就我來說，差別沒有想像中那樣大。由於我這個人特別幸運，說老實話，我的故事是否真有什麼作用或意義，我還真不敢說，因此，我這裡所提出來的一些想法和反思，大部分談的是我自己。之所以選擇六十五歲到七十五歲的這十年，是因為對於許多人，無論怎麼說，六十五歲代表的是工作生活的結束，及「退休生活」的開始！

身體方面

身體衰退，我確實是感覺到了。在許多方面，我也都注意到了。十年前，我特別喜歡擲飛盤，如今，右肩關節嚴重發炎，這項活動就別提了；種花蒔草方面，五年前還是小菜一碟，去年就有點吃不消了，如今，簡直是不勝負荷，只好丟給每週來一次的園丁。這種緩慢的衰退，隨著視力、心跳，諸如此類的小問題，擺明了告訴我，我稱之為「我」的這副肉身是無法長久的了。

我還是挺享受海灘上四哩長的散步。我也還能搬重物，妻子生病時，自己買菜，做飯，洗碗，提行李連大氣都不喘。至於女人，對我來說，乃是天地最可愛的造物，我感激不盡；對性的興趣，一如三十五歲當年，雖然不敢說雄風不減，於今依舊性緻勃勃，令我開心。儘管最高法院大法官奧利佛．溫德爾．霍姆斯所說的話令我心有戚戚——這位八十歲的老先生離開脫衣舞劇院時丟下一句話：「啊，但願重回七十！」沒錯，重回六十五、六十更好！

所以，我還真是知道自己老了。但從內心來說，在許多方面我還是同樣一個人，不老也不小。我這裡要談的就是這樣一個人。

活動

新的事業

過去十年間，我做了許多新的冒險，包括心理的，甚至身體的。令我不解的是，大部分所做的這些事居然都是由於別人的一句話。這使我相信，自己內心早有準備，只是自己沒有意識到而已，只消有人按對了鍵，事情也就發生了。

一九六八年，同事比爾．庫爾森，還有另外幾個人，跟我說：「我們的團隊應該成立一個新的獨立組織。」就因為這句話，「人的研究中心」誕生——最不尋常、最不可能，可以想像得到的最有影響力的非營利組織。這個中心的想法一旦提出，我就在團隊裡積極以赴，促其成立；培之育之，我扶助它，還有我們自己，度過最初幾年的艱困。

外甥女露絲．康乃爾是一名小學教師，她問我：「為什麼在我們教育讀物中沒有你的書？」就這一句話，點燃了我寫《學習的自由》（*Freedom to Learn*）的初心。

影響本位意識強烈的醫療專業，這可是我從未想過的事，但同事奧瑞安妮．史卓德（Orienne Strode）卻有一個夢想，希望透過深入性的團體經驗影響醫師，使之能夠更人性化。雖然沒有把握，依然滿懷希望，我全心投入這個計畫，我們冒著極大的失敗風險，但計畫的影響卻極為廣泛，九百多名醫學教育工作者參加了會心團體，還有許多人與配偶同行，有些則與實習醫師一起來，他們全都戴著醫學教育的「仰視角」而來。發展令人振奮，收穫豐盛，我僅提供可有可無的微小協助，如今已經完全自立運作。

這個夏天，我們舉辦了第五次、為期十六天的以人為本的治療研習營。從這些研習營，我學到的東西遠遠超過以往十年的任何一項活動，我學習了新的存在之道，並身體力行。無論在認知或直覺上，我已瞭解了團體過程及以團體為出發點所形成的社群形式。所有這些經驗都非常可貴，包括整個團隊變成了一個緊密的專業家庭，我們越來越不怕失敗，不斷嘗試各種新的團體存在模式。參與這樣一樁大事，需要投注大量時間，我又是如何開始的呢？話說從頭。四年前，女兒娜塔莉跟我說：「以案主為中心的療法為宗旨，我們何不一起辦個研習營呢？」我們都沒想到，那次的聊天竟然使一切成真。

我的書《卡爾．羅傑斯論個人的力量》（*Carl Rogers on Personal Power*, 1977）同樣也是從一次對話中找到了最初的靈光。艾倫．尼爾森（Alen Nelson）當時還是研究生，他挑戰我的論述，對我關於以案主為中心的治療沒有「策略」的說法提出了質疑，這讓我想到一個早已準備好要去探索的思路，因為這書有一部分已經呼之欲出了。

蠻幹還是明智？

最近，或許也是最冒險的一樁事，是我和人的研究中心四位同事的巴西之旅，之所以同意走這一趟，主要因素在於艾德華杜・班迪拉（Eduardo Bandeira）的組織力、願景及說服力。有些人認為，以我的年紀，這趟旅程太長太累，面對十四小時的飛行，我自己也不無疑慮；還有些人覺得，以為我們的努力可以在幅員這樣遼闊的國家發揮影響力，未免自不量力。然而此行的目的是要訓練巴西的社工——其中多數都在美國參加過我們的研習營——以便他們能夠成立自己的深入性團體研習營，機會實在難得。

此外，另外還有一個大好機會，在巴西最大的三個城市，我們將有六百至八百名聽眾。研習為期兩天，我們和他們在一起的時間卻只有十二小時不到，離開美國前，大家都同意，由於規模這樣大，時間這樣短，我們所能做的只有宣講一途。然而，隨著時間的接近，我們越來越覺得，光是宣講以人為本的療法，卻不跟他們談課程的控制與方向，不讓參與者有機會表達自己，體驗自己的力量，這未免不符合我們一貫的原則。

因此，我們採取了一些極端做法，放手一搏。宣講盡量簡短，我們嘗試了無帶領人小團體、特殊興趣團體、一次會心團體示範，以及工作人員與觀眾對話。最大膽的則是叫八百人排成大圈子（約十至十二個圈），讓大家自由表達感受與看法；只要想講話，就可以拿到麥克風，參加者與工作人員一律平等，沒有個人帶領，也沒有小組帶領，整個場面就是一個巨大的會心團體。一開始時頗為混亂，但接下來，大家開始彼此傾聽，其中不乏批評——有時候還相當激烈——批評工作人員及集會程序；也有人覺得，從來沒有在這樣短的時間內學到了這樣多。其中出現極大的分歧，一個人強烈指責工作人員沒有回答問題，沒有控制場面，提不出實證；緊接著就有人說：「但如果有人這樣做了，我們還能這樣自由地批評，自由地表達，什麼都可以講嗎？」最後，是建設性的討論，主題是：回家後大家該怎麼落實學到的東西。

聖保羅的第一晚，活動場面極度混亂，我強烈意識到，我們和團體在一起的時間只剩下六個小時了，我還記得，我拒絕和任何人談論有關聚會的事，感到極度困惑：我是在搞一場愚不可及、註定失敗的實驗？還是在倡導一種全新的方法——讓八百個人意識到自己的潛力，身體力行自己的學習經驗？結果會是哪一種，只有老天知道。

或許，冒的風險越大，成果也就越大。聖保羅的第二個晚上，工作坊中充溢著真切的團體意識，人人都經歷了自身內在的重大變化。之後經過幾個星期及幾個月的非正式追蹤證實，在三個城市中，好幾百人都心滿意足，滿載而歸。

一趟長途奔波，我從未感覺過這樣的欣慰。我學到許多東西，毫無疑問地，我們辦到了，我們創造一個生機蓬勃的環境，在其中無論是個人、人際或團體層面，各種的創意隨之而生。我認為，我們在巴西留下了印記，而且巴西也改變了我們所有人，在大團體中我們能夠做些什麼，我們的眼界為之擴大。

以上是我這段期間所投入的一些活動，全都對我極為有益。

冒險

這些活動每一項都有其風險，沒錯，最近我最看重的經歷全都帶有相當大的風險，因此，我得暫停一下，談談我之所以甘冒風險的原因。

按照自己過去的經驗，我明明可以輕鬆過日，把事情滿意地處理，為什麼卻偏要嘗試未知，為新的事業冒險呢？我不敢說自己心有定見，但至少可以指出幾個因素。

我想到的第一個因素是我的支持團隊，包括鬆散的朋友群及親密的夥伴，他們多數人都與我在某些事情上一同努力過。在這個團隊的互動中，毫無疑問地，我們或多或少都彼此鼓勵去做些新的嘗試或冒險。舉例來說，我很確定，在這場實驗中，如果是單打獨鬥，而不是五個人一起行動，我們的巴西團隊沒有一個人可以達成那樣的成果。我們之所以敢放手一搏，在於萬一我們失敗了，我們還有信任我們的同事，他們會幫忙收拾殘局。我們互相打氣加油。

第二個因素是我喜歡年輕人，喜歡年輕人帶來的新生活型態；至於為什麼喜歡，卻又說不上來，但我知道我就是喜歡。我曾經寫過明日的「新人類」，自己也傾心於這種新的生活方式。我曾質疑自己對這一類人的描述只是一廂情願，但現在卻肯定了，因為，我讀到了史丹佛研究中心（Stanford Research Institute）所做的一項研究（1973）。該研究估計，有四千五百萬美國人都願意「在生活中履行這些內心的信念：首先，凡事最好以人為標準；其次，生活務以簡樸、節約、再利用、不浪費為佳；其三，內在生活才是核心，而非外在生活。」（1977）。我屬於這個團隊，而想要過這種新生活，其風險與不確定乃屬必然。

另外一個因素：我厭倦安定與確定。有的時候講演，我知道，要是備好了稿子，結果都深受歡迎，這告訴我，這篇講演我可以對二十批不同的人講上二十次，保證照樣受到喜愛；然而我卻做不來。同樣的講演要我講上三次、四次，會把我自己都煩死，叫我再講一次，我都受不了，縱使有錢可賺，有正向的反應可得，但我就是不要。任何知道結果的事情，我都覺得無趣，聽自己講同樣的事情，同樣無趣。對我來說，活著，嘗試新事物是必要的。

我之所以樂於冒險，最主要的原因或許是，我發現，無論成功或失敗，自己都學到了東西。學習，特別是從經驗中學習，是讓我活得有價值的一個主要因素，這樣的學習幫助我成長，所以我繼續冒險。

寫作

在思考這個主題時，我問自己：「過去十年，我產出了些什麼？」結果令我驚訝不已。秘書為我準備的出版清單顯示，六十五歲以來，我出了四本書，和四十篇篇幅較小的文章，外加幾支影片。我相信，這份成績比我過往的任何一個十年都多，這令我完全無法相信。

尤有甚者，每一本書的主題完全不同，儘管全都是同一種哲學思想的產物。一九六九年，《學習的自由》（*Freedom to Learn*）談的是我主張的非傳統教育方法。論會心團體的書，一九七〇年出版，是我對此一令人興奮的發展長久累積的心得之作。一九七二年，《成為伴侶》（*Becoming Partners*）出版，此書針對男女關係提出多種新的模式。現在，《卡爾．羅傑斯論人的力量》，探討以人為中心療法的新策略，則可以應用到多個領域。

至於四十篇文章，有四篇我特別中意——兩篇前瞻，兩篇回顧（本書都有收錄）。一篇是談同理心的（〈同理心：一種未受充分理解的存在之道〉，強化了我對極端重要的存在之道的認知，我個人很喜歡這篇文章。我也很喜歡〈現實只有「一個」嗎？〉中的新觀點。再來是另外兩篇，是我對人際關係思想發展的思考：〈我的人際關係哲學及其發展〉，以及我的心理學家生涯：〈回顧：四十六個寒暑〉。

這樣一波的寫作高潮，連我自己都感到不解。這該怎麼解釋呢？人到晚年，對於自己的寫作，不同的人各有自己的理由。八十歲時，阿諾德．湯恩比（Arnold Toynbee）問他自己：「是什麼在推動我工作？」他的回答是：「良心。在工作的態度上，我是美國人的思維，不是澳大利亞人的思維。不停地工作，傾全力而為，是我把良心當作一種責任所致。在我看來，為了工作而受工作所役，是不理性的，但是這樣想並沒有讓我從中解脫。如果我懈怠下來，或只是放慢一點，我會良心不安，會焦慮、不快樂，因此，只要我還有力氣工作，這種鞭策看來將會跟著我一輩子。」（Toynbee, 1969）對我來說，這樣一種被驅策的生活太令人難過，我的動力當然大異其趣。

就我所知，亞伯拉罕．馬斯洛（Abraham Maslow）在過世前幾年，他的驅動力就不同，由於他覺得自己還有許多該說的東西未說，感受到極大的壓力，這逼得他拼命寫，直到最後一刻。

我的觀點完全不同。我的精神分析師朋友保羅．柏格曼（Paul Bergman）寫過，人的一生，思想的精華充其量就是那麼一滴，寫來寫去無非都是在發揮那個主題而已。我同意這個說法，我自己的作品就是如此。

沒錯，我寫作的一個理由，是我有一顆好奇心。我喜歡看，喜歡探索心思，自己的和別人的；我喜歡有條理地追索一個想法的衍變。我沉浸於感受、直覺、非口語及口語的溝通世界，也樂於思考及書寫這個世界，將世界概念化，闡明其意義。

寫作之於我，還有一個更重要的理由。對我來說，我仍然是——內心深處——那個覺得人際溝通困難的害羞男孩：情書寫得比當面示愛流利；同樣的東西，在高中作文中寫得頭頭是道，但在班上講，卻覺得自己「怪」。這個男孩，今天仍然是我的一部分。寫作，是我和這個自覺並不完全相屬的世界溝通的管道；我希望被瞭解，但並不指望。寫作是我封到瓶中丟入海裡的信息，令我驚訝的是，在無數的海灘上，包括心理的和地理上的，人們撿起瓶子，發現我寫的信息在跟他們說話。於是，我繼續寫下去。

學習

照顧自己

比起照顧自己，其實我更善於關心及照顧別人，不過在最近這些年，我已經有點改進。

我一直是個很有**責任心**的人。研習營裡，無論是事或人，別人沒有照顧到的細節，我一定會關注到，但是現在我已經變了。一九七六年，我們在俄勒岡艾什蘭（Ashland）舉辦的以人為中心治療法研習營，我覺得身體不太舒服；一九七七年，在巴西阿爾科澤盧（Arcozelo），我就放掉了所有複雜的管理責任，完全交給別人。我需要照顧自己，因此，除了自己的責任及滿足自己，其他承擔我一概放下。對我來說，那種感覺還真不尋常：舒適自在地不擔責任，又不覺得內疚。令我驚訝的是，如此一來，我發現自己更有效率。

我把自己的身體照顧得更好了，也學會尊重自己的心理需求。三年前，拜一個研習營工作團隊之賜，我瞭解自己在外在要求下是如何的煩擾和困頓——正如一個人講的，「活活被鴨子啃死」，充分表達了我的感覺。於是，我做了一件從未做過的事：在海邊為自己準備的小屋裡獨自生活十天，整個人都清爽了。我發現我完全享受自己一個人。我**喜歡**自己。

我變得越來越懂得要求幫助。我要求別人帶東西給我，為我做事情，不再證明我自己也能做，我也能夠尋求個人的幫助了。妻子海倫生病時，我身為全職護士、管家、忙碌的專業人士及作家，瀕臨崩潰邊緣，於是找上一位治療師朋友，得到了幫助。我摸索並嘗試滿足自己的需求，我探索這段時間為我們的婚姻帶來的緊張，我明白，我必須過自己的日子，而且這是首要的事情，即使海倫病得這樣重。我不會動不動就去找別人，但我更加明白，我無法所有事情都自己做。在這樣紛擾的情況下，我做了一件明智的事，嘉獎並照顧一個人，我自己。

寧靜？

有人常說或臆想：老年是平靜安寧的歲月。這種看法我發現頗有誤導之嫌。對於外在的事情，我都看得遠些，因此，相對於過去的我，現在的我比較是個客觀的觀察者。相反地，碰到能夠觸動我的事情，我現在的反應卻又強過於以往。興奮起來，飛上了天；擔憂起來，更加煩心；受到傷害，感覺更劇烈；痛苦起來，感覺更深切，更容易流淚；高興起來，難以自禁；甚至——我最擔心的——發起脾氣來也一樣。情緒比起以前更不穩定，無論沮喪或歡喜，似乎都來得更強烈，而且也都更容易觸發。

情緒的不穩定，或許是源於我喜歡冒險的生活方式，也或許是在會心團體裡養成了較大的敏感度所致，不過或許這些根本就是受到忽略的老年特質。究竟是什麼原因，無法確知。我只知道，自己的情緒更容易波動，也更加劇烈，我對它們也更為熟悉。

對新觀念的開放

在這些年當中，我覺得，自己對新的觀念更加開放，其中最重要的是關於內在空間，即人類的心理力量及精神能力；就我的評估，這塊領域構成知識的新前緣，亦即發現的先鋒。回到十年前，我是不會發表這樣的言論的，但從一些在這個領域下過工夫的人那兒，閱讀他們的著作，和他們交往，跟他們對話，我的看法改變了。人類具有潛在的、可利用的、巨大的直覺力量，生而為人，我們其實比自己所具有的智能更聰明，證據不勝枚舉。令人慨嘆的是，我們現在才知道，我們具有一種被忽略的能力——非理性的、創造性的「隱喻思維」——大腦的右半邊。生物回饋顯示，我們如果讓自己處在一種少知覺、更放鬆的狀態，到了一定的程度，便可以控制自己的體溫、心跳及所有器官功能。我們發現，對末期癌症患者施以深入冥想訓練，想像自己戰勝了惡性腫瘤，病況得到了驚人的緩解。

我甚至對更神祕的現象保持開放，包括預知、心靈感應、透視、氣場、體光攝影（Kirlian photography），乃至神遊體外的體驗，這些現象或許不符合已知的科學法則，但我們可能已經瀕臨新規律的發現。我發現自己在一個新的領域學到了許多，體驗了極大的愉悅及驚喜。

親密

過去幾年，我發現自己更能夠與人建立親密的關係，在我看來，這肯定是研習營經驗所帶來的結果。就身體的接觸來說，我更加開放，無論男性或女性，我更加習於擁抱及親吻；更加留意自己生活中感性的一面；也更加意識到自己想要與他人心理密切接觸的欲望。我體會到一種需求：深切關懷他人並得到同樣回饋。我不諱言，我之所以深度涉入心理治療，乃是為了滿足這種親密的需求，又不需要冒太大風險，所採取的一種審慎策略。如今，我更願意與別人建立親近的關係，也更願意冒險把自己更加敞開。我覺得在我的裡面，建立親密關係的能力彷彿有了一個全新的深度，這種能力讓我更容易受傷，但帶來的喜悅也更多。

這些改變是如何影響著我的行為呢？我的人際關係更深也更親密了；我已經能夠無有保留地分享，信得過友誼的安全。我的一生中，只有在念大學那段期間有過真正信任、親密的朋友，而且都是男性，因此，這種新的、嘗試性及大膽的發展顯然具有極高的酬值。女性方面，我也能夠更親密溝通了。如今，和許多女性維持著柏拉圖式的心理親密關係，這對我來說意義重大。

與這些親密的朋友，無論男女，我可以分享自己的任何一面：痛苦的、開心的、恐懼的、瘋狂的、擔心的、自大的、自抑的；我能夠分享自己的心願和夢想，同樣地，朋友對我也深度分享。所有這些經驗令我覺得充實豐富。

在多年的婚姻及交友上，我在親密這一課題上不斷學習，對於各種感受，無論痛苦、憤怒、挫折、拒絕，或分享的親密感、被理解及被接納的滿足感，我變得越來越敏銳。我懂得了，帶著負面情緒去面對一個自己在乎的人是何等困難；我懂得了，在一份關係中，期望如何輕易地變成了對關係的要求。在我的經驗中，我發現，對我來說最困難的事，莫過於不計較一個人此時此刻在關係中表現出來的樣子，照樣去關心他或她；一個人表現得符合我的想法及希望，或符合我覺得他們應該有的樣子，在這樣的情況下，要關心他們容易得太多。關心一個人本來的樣子，拋開對他們的期望，拋開改變這個人來迎合自己的想法，這是最難做到的；但也唯有如此，才能培養一份滿意的親密關係。

以上所述，是我人生中最近十年的改變。我發現，在親密與愛上，我的包容度更大了。

個人的樂趣與難處

在這段時期，痛苦有一些，快樂卻也不少，最大的壓力環繞著對海倫的照顧，過去五年當中，她病得極重，她以最大的勇氣面對苦痛及不方便的生活，她的失能為我們兩個所帶來的新問題——身體的和心理的——我們現在還在努力克服中。這段期間非常艱難，失望與希望交替，到了現在後者總算是多些了。

她努力回復比較正常的生活，取得很大的進展，靠的全是意志力，然而這並非容易。首先，她要選擇是否要活下去，活著還有沒有意義；再者，我的獨立生活使她覺得困惱、受傷。她病得極重，我們朝夕相處，照顧她的需要，沉重的負擔壓得我喘不過氣來，於是，為了保住自己這條命，我決定自己過自己的日子。這個決定，加上我的價值觀改變，對她傷害很深。對她來說，她放棄了舊的生活模式，不再是一個能幹的賢內助。這個改變無異剝奪了社會賦予她的角色，她對我及這個社會感到憤怒。而我則憤怒任何要我們回到朝夕相處舊生活的動作；任何事情，只要看起來像是在控制，我都堅決抗拒。因此，我們的關係呈現前所未有的緊張，困難越來越多，要處理的感情問題也越來越多，但我們也更誠實，努力建立新的相處方式。

因此，這個時期充滿掙扎及緊張，但也不乏正向的體驗。三年前，我們慶祝金婚，和兩個孩子、媳婦及六個孫兒女，我們在一處度假勝地度過了幾天的歡樂時光。對我們來說，一家人其樂融融，兒子、女兒不僅僅是我們的孩子，如今還成了我們最親近的好朋友，分享我們的內心生活，我們分別去看望他們，經常走動，也去其他地方探視好朋友。至於這裡的朋友圈，全都年輕些，情誼也不斷增長。

對我來說，種花蒔草，長途散步，樂趣無窮。榮譽加身是另一樂，多到令我受之有愧，最令人感動的是，萊登大學（Leiden University）四百週年校慶頒授我名譽學位，還特別派人遠從荷蘭這座古老的學術殿堂送來。還有一樂，許多人受我的作品感動，人生為之改變，寫信向我表達謝意，令我不敢相信；不管怎麼說，我能夠在南非的一位男士或澳洲「內陸」某位女士的人生改變上扮演重要的角色，說起來還真是神奇。

關於死亡的思考

再來，是生命的終結。以我的年紀，我很少想到死亡，你或許感到驚奇；倒是今天對死亡的關切如此普遍頗讓我吃驚。

十或十五年前，我完全相信死亡就是一個人的全部結束。到目前為止，我仍然把這看成是最有可能的一種情形；然而，對我來說，這種情形並不可悲也不可怕。我還能夠活著——沒錯，並不圓滿，但至少尚稱滿意——至於我的生命終有結束的一天，這看起來再自然不過。就某種程度來說，我已經活在他人心中。有時我會說，在心理上，我在整個世界上已經有了堅強的兒女們，同時我也相信，我和其他人發展出來的存在理念及方法，至少將繼續好一段時間；因此，身為一個人，如果我走到了終點，我的某些方面仍將以多種方式活著，這樣一想，倒也是一樂。

在我看來，不到死亡來臨，沒有人知道自己是不是真正怕死。沒錯，死亡是黑暗中的最後一躍，我認為非常有可能的是，當我漸漸失去意識，面對死亡時，我感覺到的恐懼會加倍或暴增。然而，我畢竟還未經歷此一過程的真正恐懼，因此就我目前所知，我對死亡的恐懼將決定於當時的環境——我害怕久病痛苦至死；我怕老年失智；也怕中風導致部分大腦損傷。我比較喜歡的是快死，死得有尊嚴。我想到溫斯頓．邱吉爾，我不哀傷他的死，我哀傷死神沒有快點來，讓他死得有尊嚴，那才是他應得的。

但不管怎麼說，過去十年學到的一些東西，修正了我認為死亡就是一切終結的想法。雷蒙．穆迪（Raymond Moody）有關死後經驗——已經宣告死亡又活過來——的報導（1975），令我印象深刻；同樣令我印象深刻的還有轉世的報導，儘管轉世這種福祉之說實在不怎麼可靠。我感興趣的是伊莉莎白．庫布勒—羅斯（Elisabeth Kubler-Ross）的作品，及她有關死後生命的結論。亞瑟．寇斯勒（Arthur Koestler）認為，個人意識只是宇宙意識的一塊小片，人死時，小片就被整體吸收回去。我滿喜歡他的比喻：人有如最終將流入汪洋的河流，進入無邊大海時，拋下其夾帶的泥沙。

所以，我以開放的態度思考死亡。死亡就是死亡，說它是一個終結也好，說它是生命的一個延續也行，我都相信。

結語

我承認，無論是健康、婚姻、家庭、我對年輕朋友的影響，或我的書為我帶來意想不到的豐厚收入，所有這些方面，我都格外幸運。因此，我算是特例。

對我來說，過去的十年十分有趣，充滿冒險，我已能夠向新的理念、新感受、新經驗、新的挑戰敞開自己。我越來越發現，活著需要冒險，在沒有把握的情況下依然採取行動，積極參與生活。

唯其如此，才帶來改變，而對我來說，變化的過程就是人生。我明白，穩定、規律及平靜，於我來說生不如死；因此，我接受混亂、未知、恐懼及情緒起伏，那是我為了活得流暢、複雜、刺激所要付出的代價。

回顧我這一生的數個十年，只有另一個十年，芝加哥大學諮商中心時期，可以和這個十年相提並論。那個十年同樣充滿著冒險、學習、成長和充實，卻也是一個專業生涯缺乏安全感及身心勞頓的掙扎時期，其艱難猶甚於這十年。因此，總體看來，我若說這是我人生中最滿意的十年，那絕對是肺腑之言，我越來越能夠活出自己，並樂在其中。

孩提時期，我體弱多病，父母對我說，有人預言我將年少早逝。從一方面看，這預言完全錯誤；但換個角度看，卻是一語中的。此言之所以正確，是我永遠不會變老，因此，我同意這個預言：我相信，自己死時依然年輕。

更新補充：一九七九年

這一部分我將只談一九七九年，這混亂的一整年。這年，痛苦、哀傷、改變、滿足及冒險，全都如在眼前。

經歷死亡

妻子去世於一九七九年三月，這之前的十八個月，海倫、我及許多朋友都親身體驗連串的經歷，徹底改變了我對死亡及靈魂永存的想法及感覺。這些純屬個人的體驗，有一天我或許會完整寫下來。現在，只能簡單談一下。下面的故事大多寫的是海倫，但我會把重點集中在我的體驗上。

海倫對靈異現象與永生是個徹底的懷疑主義，但是她和我受邀拜訪了一位靈媒，一個極度可信、分文不收的靈媒。在那兒，海倫經歷了和她已故姊姊的「聯繫」，我則在一旁目睹。包括一些靈媒不可能知道的事情，訊息的可信度超乎尋常，整個過程都是在一張堅實的桌上輕敲，敲打出字母。後來，靈媒來我家，在客廳我自己的桌上敲出訊息，過程令人難以置信，卻又絕非作虛弄假，我只能將信將疑。

海倫還見到及夢見家人，使她更加相信在「另一邊」有人會歡迎她。當死亡臨近時，她「看見」邪靈及魔鬼在醫院病床邊出現。但是當一位朋友說這可能是她的心理作用，她便趕他們走，最後，她告訴魔鬼，說他走錯了地方，她不會跟他走的。從此他沒有再出現過。

在最後的日子裡，海倫也看見一道柔和的白光降臨，將她從床上托起，然後又把她放回床上。在這一章裡我曾經提到過，在最後這幾年中，我們之間的距離逐漸加大，我願意照顧她，但完全不敢說我還愛她。有一天，她已瀕近死亡，我內心洶湧著一股連自己都不明所以的熱情，一如往常，我到醫院去餵她吃晚飯，情不自禁對她傾訴，說自己有多麼愛她，說她對我有多麼重要，說我們這一路相伴走來，多虧她處處積極主動。這些話都是我以前對她講過的，但那天晚上，我覺得，那份強度與認真卻是以前所沒有的。我跟她說，她無須覺得有義務要活下去，去和她的家人一起也很好，她應該自由自在，無論她想要留下或離去。我還說，我希望那道白光晚上會再來。

很明顯地，我釋放了她覺得自己必須為別人活下去的想法。後來我才知道，我離開後，她喚來那層樓所有的護士，感謝她們為她所做的一切，告訴她們，她要走了。

到了早上，她陷入昏迷，隔天早晨就走了，非常平靜，女兒握著她的手，幾個朋友和我都在場。

當天晚上，幾位長期與前面提到的那位靈媒有接觸的朋友和這位靈媒聚會。他們很快就和海倫聯繫上，她回答了許多問題：昏迷的時候，別人講的話她都聽到了；有白光和靈魂來接她；她和她的家人都聯繫上了；她有了一副年輕婦人的形體；她死得很平靜，沒有痛苦。

所有這些都只是簡單提到，沒有細節，卻使我對靈魂永存的可能性持更加開放的態度，那是以前我絕不會相信的，也使我對各種超自然現象更加有興趣，並徹底改變了我對死亡過程的理解。如今，我開始認為，每個人都有一個永續的靈魂，偶爾會轉世為人，是有可能的。

這裡所談的觀點，與寫這一章結尾某些部分的時間相去不過兩年，但明顯形成強烈對比。

活動與風險

海倫去世，或許是逃避，也或許是解脫，最近比平常接受了更多的邀約，與其他同事一同參與國內外的研習營，包括：委內瑞拉的教育工作者研習營；羅馬附近與一個國際團隊合作的大型研習營；巴黎一個短期的深度體驗營，訓練團體志工；在長島舉辦地區性的以人為中心研習營（已是第二年，與當地同一批同業合作）；在普林斯頓，舉辦有許多外國成員參與的以人為中心工作坊；在波蘭華沙附近的一處度假勝地，進行一場別開生面的研習營；以及在紐約寶陵（Pawling），為期四天的「人生轉型」研習營。這些活動之外，還寫了一些文章，收錄在本書。

關於上述活動，我這裡只談其中兩項。普林斯頓研習營，成員九十人，可能是我參與過的研習營中最困難的一次；然而，至少還有一位同仁認為，這可是我們辦過同類活動中最成功的。對我來說卻非常痛苦，依我看，整個團隊要成為一個社群，只沾到了邊而已。

這個研習營之所以成為一次痛苦的經驗，我看到的問題還真不少。工作同仁決定，此一舉辦了七個年度的以人為本研習營將到此為止；我們彼此之間很親近，但各自追求的方向不同，大家都不願意看到這些以人為本的研習營變成一種為舉辦而舉辦的「例行公事」。由於有著長期共事的經驗，對否定的、不友善的、批評的情緒，工作團隊的接受力可能高出以往，但參與成員的這類負面情緒很多，不僅在彼此之間如此，對工作團隊也如此。成員中有許多來自國外，對美國及美籍成員動輒批評、輕蔑、指責，其中有兩個人十分熟悉研習營的運作（兩個人的觀點非常不同，但都十分反對我們的非指導性模式，而且都各自擁有相當多追隨者，只不過還不致動搖研習營的常規）。另外還有幾個成員，明顯看得出來有嚴重的個人障礙。

一個大型團體既要推展其本身的理想，又要走自己的路，所有這些問題加上本身的混亂，其結果可想而知，灰心與不滿經常可聞。有些成員努力朝創造性的方向積極發展，卻有人橫加阻止，這些人究竟是否感受得到別人對他們的信任，是否能夠建設性地運用自己的能力，看來還真是說不準。我們全都是自己最可怕的敵人。直到過了十天，活動都快要結束的時候，分歧才略見調和，一盤散沙才稍見凝聚。不過令我驚訝的是，許多成員後來都說，從痛苦、混亂及親密中，他們學到了非常正向的東西及改變。沒錯，我也學到了，只是備嘗艱辛。

波蘭的研習營很不一樣，原因很多。很難相信我的工作這樣有吸引力，居然把九十個人聚在一塊，其中有專業的，也有非專業的。波蘭的團隊覺得自己沒有把握，因此，推動的工作大多是四個參與其事的美國人在執行，起初還滿令人失望，我本來指望波蘭人能承擔更多帶領的責任。為期一個星期的工作到了中段，大家才意識到自己所擁有的力量，開始加以運用，許多人，尤其是專業人士，用來傷害他人。傷人的標籤及診斷、技巧性的壓制等紛紛出籠，對我來說，還滿像普林斯頓的情況，心想：「啊，不要！不要再來一次！」幸而多虧了一位誠實的波蘭美女，一位工作團隊成員，人們開始注意到了這類行為的結果，於是，一切改觀。一個星期結束，我們成就了一個親密、充滿愛的社群。

我起先還沒充分注意到這種發展，直到幾個月後一名參與成員來信，信是這樣寫的：「在這裡，大家都在談列斯卡爾茲（Lescarzev）發生的『歷史性事件』——那麼多不同類型的人，那麼多專業人士、精神科醫師和心理學家（如何幫助人們改善關係，每個人都懂得一番大道理），卻天天都看人不順眼，貶低別人——如今，全都和大家打成一片，沒錯，不亢不卑。」現在想起來還真開心，自己事前並不知道這種專業之間的角力及背後中傷。

我發現，整體上來講，這個團體非常成熟、明理，相較於美國同類的團體，也比較有學者風度。雖然他們生活在社會主義國家，但他們的問題、感受、處理問題的方式，以及對開放和整合的渴望，無異於我在他處所感覺到的。

個人之事

隨著這一年的接近尾聲，我越來越意識到自己對愛、對感官、對性的能力，覺得自己很幸運，找到並建立了能夠表達這些需求的關係，其中有痛苦和傷害，但也有享受和愛。

這一年在一九八〇年一月八日的結束，那天，一大群朋友帶著菜，帶著酒，帶著歌聲和驚喜來家裡，慶祝我的七十歲生日。一場狂野、美妙、歡快的派對於焉展開，充滿著愛、關懷、友誼及幸福——令我永生難忘。

就這樣，我覺得自己還是適合這一章標題後面的部分：變老了，但在成長。

第五章

現實只有「一個」嗎？

接下來是我喜歡的一章，因為將帶我回到一段愉快的記憶，一九七四年秋，在朋友借給我小住的一間海邊小屋（第三章曾經提到過），讓我擁有彌足珍貴的十天，完全一個人，除了去幾次當地的雜貨店，沒有用電話或任何方式與人聯繫。我承諾自己，在這段期間裡什麼念頭都放下，什麼事情都不做，只帶幾本想讀的書。海灘上，我長途散步，與大蒼鷺交友，每天寫日記，記下自己的夢，讀書，任心隨處遨遊。

一天晚上，獨坐小屋涼台，這篇文章在心底萌芽。寫成之後，完全不同於之前寫的任何東西，帶著一種我喜歡的夢幻色彩。裡面所寫無一新事，但若認真細讀，其中含義卻頗令人震驚。

不同於前面的幾章，這篇東西算不上是寫自己，但由於它呈現了我新的另一面，我還是將它放在這一部分。

在我看來，大部分教育工作者都同意，教育的首要任務在於幫助個人獲得知識、訊息及個人的成長，使其能夠更有建設性地和「現實世界」打交道。這往往是畢業致詞的主題，當中表達了對畢業生如何面對及應付「現實世界」的期許和憂心。在深入性會心團體的最後時段，這也是常見的話題，儘管當時他們對自己或人際關係都已經學到很多，依然關切著重回到外面的「現實」生活時，自己該如何表現。

這個「現實世界」是什麼？我這裡就來探討這個問題。循著我的思路，我相信，只要舉出一些個人的平常事例，就可以做出最好的說明。

幾個星期前，北加州海邊一棟小屋，深夜一人涼台獨坐。坐了好幾個小時，某一刻，海平線上一顆明亮的恆星升入眼簾，一顆閃亮的行星以同樣莊嚴的速度緩緩移動，從我的正上方移到了右邊。伴隨著這兩顆星的移動，還有銀河及天上所有的星座，很明顯地，天空正緩緩繞著我旋轉，我是宇宙的中心！這樣的感覺真是奇妙，既謙卑（我何等渺小！）又偉大（身為此一中心，何等美妙！）那一刻，我正觀看著現實世界。

在心裡的另一個角落，我知道，我和腳下的地球及包圍我的大氣層，正以令人窒息的速度——比現代的噴射機還快——朝我所稱的東方移動，而那顆恆星及所有的行星，相對於地球而言卻是靜止的。我這裡所描述的，我雖然「看」不見，但我知道，這與前面所講的感覺截然不同，而這才是**真正的**現實世界。

從另一個層次來說，我清楚知道，宇宙中有數以百萬計的星系，我只是其中一個小星系中、一個微不足道的行星上的一粒微塵。我也知道，所有這些星系，每一個都正以極高的速度移動，猶如爆炸般遠離其他星系。難道這也是現實？我糊塗了。

不過至少有一個現實是我可以確定的：我坐的堅實木椅、搭建涼台的穩固土地、我手中的鋼筆。這個現實不僅看得見，而且感覺得到、摸得著。這些物件都可以承受重量及壓力。它們是固態的。

但是，不對。上述的說法，我有足夠的科學知識可以加以挑戰。這椅子的材料本來是有生命的細胞，組織複雜，空隙多於實體。土地則是緩慢移動的、不固定的團塊，會收縮，會斷裂，會起皺，經常震動，昨天我駕駛經過的那條路就曾經發生過一次地震。一九六〇年的某天，土地稍微聳一下肩，道路就裂開了，裂口西側向北延續長達二十呎。土地，還真是穩固！

至於我用的鋼筆夠硬了吧？據說那是由看不見的原子組成；原子高速運動，每個都有一個核。近幾年的研究發現，核裡面還有更多的粒子，每個粒子都各有特質，全都奇異到難以想像，在每個原子內部的廣大空間中隨機運動。這支鋼筆，我握在手裡，我清楚地感覺得到，居然不是穩定的固態。「現實世界」瓦解了。

偉大物理學家詹姆斯・金斯爵士（Sir James Jeans）的話雖然讓我感到安心，但仍不免疑惑。他說：「人類的知識長河穩定地流向一個非機械性的真相：宇宙看起來越來越像是一個巨大的**思想**，而非一部巨大的機器。」不妨拿這句話去考一下你的朋友、水電工或股票經紀人，告訴他們：「這個現實世界只是一個巨大的思想。」總而言之，對誰都一樣，現實世界的概念是完全無法掌握的快速流變。

不過，至少在人際關係的世界，與我認識的家人和朋友，我還真是拿這一認知作為我的行為基礎；只是記憶卻跑出來跟我為難。不論是誰，只要有機會參加會心團體，稍微接受一下刺激，就不難發現，我們對人際關係的認知多麼不可靠。在我們最親近的朋友及家人身上，我們都可以發現一大片領域，裡面隱藏著好多的情緒：不為人知的恐懼、匱乏感、壓抑的憤怒和怨氣、奇奇怪怪的性慾和幻想，以及深藏的希望和夢想、歡喜和憂慮、想要有所作為的衝動，以及找不到出口的愛。所有這一切也都是事實，只是如同我們在這一章中所看到的，這種事實看來同樣不確定，同樣充滿著未知。

於是，我們被逼著退回到自我：「至少我知道我是誰。決定自己想要做的就去做，這總是真實的。」但真是如此嗎？如果我去問行為主義者，他會這樣說：「你什麼都不是，只是一個刺激輸入加上條件反應的總和，其他的都是假象。」啊，真相總算出來了，我什麼都不是，只是一個機器人。難道這就是一切？我的夢想又是從哪裡來的呢？或許，也可以做同樣的解釋。然而我想到了潔恩，她告訴我，一天晚上，她的雙胞胎姊妹和平常一樣開車回家，她從一陣恐慌中驚醒，馬上打電話給公路警察，說：「在某某公路上發生了車禍，一輛白色小客車，駕駛人是女生，自己一個人開車。」話講到這裡，警方語帶困惑及懷疑地說：「但是，小姐，妳是怎麼知道的？這起車禍我們兩分鐘之前才接到通報。」這樣的事實又該如何解釋呢？

這個小故事為內心世界與「另類現實」啟動一整列的思維列車。卡爾．榮格三歲時的幻覺或夢（1961）我們又該如何解釋呢？他說，他看見一個巨大神祕的地穴，所有光線投射於一肉柱，看上去像是頂上有頭，安座於王座之上。五十年過去，當他在一些原始部落的生殖器崇拜儀式中看見同樣的景象時，才恍然大悟。問題是，這樣的景象怎麼會在他三歲時出現？這種現象又屬於哪一種現實呢？

還有一個故事（1971）。羅伯特．門羅，一個精明幹練的商人、工程師，歷經人生困惑之後，一天晚上發現自己飄浮在房間天花板上，俯瞰自己及妻子的身體。剛開始時，覺得驚恐，但卻逐漸愛上了這種脫離身體的漫遊。他的敘述儘管驚人，卻言之鑿鑿，不得不令人興起這樣的問題：這是什麼樣的「現實」，既包含這樣的體驗，又有我所知道的「現實」經歷。

關於唐璜（Don Juan），一個不老的亞齊族印第安人（Yaqui Indian），他碰到了卡羅斯．卡斯塔尼達（Carlos Castaneda），竟然為這樣一個死硬派的懷疑主義人類學家開啟了一個全新的世界。這又該怎麼說呢？神祕事件的世界中，飛行者凌空穿越；在超凡的現實世界，死亡與活著沒有差異，「智者」結交靈魂盟友，經歷不可能的體驗。你說，胡說八道？卡斯塔尼達親身經歷種種之後，不得不承認確實有另類現實存在，是現代科學思維完全無法理解的（1969, 1971）。

這讓我想到約翰・李立（John Lilly, 1973），一位加州理工學院的科學家，研究領域包括神經解剖學、醫學及精神病學，最有名的或許是長達十二年的海豚研究。他嘗試與海豚溝通，相信這種動物至少和人類一樣聰明。身為科學家，他一開始只相信機械模式的現實，如今他卻相信，人類意識千變萬化，有多種不同次元（他自己已經做到，也幫助別人做到），轉變可謂驚人。一路走來，他開始相信，海豚可以讀懂他的想法。他的「感覺剝奪艙經驗」尤其有趣：一個人躺在溫水上，將色、聲、觸、嗅等感官輸入降至最低，他發現，在沒有任何外在刺激下，內心世界異常豐富，有時是害怕，通常是怪異。為了要理解此一內在世界，他使用迷幻藥ＬＳＤ做實驗，結果充滿了啟發，卻又令人戰慄，由此他開始冥想、自發轉念，走入越來越高的意識層次；一如許多神祕主義前輩，他體驗到了宇宙的統一，一種以愛為基礎的統一。這些與他在加州理工學院所學的知識，相去何止千萬里！

以上所有論述絕不能等閒視之，這些人辭肯意切，他們的經歷太真實，所言無非都指出，似乎真有一個廣袤神祕的宇宙存在，或許是內在的現實，也或許是我們全都無所知的靈界。這樣的一個宇宙，對我們習以為常的信念：「我們知道現實世界是什麼」無異是最後的一擊。

關於一個客觀的現實世界，我的思路結論又是什麼呢？

很明顯地，它不存在於我們看得見、摸得著、抓得住的物體中。

它不存在於我們無比讚嘆的科技中。

在固態的地球或閃爍的群星中找不到它。
它不存在於環繞我們的具體知識中。
不能在任何文化的組織、習俗或儀式中找到它。
它甚至不存在於我們所熟知的個人世界。
它必定是屬於神祕的、現今仍然無解的一個範疇：「另類現實」，截然不同於客觀世界。

我和許多的其他人，有了一種新的理解：我唯一能夠認知的現實，是我當下所察覺及感受到的世界；你唯一可能認知的現實，是你當下所察覺及感受到的世界。而唯一可以確定的是，所有這些察覺到的現實各不相同。「現實世界」之多，一如世間之人！於是，一個最難以承受的兩難出現了，這是歷史上前所未有的。

自古以來，部落、群體、民族、文化，對於現實世界之構成，意見都是一致的。沒錯，不同的部落或不同的文化，所持的世界觀可能截然不同，但不管怎麼說，至少有一個相當整合的大團體，對世界與宇宙的認知是確信不疑的，並相信此一觀點是正確的。因此，群體對待持不同意見者、對現實有不同看法的人，動輒敵視、譴責、壓迫，甚至殺害。哥白尼縱使多年來從未將其發現公諸於世，但到頭來仍然被定罪為異端；伽利略證明了哥白尼的觀點，但到了七十多歲，還是被迫公開宣布放棄自己的理論；焦爾達諾．布魯諾（Giordano Bruno）一六〇〇年被推上火刑柱燒死，只因為他宣講我們的宇宙中有許多個世界。

在宗教現實上離經叛道的人，或遭苦刑，或遭殺害。十九世紀中葉，一個年輕認真的匈牙利物理學家，伊格涅茲・塞麥威斯（Ignaz Semmelweis），遭到壓迫而致發瘋，只因為他發表了當時被認為荒謬的言論，他宣稱產褥熱——一種發生在產房的產婦病痛——是由醫師雙手及器械上看不見的細菌從一個婦人傳給另一個的，就他那個時代的現實來看，這根本就是荒天下之大謬。在美國殖民時期，被懷疑有超能力的人甚至被視為女巫，或遭吊死，或以亂石砸死。對於公眾皆認同的現實世界持有不同看法的人，必飽受迫害，付出慘痛代價，這樣的例子史不絕書。對於這些持不同意見者，如我上面所提到的，儘管社會最後都還了他們清白，但無可否認地，這種對一個已知的、確定的世界的堅持，一直都是一個文化的黏合劑。

今天，我們面對了一個不同的情況。拜世界通訊便捷之賜，我們每個人都知道有許多的現實，縱使我們可能認為有些是荒誕的（譬如轉世）或危險的（譬如共產主義），我們還是會知道這些觀點。我們不再是活在一個封閉的繭裡，以為大家都還是以同一種方式看這個世界。

基於這一改變，我要提出一個極為嚴肅的問題：「一個」現實之奢侈，今天我們能夠負擔得起嗎？我們還能夠繼續堅持一個眾皆認同的「現實世界」嗎？我深信不疑的是，這是一種我們無法負擔得起的奢侈品，是一種我們不應維持的神話。在近代歷史上，能夠充分並成功地做到這樣的只有一次。數以百萬計的人對社會的本質及文化現實達成一致的同意，造就了希特勒風靡一時的影響力，差一點就毀掉了西方文化。在我看來，這絕對不能重蹈覆轍。

在這個世紀的西方文化中——特別是美國——也有一個眾皆認同的價值現實，此一信條簡單地說就是：「越多越好，越大越好，越快越好，現代科技勢將成就這令人嚮往的三大目標。」但是到了今天，這個信條卻是一場災難，與汙染的濃煙、人口過剩的饑饉及核彈威脅融為了一體。我們成功地達到了「賺大錢」的目標，卻也將我們丟入了一個地球全人類面臨毀滅的危險中。

我們一心想要活在一個眾皆認同的「現實世界」，依我看，這只會把我們帶到物種滅絕的邊緣。因此，在這裡，我斗膽提出一個替代方案。

就我看來，未來的道路應該將我們的生活與教育建立在一個前提上，亦即：有多少人就有會多少個現實；而首要之務就是接受此一假設，並加以推展。從哪裡開始呢？從我們每個人開始，以開放的態度探討各種現實觀點。我相信，在這過程中我們自己的人生將獲得充實；另一方面，由於有更多的選項，在應對我們每個人所存在的現實時，也會變得更有能力。這樣雖然會使人生充滿複雜與困難的選擇，需要更加成熟，但也會是一個充滿刺激及冒險的人生。

然而，隨之而來問題是：我們能否建立一個以多元現實為基礎的群體或社會呢？這樣的一個社會，會不會是一個完全個人主義的無政府狀態呢？我不認為如此。如果我們對另類世界觀的態度，從勉強容忍變成完全接受，不僅接受持有這類觀點的人，而且接受持有這類觀點的權利；如果我不排拒別人的現實，斥之為荒謬、危險、異類或愚蠢，而是願意探討並學習這些現實呢？如果你也願意這樣做，社會又會變成什麼樣子呢？我認為，如果是這樣，社會就不會盲目承諾一個運動、信條或現實觀，而會共同承諾彼此皆是合法的獨立個體，擁有各自的另類現實。如此一來，人類關心別人的天性，就不再會是「我關心你，因為你和我一樣」，而會是「我看重你，珍惜你，因為你和我不同」。

你會說，理想主義？的確是。我怎麼會如此天真，如此「不現實」，指望這樣一個巨大的改變會成真呢？我之所以還有這樣的指望，部分原因是基於查爾斯．比爾德（Charles Beard）的世界史觀：「當天色漸暗，眾星開始閃耀。」你看，他說得多好！因此，我們或許看得到，朝這個新方向推進的領導者的誕生。

觀念史學家朗瑟羅．懷特（Lancelot Whyte）死前最後一本書中的觀點，為我的指望提供了一個更堅實的基礎。他的理論指出，人類的重大歷史進程其實都是可以預期的，在改變之前的時代，千千萬萬的人們在無意識中的改變，就已經埋下了伏筆；於是新的觀點、新的想法，彷彿一夕之間在世界的舞台爆發，改變就發生了。他舉出一個例子：一九一四年之前，愛國主義及民族主義都是無可爭議的美德，然而，當時對此已經開始出現微弱的質疑，由此建立了一個無意識的傳統，翻轉了整個思想模式。一九五〇至一九七〇年間，此一新觀點爆發。「祖國，無有對錯」不再是金科玉律；民族主義戰爭過時了，不再受到擁護，縱使仍然繼續，世界輿論也大肆反對。懷特（1974）指出：「任何時刻感情、思想及行動的統

一，無意識都走在意識的前面！」（p. 107）

對我來說，這種想法完全講得通。我一直都說，人的聰明超出自己的理解，人的整個有機生命所具備的智慧與目的性，遠遠超越自己的意識，我認為，這個理念與我在這一章所講的概念不謀而合。依我看，無論男人或女人、個人或集體，在潛意識及本能上，都反對由文化認可的單一現實。我相信，不可避免地，人們已經漸漸開始接受無數另類的、挑戰的、刺激的、有內容的、個人的現實觀。在我看來，量子力學原理既然可以突然間分別由不同國家的科學家發現，同樣地，這個觀點也可能於一夕之間在世界許多地方生根發芽茁壯。果真如此的話，我們便將生活在一個全新的、史上從所未有的世界。這樣的改變，可能實現嗎？

關鍵在於教育工作者——可能是所有專業中最難做、也最擔驚受怕的——承受公眾壓力的折磨和法律限制的約束，心態基本上是保守的，他們能夠培養我所講的這種多元現實觀嗎？他們能夠為這樣的世界觀帶來心態、行為及價值的改變嗎？沒錯，光靠他們是無法成事，但是若有懷特所稱的「無意識傳統」做基礎，和文化中正在出現的新人類加以推波助瀾，成功當是可能的。

依我的推斷，國家如果還是走過去的老路，由於世界另類觀點的溝通速度越來越快速，對於現實世界及其共識的構成，每個社會都將變本加厲地強加制定共同公約，而這些強制性的共同公約因國而異，因文化而異。強制的結果即造成個人自由的毀滅；不同的世界觀所造成的衝突，勢將摧毀我們這個世界。

然而，我已經提議了另一條道路。如果我們接受人類生活的一個基本事實：我們每個人都是活在各自的現實中；如果我們能夠將這些各自不同的現實看成是人類史上最可貴的學習資源；如果我們能夠坦然無懼地共同生活，彼此學習；如果我們都能夠做到這一切，一個新的時代就將來臨，或許——只是或許而已——人類深層的本能正在為這樣的改變鋪路。

第二部

以人為本取向的觀點

第六章

以人為本取向的功能

這是非常基礎的一章，既包含根基於過去的論述，也有現在的思考。寫這篇文章，我參考了一篇寫於一九六三年、闡明自己思想的論文；其次，可追溯到一九七〇年代初期，一場人本主義心理學理論會議所撒下的思想種子，後來寫成了〈自我形塑傾向〉（The Formative Tendency）一文。我受英國觀念史學家朗瑟羅，懷特的影響頗深，這一點我心知肚明，但是後來才驚訝地發現，詹恩・克里斯蒂・史馬茨（Jan Christian Smuts）——南非傳奇人物，戰士、學者、總理——所寫的一本書早就有了幾乎完全相同的觀點（1926）；一次政治挫敗之後，史馬茨結束首任總理任期，寫了這本書，主題是「整合，追求整合傾向……可見於生存的所有階段……為宇宙間的根本……」。阿弗雷德・阿德勒後來使用史馬茨追求整合傾向的概念，以支持自己的觀點（1933）：「再無疑義，任何我們所謂的身體，都努力追求成為一個整體。」（這裡我要感謝佛蒙特大學教授、阿德勒理論的追隨者翰思・安斯貝克（Heinz Ansbacker）教授，多虧他提醒我關注這些思想家）。這些思想家在很久以前已確知此一整合力量的重要性，卻幾乎完全遭到科學家的忽略。這篇文章的第三個來源，則是當今科學界的三位尖端人物：理論物理學家弗里蕭夫．卡普拉（Fritjof Capla）、科學哲學家村山（Magohah Murayama）及諾貝爾化學獎得主伊利亞．普里高津（Ilya Prigogine）。因此，這篇文章源自許多資料，並將這些新、舊觀念整合到以人為本的存在之道架構中，是為了將深奧的概念賦予淺顯的語詞；感謝這些人自過去與當下所擷取的豐盛思想。

此時書寫本章，我心滿意足，於此呈現，深感欣慰。

—●—

我想要談的兩個傾向，彼此相關，且隨著歲月流逝，在我的思想中益顯重要。其一是實現傾向，是有機生命的一種特質；另一是宇宙整體所具有的形塑傾向。兩者結合，就是以人為本取向的基石。

以人為本取向的特質

以人為本取向，是什麼意思？那是貫穿我整個專業生涯的核心主題，通過我的經歷、人際關係及研究彰顯出來。想到在我人生過程中，我給這個主題所取的各種名稱——非指導性諮商、以案主為本的治療、以學生為本的教學、以團體為本的領導——我忍不住笑了，由於應用的領域太多太廣，說起來，「以人為本取向」這個名稱還是最貼切。

這裡且把這個方法的核心假說簡單敘述一下（詳見 Rogers, 1959）。每個人的內在都擁有廣大的資源，用以理解自我，調整自我認知、基本態度及自我導向行為；只要能夠提供一個促進心理態度成長的有利環境，這些資源便可以開啟。

有利於促進成長的環境，必須具備三個條件，無論是治療師與案主關係、親子關係、帶領人與團體關係、師生關係、主管與團隊關係，這些條件都適用，事實上，這些條件適用於以人發展為目標的任何情況下。在之前的作品中我已經描述過這些情況，這裡則從心理治療的觀點再加以扼要總結，講述適用於上述的各種關係。

第一個要素是真誠，真實，或心口一致。在治療關係中，治療師越不擺出自己的專業防線或門面，案主發生建設性改變及成長的機會就越大。這也就是說，治療師在現場的感受與態度是開放的。「透明」一詞最能說明這種狀態：治療師要讓自己對案主透明；案主可以在治療關係中徹底瞭解治療師；案主感覺得到治療師沒有隱瞞。至於治療師，他的感受可以被覺知，如果情況適當，就可以在關係中發揮作用，可以展開溝通。因此，內心的感受、理智的理解，以及對案主所做的表達，三者應密切相符，亦即必須是一致的。

營造改變的環境，第二個重要的態度是接納，關心，或肯定，也就是我所說的「無條件的正向對待」。無論案主當時的表現如何，治療師都持正向的、接納的態度，治療帶來改變的可能性就越大。無論案主表現的心情是什麼——困惑、怨恨、害怕、憤怒、鎮定、愛或得意——治療師都是發自內心地接納，治療師的這種關心是不求回報的。治療師對案主的肯定應是全面的，而非有條件的。

促進關係的第三個要件是同理心的理解。這指的是，治療師準確體會案主的心情及意思，並將自己的理解傳達給案主。最佳的狀況是，治療師深入另一個人的內心世界，不僅能夠弄清楚案主的心思，還能夠進入意識的下層。在我們平常生活中，這種深度體察的傾聽其實不多，我們以為自己在聽，但真正用同理心去聽、去理解的其實少之又少。然而，就我所知，促成改變最大的力量之一，正是這種非平常的聽。

我所說的這種環境又是如何帶來改變的呢？簡單地說，人在受到接納和肯定時，很自然地會對自己更加關注。這時候，如果又有人以同理心傾聽他們，他們聽自己內心的感受，便可能聽得更正確。一個人一旦理解自己，肯定自己，就會與自己當下的感受更為一致，這樣一來，也就更為真實，更真誠。這種傾向——對治療師的態度的反饋——可以使人更有效率地促成自我成長，變得更為自主，成為一個真實且完整的人（Rogers, 1962）。

支持以人為本取向的證據

有越來越多的研究證明，只要具備了這些促進條件，人格與行為的改變乃應運而生。這類研究從一九四九年持續至今，在心理有問題的個人及精神分裂者的治療上，在學校的學習促進上，以及在其他人際關係的改善上，以人為本的心理治療效果顯著。其中不乏傑出但少為人知的研究，包括艾斯匹（Aspy,1972;Aspy & Roebuck. 1976）及其他人在教育領域，以及陶賽（Tausch, 1978）與德國同業在其他許多領域上。

生命的定向過程

理論、實踐與研究都顯示，以人為本取向是基於在對人及其他有機生命的基本信任上。從許多專業領域得到的證據，甚至支持一種更廣義的說法：所有的有機生命，無論屬於哪個層次，都具有一種潛在的、促使本身天賦完備的動能。人類也不例外，具有一種追求更複雜、更完整發展的自然傾向。關於這種能力，最常用的說法就是，所有有機生命都具有「實現傾向」。

我們所談的，無論是一朵花、一株橡樹、一條蚯蚓、一隻美麗的鳥雀、一隻猿猴或一個人，我相信，我們一定都承認，生命乃是一主動過程，而非被動的。無論刺激來自內在或外部，無論環境有利或不利，每一個有機生命的行為都是在追求其本身的維持、加強和繁衍，生命過程的本質即在於此，此一傾向始終都在運作。沒錯，我們可以這樣說，一個有機生命究竟是死的還是活著，端看此一整體的定向過程存在與否。

當然，實現傾向可以被打斷或扭曲，但只要有機生命體未被摧毀，此一天賦的動能就不會消失。記得童年時，地下室裡儲存在箱子裡的過冬馬鈴薯，距離上面的小窗有數呎之遙。環境不利到這種地步，馬鈴薯照樣抽芽——蒼白的幼芽，完全不同於春天從土壤裡冒出來的健康綠芽；纖弱細芽儘管可憐兮兮，卻一個勁地朝遠處的窗光伸展，長到兩、三呎長。這些幼芽怪異、徒勞的生長過程，正是我所說定向傾向的一種極端表現，永遠無法長成植物，無法成熟，無法完成本身的潛能，卻在最不利的環境中，奮力實現自己。生命絕不會放棄自己，縱使無法繁盛。在對待生命極度扭曲的案主，面對州立醫院精神病房中的男男女女時，我常想起這些馬鈴薯芽。身在這樣不利於發展的條件中，這些人的生命看起來異常、扭曲、人不像人，但他們內在的定向傾向卻是可以信任的。他們朝著自己所能看見的唯一途徑努力成長，努力完成自己，成為理解他們行為的線索。對健康的人來說，這些人的努力看起來怪異、徒勞，有如地下室中那些馬鈴薯幼苗，但其為生命奮力完成自己則是如出一轍的。這種具有建設性的強大傾向正是以人為本取向的潛在基礎。

肯定定向過程的實例

若問有機生命的「開關」是什麼，將此一實現傾向視為答案的不止我一個。戈德斯坦（Goldstein, 1947）、馬斯洛（1945）、安格亞（Angyal,1941, 1956）、森特—哲爾吉（Szent-Gyoergyi, 1974）等人都持相同的觀點，也影響了我的思想。我在一九六三年就說過，這種傾向關係到器官與功能分化的發展，也關係到透過生殖達到增強的目的。森特—哲爾吉說，「如果不假定生物有一完成自己的內在『驅力』」，他無法解釋生物發展的奧祕（p.17）。在正常狀況下，有機生命都會朝向自我完成、自我調整及不受外力控制的獨立狀態發展。

然而有其他的證據支持這一觀點嗎？這裡我將拿出一些生物學上支持實現傾向概念的例子。例子之一，是漢斯・德萊斯（Hans Driesch）多年前以海膽做不同物種複製的研究，德萊斯設法把受精卵第一次分裂後形成的兩個細胞分離，如果讓這兩個細胞正常發展，很明顯地，每個細胞都將發育成為一隻海膽幼蟲的部分，一個完整生物的形成，這兩個細胞是缺一不可的；因此，同樣明顯的是，一旦將兩個細胞分離，如果能夠成長，每個細胞都只能發育成海膽幼蟲的某一部分。不過這個假定忽略了所有有機生命生長的定向與實現傾向特質。結果發現，每個細胞只要能夠存活下來，都發育成為一隻完整的海膽幼蟲——比一般海膽小些，但正常而且健全。

我之所以選擇這個例子，在於這項研究非常類似我在一對一治療關係、推動深度性團體治療，及學校提供「自由學習」等領域中對待個人的經驗。在這些地方，我印象最深刻的就是每個人都具有定向傾向，追求完整及實現自己的潛能。無論在心理治療或團體經驗中，我曾經嘗試在別人身上憑空創造一些東西，結果都徒然無效；但我發現，若能提供支持成長發生的環境，此一正面的定向過程就產生了建設性的結果。將海膽卵分離的科學家也一樣，無論用什麼方法，都無法促成細胞發育，但若在技術上精益求精，提供讓細胞存活及生長的環境，有機生命體內的成長傾向及成長指令就動了起來。在心理治療或團體經驗中，我想不出還有更好的比喻：只要我能提供一種心理羊水，建設性的成長就會發生。

這裡我還想再補充幾句，或許會更清楚些。有時候，講到這種成長傾向，好像涉及有機生命所有的潛能發展，其實不然，正如我一位同事說的，有機生命不會增強自己的反胃量能，也不會實現其潛在的自殺傾向或忍受痛苦的能力，這類潛在傾向只有在異常或反常情況下才會出頭。很明顯地，實現傾向是有選擇性的，是有方向的——是一種建設性的傾向。

現代理論與經驗的支持

潘湯尼（Pentony，未發表的文章，1978）就強有力地指出，支持實現傾向觀點的人「沒有必要因為與現代科學或知識理論有所扞格而退縮」（p.20）。針對近代的認識論，他提出了不同的看法，特別是村山的論點（1977）。現在的理論說，「基因密碼」並不包含成熟有機生命所需特質的所有訊息；反之，它包含一組決定分裂細胞相互作用的規則。編制規則所需要的訊息遠少於指導每一方面成熟發展的訊息。「所以，有機生命組織內部自會產生訊息，也就是說，訊息會生長出來。」（Pentony, p.9）因此，德萊斯的海膽細胞毫無疑問是在遵循密碼編制的規則，所以能夠以原生的方式，而非以之前強制的方式發育。

這與當前的（可能已過時的）社會科學認識論嚴重牴觸。這種認識論認為，「原因」單向產生「結果」。村山及其他人卻認為，因果相互作用，擴大偏差，發展出新的訊息與新的形態。這種「形態發生認識論」似乎才是理解一切生命系統——包括有機生命內部所有成長過程——的基礎。村山（1977）說，生物學的理解「在於接受生物過程是互為因果的，而非隨機的過程」（p.130）。另一方面，正如他在別處提到的，生物學的理解不是建立在以單向因果論為基礎的認識論上。因此，多數社會科學以刺激—反應、原因—結果為基礎，是非常有必要加以檢討的。

感官剝奪的研究顯示，有機生物具有擴大多樣性及創造新訊息的強大傾向。的確，壓力解除，或刺激消失，並不是生物的期望狀態。佛洛伊德（1953）假定：「神經系統……為一種裝置，如果可能的話，甚至盡量將自身維持在無刺激狀態。」（p.63）這還真是大錯特錯。事實上，外部刺激剝奪時，人類機體反而產生連番的內在刺激，有時候還怪異到極點。李立是第一個講述自身漂浮於隔音水箱中無重經驗的人（1972）。他談到了恍惚狀態，神祕經驗，處於一般意識狀態下無法連結的溝通網絡中，甚至還有只能以幻覺稱之的體驗。很明顯地，當一個人所接受的外部刺激降至最低時，整個人反而對大量日常生活中無法體驗到的經驗敞開。當然，這並不是陷入了體內動態平衡狀態，進入一種被動的平衡狀態。這只有在生病的有機生命才會發生。

實在可靠的基礎

因此，在我看來，我們可以肯定地說，一切動機皆出於有機生命追求完滿的傾向，此一傾向既表現於各式各樣的行為，也可見於對各種需求的反應。沒錯，某些基本需求必須先得到部分滿足，才會去應付別的迫切需求，因此，在某一時刻，有機生命的自我實現傾向會轉向食物及性的滿足；然而，除非這類需求真的大到無可抗拒，這類滿足還是會讓步，轉而去滿足自尊的提升而非削弱。而且，在與環境互動時，有機生命也會尋求其他的實現。探索與改變環境的需求，遊戲與自我探索的需求，所有這些及許多別的行為，基本上都是實現傾向的表現。

總而言之，有機生命始終都在尋求，在開創，在「百尺竿頭，更上層樓」。在人類這個有機生命體裡面，有一個核心能源，對整個系統而非系統某一部分來說，是一種實在可靠的作用力；概括而言，就是追求完滿，追求實現的傾向，其作用不僅僅在於維持，也在於提升。

更宏觀的視野：形塑傾向

有很多人批評此一觀點，認為太過於樂觀，沒有充分考慮到人類的負面因素、邪惡面、陰暗面。

因此，我將更宏觀地來探討此一定向傾向。我將大量引用其他專業領域的研究成果與思想。在這方面，我受惠於許多科學家，但特別要提的是諾貝爾生物獎得主亞伯特·森特—哲爾吉（1974），及觀念史學家朗瑟羅·懷特（1974）。我的主要論點是：宇宙中似運作著一種形塑傾向，這在各個層面都可以觀察得到。只是這個傾向所受到的關注卻少於其所應得的。

物理科學家到目前為止所關注的主要是「能趨疲」——衰變或失序的傾向，對於此一傾向，他們所知甚多。研究封閉系統，他們可以用數學清晰地描述此一傾向，他們知道秩序會衰變，變成失序，每個階段都較前一階段更為混亂。

我們也非常熟悉有機生命的衰退，無論植物、動物或人類，系統都會逐漸衰退，組織、功能會越來越退化，終至停滯。就這一點來說，這屬於醫學的領域，所關注的是一個器官或整個有機生命的失能或衰退。身體衰亡的過程儘管極其複雜，但至今已瞭解得越來越多；因此，對於系統各層面普遍越來越失序、混亂的傾向，人們同樣也瞭解甚多。系統一旦開始運作，就是一條無法逆轉的單行道；世界有如一部巨大機器，一路運行並消耗下去，終至停擺。

然而，形塑傾向同樣可以在宇宙各個層面觀察到，甚至更重要，卻少有人知道，也未受到同樣的重視，畢竟我們所看到的或知道的形式，都是從一個比較簡單、沒有那麼複雜的形式演變而來，這種現象的重要性至少不亞於能趨疲。無論無機的或有機的，都有不少例子，我可以在這裡說明幾項。

每個星系，每個恆星、行星，包括我們這個太陽星系，都是由一種無序的旋轉塵暴形成。這些星體，許多都是自行形塑而成。在太陽的大氣層中，氫核子撞擊，形成更複雜的氦分子。據推測，在其他恆星，這類互動形成了質量更重的分子。

據我瞭解，在生命開始以前，地球大氣層中的簡單物質——以水和氨水的形式存在的氫、氧及氮——因電荷或輻射注入，首先形成較重的分子，接下來則是更複雜的胺基酸。相較於病毒與更複雜的有機體，我們相去不過一步之遙，透過一種創生而非解構的過程在運作。

另一個有趣的例子是晶體的形成。一般情況下，每個獨一無二、規則、對稱及美麗的結晶都是從不規則、不對稱的流體變來的。雪花之完美與複雜令我們驚訝；然而，它卻是從無形無狀的水蒸氣來的。

就以單細胞生物來說，我們發現它往往形成更複雜的群落，譬如珊瑚礁，當這類細胞變成一種帶有特殊功能的多細胞有機生命時，甚至秩序也出現了。

不需我說明有機生命的整個漸進過程，大家都熟悉有機體穩定增加的複雜性。它們應付環境改變的能力並不高明，但朝向複雜性發展的趨勢卻顯而易見。或許，對我們多數人來說，有機生命的演進過程最好拿單個的人類受精卵來說明：經過最簡單的細胞分裂階段，受精卵進入水腮階段，然後發展成為非常複雜的、高度有機的人類嬰兒。正如喬納斯·薩爾克（Jonas Salk）所說，進化具有清晰且不斷增加的秩序。

因此，在不忽略衰退傾向的前提下，我們需要充分認知森特·哲爾吉所謂的「整合狀態」（syntropy）及懷特所稱的「轉型傾向」（morphic tendency），亦即無論在無機物或有機生命層面，都是不斷朝向秩序增加及相互關聯的複雜性運行，此一趨勢顯而易見。宇宙始終在建構創造，也在衰變退化。這一過程在人類身上也顯而易見。

人類意識的功能

在此一形塑功能中，我們的意識又扮演著什麼樣的角色呢？我認為，意識所占的份量雖然不大，卻非常重要。有意識的專注，這種能力似乎是人類最晚近的進化發展之一，可以看作是意識的一個微小高峰，位於一座巨大的無意識金字塔頂端。或許更好的比喻是，這座金字塔是一個同樣形狀的巨大噴泉，這更能生動地說明其不斷的變化；噴泉的頂尖，閃爍搖曳的意識之光忽明忽滅，但生命之流在黑暗中奔流不絕，以無意識的形式，也以有意識的形式。整個看起來，人類的意識朝向更加完備的方向發展。在這一方面，新的形勢出現，甚至是人類的新方向：包括顯而易見的互為因果關係，可以作選擇，產生自發的模式。我們由此看到的，或許是人類功能的最高點。

我的一些同事說，有機生命的選擇——非言語的、存在方式的無意識選擇——是進化之流在帶領。我完全同意，甚至更進一步要指出的是，在心理治療中，我們已經瞭解心理環境對提升自我覺察最有助益。自我覺察越強大，越可能做出明智的選擇；亦即能夠自由地、免於心理內化（introjects）地做選擇，是與進化之流同步、有意識的選擇。這樣的人把自己看得更清楚，不僅對外在的刺激，對想法與夢，對自己所知覺的感受、情緒及生理反應也看得更清楚。這種覺察力越強大，人必定越能與定向的進化之流同向而行。

當一個人以這樣的方式運作時，並不表示自我意識可以覺察到內在進行的一切，如果真是這樣的話，那就有如蜈蚣把注意力放到自己的每一條腿上，結果是讓自己寸步難行。相反地，這樣的人反而無所拘束，主觀地覺察並活出自己的感受，可以感受到愛、難受或恐懼，或就只是主觀地活在這些感受中。更進一步說，這樣的人可以將自身抽離這種主觀，清楚知道「我痛苦」、「我害怕」、「我愛」。關鍵在於一個人充分活出自己時，那些使他無法充分感受有機生命體驗的障礙與拘束，都將隨之消除，這樣的一個人是朝著完整、整合、統一的方向發展。意識參與了此一更寬廣、更有創造性的形塑傾向。

意識的轉換狀態

有些人的理論走得更遠，諸如葛羅夫（Grof）兄弟（1977）及李立（1973），他們相信，人能夠跳脫一般的意識層次。他們的研究揭示，處於意識的轉換狀態（altered states），人可以感覺到自己與進化之流接觸，並瞭解其意義。他們感受到的是一種超越的一體感，照他們的說法，個人與更高的價值融為一體，特別是與美、和諧及愛相融，人與宇宙合一了。理智的研究似乎也證實了神祕主義者與宇宙合一的體驗。

就我來說，在最近與案主的工作中，特別是與深度性治療團體相處時，這類觀點都得到了證實。前面我談到促進成長的關係，其所具備的一些特質，也都得到了研究的調查和支持；不過，近來我的觀點又拓寬進入了新的領域，只是尚未經過實證研究而已。

身為團體的輔導者（facilitator）或治療師，我處於最佳狀態時，還發現了另一種特質。當我與自己內在的未知接觸，或許是意識處於某種轉換境界時，我發覺自己與直覺的內在自我最為接近，無論怎麼做都充滿了療癒。在那種狀態下，只要我在場，對別人來說也是自在的，是有益的。這種經驗不是勉強做得來的，但只要能放鬆，跟自己內在那個超越的核心貼近，在關係的處理上我就會出現異於尋常且不由自主的行為，是我無法以理性證明其為正當的，也與我的思維無關。結果證明，這些異於尋常的行為都是正確的，儘管看起來怪怪的：

彷彿我的內在精神探出手來，觸動了另一個人的內在精神。我們的關係超越關係本身，成為某個更巨大物事的一部分，深刻的成長、療癒及能量於焉出現。

在我所帶領的團體中，有的時候也會經歷到這種超乎尋常的現象，改變一些參與其中的人們。一位工作坊的成員曾說：「我發覺那是一種深層的精神體驗，覺得自己在精神上與群組成為一體，我們一同呼吸，一同感受，甚至幫彼此講話。我覺得『生命力』的能量瀰漫我們彼此，無論其為何物，我覺得它無所不在，分別『我』或『你』的障礙消失——那很像是一種冥想體驗，覺得自己是意識的核心，非常像是那個更廣大的普遍意識的一部分。然而，隨著這種無與倫比的一體感，個人的獨特感卻也愈發清晰。」

如同我對意識轉換境界的描述，這段敘述也算是神祕主義；很明顯地，我們在治療及團體中的經驗也屬於超現實、無可言喻的精神經驗。如同許多人，我不得不相信，我實在低估了此一神祕維度及精神維度的重要性。

科學與神祕主義

談到這裡，我相信許多讀者不跟我站在一邊了，他們會問：那麼邏輯、科學、理智又擺到哪裡去呢？別急，趁大家還沒走光，容我從最令人意想不到的角度，再舉出一些支持此一觀點的例子。

著名理論物理學家弗里蕭夫・卡普拉（Fritjof Capra, 1975）說得很明白，我們這個世界，除了能量以外，任何持續的概念幾乎都不成立。在一篇總結性的論述中，他說：「在現代物理學中，宇宙被體驗為一個動態的、不可分割的整體，從根本上來說，連觀察者也包含其中。在這樣的體驗中，時間與空間、孤立物件、因果關係，這些傳統的概念都失去了意義；然而，這種體驗與東方的神祕主義倒是頗為相似。」（p.81）他又指出禪宗、道家、佛家及其他東方觀點驚人的相似處，他深信，物理學與東方神祕主義乃是分別通往同一種知識但互補的道路，在對宇宙的充分理解上可以互為補充。

最近，化學哲學家伊利亞・普里高津（Ferguson, 1979）提出一個不同看法，對我所討論的題材也頗有啟發。

秩序與複雜性是如何從能趨疲的衰變過程中形成的？為了要解答這個基本問題，他提出了一個全新的理論體系，用數學公式及例證說明生物界乃是隨機的，而非全然由因果決定。他的觀點適用於所有能量與環境交換的開放體系，其中顯然包括人類有機生命。

簡而言之，結構越複雜（無論是化合物或人）為維持其複雜所消耗的能量就越多。舉例來說，人類大腦的重量只佔身體的百分之二，卻要用掉百分之二十可用的氧！這樣的系統並不穩定，具有波動性，或如普里高津所說，具有「震盪性」。當波動加劇時，波動會因系統的許多連結放大，驅動系統（無論是化合物或人）於是進入一個轉換的新狀態，較之前更有秩序，更為一貫。此一新狀態的複雜度更大，因此，發生改變的潛力更大。

從一個狀態轉變到另一個，轉變是快速的，是非線性的，轉變中會有許多因素彼此相互作用。我覺得特別有趣的是，唐（Don, 1977-1978）在對簡德林（Gendlin）心理治療的「體驗」概念（Gendlin, 1978）所做的研究中就演示了這種現象。在心理治療關係中，當意識充分體驗到受到壓抑的感受並予以接受時，一種新的洞察狀態便出現，不僅會明確感覺到心理的轉換，同時也會發生心理的改變。

普里高津的理論似乎說明了一個現象：在冥想、放鬆及意識的轉換狀態中，波動會因為種種因素增強；也肯定了充分認知並表達自己感受（正面或負面）的價值，以及由此而產生的系統震盪。

普里高津發現，在他的「複雜性科學」與東方先哲、神祕主義，以及懷海德（Alfred North Whitehead）與柏格森（Henri Bergson）之間有著強烈的相似。他說，他的觀點直指「深層的集體觀照」；更驚人的是，他最新的著作《從存在到演進》（*From Being to Becoming*, 1979），一個化學哲學家，一個令人難以思議的書名。他的結論可以簡述如下：

「系統越複雜，追求自我提升的潛能就越強大：系統的各個部分自會合作重組自身。」（Ferguson, 1979）

因此，理論物理學及化學都肯定某些體驗，其為超驗的、難以言喻、不可意料、有改造的能力，乃是可信的，而這也正是我與同事在以人為本取向中所觀察及感受到的現象。

未來的假說

思考到我所提出諸多主題的規模，加上一些證據的支持，於是順勢提出一個更廣義的假說。在我看來，此一假說雖是嘗試性的，不過為了清楚明瞭起見，我會做出肯定的陳述。

我的假說是，宇宙中有一種可以在星際空間、晶體、微生物、較複雜的有機生命及人類身上追蹤，並觀察到的定向形塑傾向。這是一種朝向更有秩序、更複雜、更互為關聯的進化傾向。就人類來說，此一傾向表現出來的是：個體從一個單細胞出發，演化到複雜的有機功能，到下意識地作認識與感知，到有意識地覺察有機生命及外在世界，再到飛躍地覺察宇宙系統（包括人類）的和諧及統一。

在我看來，這個假說大可以拿來作為人本主義心理學的理論基石，當然，也是以人為本取向的基礎。

結語

身為以人為本的治療師及團體輔導者，在工作中，我們發現態度使個人的人格與行為產生建設性及成長性的改變，可謂成果斐然。處身於充溢這種態度的環境中，人都會變得更瞭解自己、更有自信，也更有能力選擇自己的行為，學會更自主地存在與成長。處身於這樣的環境中，個人在方向的選擇上是自由的，但所選擇的道路必定是積極、有建設性的。這實現傾向在人們身上發揮了作用。

更進一步說，這不僅僅是一種生命系統的傾向，而且是宇宙中無所不在的、強大的形塑傾向的一部分。

因此，無論對象是案主、學生、工人或團體成員，當我們提供一個允許人存在的心理環境，並不是在碰運氣，我們是在利用所有有機生命都具備的一種傾向，一種有機生命趨向完整的傾向。更廣義地說，我相信，我們是和一種強大的創造傾向連結；正是此一傾向，形塑了我們的宇宙，從最小的雪花到最大的星系，從最低等的阿米巴到情思皆備的人類。或許我們正在觸發自己的一種能力，藉此提升自我，為人類的進化創造更新的精神方向。

對我來說，我這裡所說的一切乃是以人為本取向的哲學基礎，也是我致力肯定一種存在方式的張本。

第七章

同理心：一種未受充分理解的存在之道

這一章我們來檢討、重估一種我們稱之為「同理心」的（empathic）[1]特殊心態。理解人格的動力，影響人格與行為的改變，同理心乃是極端重要的因素，只是我認為，我們所給予的重視太少。在我們自己所能發揮的力量中，同理心也是最微妙、最強大的一種。這個主題儘管大家都談過寫過，但是在人際關係中，卻很少見到這種存在方式能開花結果。我這裡就先來談談自己在這方面所經歷的挫折。

我的心路歷程

早年擔任治療師，我發現面對案主時，光是聽，非常用心地聽，就非常有幫助，因此，只要拿不定主意自己該做什麼時，我就聽。令人驚訝的是，這樣一種被動的互動方式，居然頗有效果。

不久之後，一名出身蘭克學派（Rankian training）的社會工作者協助我瞭解到，最有效的方法就是聽，聽感受，聽心情，從案主所說的話語中去辨識其性質。我認為，她的意思是，「反映」案主的感受就是最佳的回應。當時，「反映」一詞頗令我心虛，但在那段時期，這對我治療師的工作的確大有改善，令我銘感於心。

後來，到了俄亥俄州立大學，工作轉為專職，在學生的協助下，終於能夠輕鬆找到一些設備，紀錄我自己及學生所做的晤談。圍著機器，我們能夠聽到自己的錄音，一再重複播放晤談中某些令人費解的地方，或案主出現重大進展的時刻，那種興奮還真是難以言喻（迄今我仍然認為，這乃是治療師自我改進的最佳途徑之一）。在這些錄音帶給我們的教訓中，我們瞭解到，傾聽感受並將之「反映」出來，其實是一個極端複雜的過程。我們發現聽錄音的過程中，能夠很精確地抓出，明明是一段發自內心的表達，且十分重要，在經過治療師的回應後，卻變成了表面敷衍，毫無作用。同樣地，我們也能夠發現，案主的談話既沉悶又凌亂，治療師的一句回應，卻讓他轉入了專注的自我探索。

這樣一路學來，很自然地就把治療師的回應內容看得更重於同理心的傾聽，如此一來，我們把諮商師或治療師所用的技巧看得十分重要，專心於分析晤談過程的起伏，不放過任何

1 編註：參考第二九頁註解。

微小細節，並在這樣細緻的分析中受益匪淺。

然而這種強調治療師回應的傾向，卻帶來了可怕的後果，我碰到了反彈，而且變本加厲。幾年下來，我所倡導的整個方法，被認為無非只是技巧而已；「非指導性治療」被認為是「反映案主感受的技巧」；甚至還有更惡毒的諷刺，說什麼「在非指導性治療中，就只是重複案主所講的最後幾句話而已」。這樣扭曲我們的方法使我十分震驚。沒錯，多年下來，我所做的都是在強調同理心的態度，幾乎不曾談過同理心傾聽，也很少談論如何將同理心運用於關係中。我強調正向關懷，及治療師的表裡一致，加上同理心，就足以推動治療的過程。這些論點同樣遭到誤解，只是至少沒有受到諷刺。

目前的需求

多年過去，研究證據不斷積累，有力地指向一個結論，在治療關係中，高度的同理心可能是帶來改變與學習最有效的因素。我也認為，是時候讓我放下過去的那些諷刺與誤解，用一種新的眼光來審視同理心。

這樣做還有另一個原因。在美國，過去一、二十年裡有許多新的治療方法佔據了舞台中心，最有名的包括完形治療（gestalt therapy）、心理劇、原始療法（primal therapy）、生物能量學、理性情緒治療（ration-motive therapy）及溝通分析（transactional analysis）等等，不一而足。其部分的訴求在於，在多數案例中，治療師明顯是專家，為了案主的利益，往往以戲劇性的手法主動操控情況；如果我對各種跡象的解讀正確，在我看來，這類專業指導技巧的魅力已經在減少。至於行為治療，另一種以專業技巧為務的療法，我認為其魅力仍在增長；一個人的行為可以透過技術加以塑造，即使在不知情或未經同意的情況下，畢竟是一個講求技術的社會樂於見到的。然而，縱使如此，隨著哲學與政治都和「行為矯正」扯上了關係，越來越多有識之士開始提出質疑，因此，我看到許多人站了出來，想要換個角度看待人的存在，把權力交給人，而不是專家，這也興起了我的念頭，仔細檢討「同理心」一詞的涵義，看看我們到底認識多少。或許，時機已經成熟，是該好好品鑑一下同理心的價值了。

早期的定義

同理心一詞的定義不在少數，我自己也曾提出過幾個。二十多年前，我寫過一篇東西，相當正式，陳述我的概念及理論，其中就為同理心下了一個嚴格的定義：

> 同理心，指的是看待另一個人的內在參照架構，一絲不苟，同感其心情與思慮，好像自己就是他，但絕不可忘記只是「好像」而已。因此，同理心的意思是，感同身受地去感受另一個人的悲喜，並設身處地看待其原因，但千萬不可忘記，好像是我在悲，

好像是我在喜，諸如此類。如果忘失了「好像」這一特質，那就是認同了。（p.201-211，另見 Rogers,1957）

體驗：一個好用的概念

講到我現在的想法，我要借用簡德林所提出的概念：「體驗」（1962），如同在這篇文章中所見，此一概念對我的思想有著多方面的影響。簡單來說，他的觀點是，在人的有機生命中，有一道體驗之流，人可以一而再地感受到，作為一種參照，發現自己種種感受的意義。一個有同理心的治療師就會用心體會案主當時心裡的「感覺意義」（felt meaning），幫助他或她聚焦於那種感受，進而使之完整且無礙地體驗到。

這裡舉一個例子，說明此一概念及其與同理心的關係。在會心團體中，一位男士談到父親，隱隱有些微詞。帶領人說：「聽起來你似乎在生你父親的氣。」男士回答：「不，我不這麼認為。」「有可能是對他不滿？」「呃，是的，或許吧。」（語帶猶疑）「或許是對他感到失望。」很快地，男士回答：「沒錯！是失望，他這個人不夠強悍，我一直覺得失望，從小時候就這樣。」

這位男士是以什麼來核對這些語詞的正確性呢？我也認同簡德林的看法，他是靠內在不斷流動的身心流（psycho-physiological flow）去做檢查，身心流是確有其事的東西，人可以用來作為參照。以這個例子來說，「生氣」完全不符合感覺意義；「不滿」比較接近了，但並不完全對；「失望」完全符合，一如往常，進一步激發了體驗之流。

現在的定義

以此概念作為背景，我打算為同理心做一個自己滿意的描述。我不再用「同理心狀態」一詞，因為我認為那是一個過程，而不是狀態。

以同理心對待他人，有好幾個面向。那是進入別人的私密的感知世界，並徹底自在地置身其中，其間包括時時刻刻用心體察對方內在感覺意義流的變動，是害怕、生氣、溫柔或是困惑，體驗他感受到的感覺；也就是說，你暫時活到那個人的生命裡，小心翼翼，不做判斷；那也意味著，感知那人自己也沒有覺察到的意義，但並不整個揭開無意識的感受，因為，那威脅感太大。其中還包括，以清明、淡定的眼神審視對方的顧忌，將你在對方心裡感受到的東西傳達出去；也就是說，你要一絲不苟地不時以自己的感知檢查對方，並由所接受到的回應來引導你。以對方的內心世界而言，你是一個充滿自信的同伴，你指出那人感受之流中可能的意義，幫助對方專注於此一有用的參照，更充分地體驗意義，在體驗中前行。

以這樣的方式與人相處，意味著這一刻你把自己的觀點與價值都放到了一邊，不帶任何成見地進入別人的世界。就某種程度來說，這也意味著你將自我放到了一邊；能夠做到這一點的人，定然對自己有著充分的自信，知道自己面對他人光怪陸離的世界，也不致迷失，仍能來去自如，輕鬆回到自己的世界。

這樣一路講下來，或許已經很清楚了，同理心者，其為一種存在方式，有其複雜、艱鉅、嚴苛的一面，卻又不失其細緻與溫柔。

操作定義

以上所談不屬於操作定義，不適用於研究；不過這類操作定義已經有人提出，且廣泛應用。譬如巴瑞特—林納關係問卷（Barrett-Lennard Relationship Inventory），要求關係人填寫題目，從操作上定義同理心。其中有關同理心及非同理心的題目如下：

他像我一樣體會我所體驗到的感受。
他超然、客觀地理解我所說的。
他理解我所說的，但不理解我的感受。

巴瑞特—林納也以特定的同理心概念擬定題目（1962），雖然與前述定義有所重疊，但兩者之間的差異仍足以確定其有效性。

> 本質上來說，同理心的理解是一種積極的過程，包括瞭解另一個人完整的、當下的與變化中的知覺，接收他的溝通信息及意義，將他的話語及姿態轉譯成可以體驗的意義，並且至少要符合那一刻對他來說最重要的感受。同理心是體驗另一個人對外溝通「背後」的感覺，但一定要清楚明白此一感覺是別人的。

再來是特拉克斯（Truax, 1967）的設計，供評量者使用的是正確同理心量表（Accurate Empathy Scale）。儘管有紀錄的訪談不多，此一量表的評量仍有其可信度。量表的特質可以從第一階及第八階的定義看出，前者是同理心理解的最低層次，後者是同理心的較高層次（雖然不是最高）。第一階如下：

> 治療師顯然完全沒有覺察案主的感受，甚至忽略最明顯的感受。對案主陳述的心情與內容，他的回應不恰當，完全不符合同理心的特質，因此，毫無正確性可言。治療師可能因為厭煩而覺得無趣，也可能積極提出建言，但在溝通中對案主當下的感受卻無所覺察。（p.556-557）

第八階界定如下：

治療師正確解讀所有案主當下承認的感受，同時也揭露案主多數深藏的感受，說出案主體驗中自己很少覺察的意義。他進入案主僅僅只是暗示的感受與體驗，敏銳而精準，經此喚起的內容或許新鮮卻不陌生。第八階的治療師縱使犯錯，錯誤也不會有不和諧，而是為回應的試探性所掩蓋。另一方面，治療師對自己所犯的錯誤極為敏感，很快就會在中途調整或改變其回應，充分顯示他清楚知道自己在講什麼，以及案主最想要探索的是什麼。從治療師試探及錯誤的嘗試，可以看出他與案主已經互為一體，從他的語調則可看出他的同理心所掌握的難度與深度。（p.566）

用這些實例，我希望說明的是，同理心過程可以透過理論、概念、主觀及操作加以界定，但即便如此，我們連其根本的邊緣都還沒碰到。

給當代人的定義

尤金・簡德林（Eugene Gendlin）等人（簡德林與韓德里克〔Hendricks〕，日期不詳）最近參與了一個名為「改變」的互助團體活動，對於處理在城市生活混亂中遭到疏離及反主流文化的人們帶來許多影響。其中特別引人關注的是「聊天手冊」，其主旨是協助一般人學習「如何幫助他人改變」。

手冊開門見山，談的是「善聽」（Absolute Listening），其精神盡見於以下的引述：

目的並不在於說服人。只要聽那人所講的，說他所講的，一步一步地，就如那人那一刻的表現。不要摻進任何自己的東西或想法，也不要把任何那人未表達的東西加到他身上……表示你完全理解，以一兩句話確認那人所要表達的意思。這可以是你自己的話，但在關鍵的地方還是要用他所用的語詞。

接下去所談的道理都一樣，提供許多建議，鉅細靡遺，包括「如何知道你自己做的是對的」。

所以，同理心雖然是一個極度微妙的概念，不過也可以用現代年輕人或那些內心困惑的都市人看得懂的詞彙來講述，這是一個到處都用得上的概念。

一般研究結果

根據上述工具所做的研究，我們對同理心瞭解了多少呢？答案是很多，我將一一說明。這裡先談一般性成果，至於同理心環境對接受者行為的影響，等到後面再談，首先，就來看一些確定的一般性說法。

理想的治療師，最重要的是同理心。儘管許多心理治療師出身學派不同，但談到理想的治療師這個問題，亦即他們對自己的期許時，在十二項要件中，同理心的排名都屬最高。這是拉斯金（Ruskin, 1974）以八十三名執業治療師為對象——至少分屬八種不同治療導向——所做研究得到的結論。而對於同理心特質所做的定義，也與我在這篇文章中所用的十分類似。拉斯金的研究確證並加強了費德勒（Fiedler, 1950）之前所做的研究，因此，我們可以總結說：治療師都體認到，**身為**治療療師最重要的要件就是要「盡一己之所能，**站在案主的立場**，用心體察並一絲不苟地理解案主」（Ruskin, 1974）。

同理心與自我探索及治療進展密切相關。治療關係中的高度同理心，與治療治療過程及進展有著多方面的關聯，同理心環境也與案主的自我探索高度相關（Bergin & Strupp,1972; Kurtz & Grummon, 1972; Tausch,Bastine, Friese & Sander, 1970）。

從關係早期的同理心可以預見治療的成功。很早就可以看得出來，關係中同理心存在的程度，早在第五次、甚至第二次晤談時即可確知。這類早期關係的測定，可以預見治療未來的成敗（Barrett-Lennard, 1962; Tausch, 1973）。此一研究結果指出，早期測定治療師的同理心程度，可以大幅減少治療的失敗。

在成功的案例中，案主會體會到更多的同理心。在成功的案例中，隨著時間過去，案主對關係中同理心的覺察會增加，儘管增加的幅度不大；客觀的測定發現，案主自己也有同樣的感覺（Cartwright & Lerner, 1966; van der Veen, 1970）。

同理心理解出自治療師的自願自發，並非索取而來。同理心是由治療師主動提供，而不是簡單的由某特定類型案主所引發（Tausch et al., 1970; Truax & Carkhuff, 1967）。也有相反的推論認為：碰到可愛可親的案主時，治療師的理解有可能是被誘發的，不過證據並不支持此一說法。事實上，在關係中同理心的程度，主要要看治療師藉由傾聽所做出的回應，而不是看案主的陳述（Quinn, 1953）。因此，在關係中如果感覺得到同理心的存在，關鍵在於治療師的可能性比較大。

治療師所經歷的體驗越多，越可能具有同理心。相較於體驗較少的治療師，善於體驗的治療師對案主的同理心更高，無論是案主的感受或專業評審的旁聽，其結果都是如此（Barrett-Lennard, 1962; Fiedler, 1949, 1950; Mullen & Abeles, 1972）。很明顯地，隨著歲月流逝，治療師會更加貼近案主的心思，也能夠更深入體會理解案主。

同理心是一種特有的關係素質，治療師所提供的甚至多於益友良伴（ven der Veen, 1970）。這是令人欣慰的。

治療師自身整合得越佳，所展現的同理心越高。治療師的個性若整合不全，同理心理解度必然低落。治療師若是心理穩定，在人際關係中有自信，所能提供的理解也就越多（Bergin & Jasper, 1969; Bergin & Solomon, 1970）。隨著我對此一觀點的思考，加上訓練治療師的經驗，我得到一個令人相當有壓力的結論：治療師的心理越成熟，越整合，對關係所提供的幫助越大。這一來，無異於嚴格要求治療師要先成為一個人。

資深治療師往往缺乏同理心。儘管有所謂的資深治療師，但在同理心的提供上，卻是人各有別。拉斯金（1974）的研究顯示，六位資深治療師的晤談紀錄經過八十三位資深治療師評估，結果發現，在十二個變項上的差異達到顯著的〇．〇〇一，差異第二大的就是同理心。以案主為中心的治療師，其顯著的特點正是同理心。其他類型的療法，其突出的特點則是他們的認知特質，以及以治療師為中心等特質。因此，儘管治療師將同理心傾聽視為其理想中最重要的要件，但在實踐上卻往往付諸闕如。事實上，在其他治療師對這六位專業治療師晤談紀錄的評等中，還發現了一個驚人的結果：只有兩位治療師的工作評等與大家對理想治療師的描述成正相關，另外四位都是負相關，最極端的是負〇．六六！治療關鍵不在於執業長久與否！

對同理心程度的判斷，案主更勝於治療師。正因為如此，治療師對自己在關係中的同理心所做的評估並不正確，或許不令人意外。對此一特質的感受，案主與公正聽取晤談紀錄的評審是一致的，但案主與治療師之間、評審與治療師之間，二者的一致性卻是相當低（Rogers, Gendlin, Kiesler & Truax, 1967, chap. 5, 8）。如果希望成為一個好治療師，或許需要我們的案主來告訴我們，我們是否真正理解他們！

才能與診斷洞察力，與同理心無關。很重要的是，治療師創造同理心環境的能力與其學術成就或聰明才智無關（Bergin & Jasper, 1969; Bergin & Solomon, 1970）；同樣地，也與治療師對人感知的準確度或診斷能力無關；事實上，與後者有可能還是負相關（Fiedler,

1953）。這項發現無比重要。既然學術才能與診斷技術都不重要，那麼，很明顯地，同理心屬於另一個對話領域，這有別於多數的臨床思維——心理學的及精神病學的。在我看來，治療師很難接受此一說法。

同理心是可以從有同理心的人身上學來的。最重要的一點或許可以這樣說，同理心的能力是可以訓練出來的。治療師、教師及父母的同理心是可以培養的。如果他們的長官、老師及父母本身就是一個懂得用心理解的人，這種可能性尤其高（Aspy, 1972; Aspy & Roebuck, 1975; Guerney,Andrenico, & Guerney, 1970）。最令人鼓舞的是，這種微妙而又難以言喻，在治療中至為重要的特質並非「與生俱來」，而是可以學習得來的，而且在同理心環境中學習得最快。治療的基本要素中，可以經由認知與經驗而增強的，或許只有兩樣，那就是：同理心與表裡一致。

同理心環境的效果

關於同理心我們已經談得很多了，然而，當一個人身處於接受一連串同理心回應的環境時，其結果又將如何呢？證據顯示，其效果堪稱無與倫比。同理心所帶來的結果完全是正向的。從精神病院的精神分裂患者到學校教室裡的學生；從諮商中心的案主到培訓中的教師；從德國的精神官能症患者到美國的精神官能症患者，證據顯示，結果全都一樣：無論是治療師或教師，體察理解得越強，學習及改變的可能性便越高（Aspy, 1972, chap. 4; Aspy & Roeback, 1975; Barrett-Lennard, 1962; Bergin & Jasper. 1969; Bergin & Strupp, 1972; Kurtz & Grummon, 1972; Mullen & Abeles, 1972; Rogers et al., 1967，chap. 5, 9; Tausch, Bastine, Bommert, Minsel, Nickel & Langer, 1972; Truax, 1966）。正如柏金與史特拉普所言（1972），多項研究顯示，「治療師的同理心、患者的自我探索，與患者改變的獨立標準之間存在著正相關。」（p. 25）

然而，我認為這些研究結果所受到的重視實在太少。以同理心互動看似簡單，其實造成許多深遠的影響。我想在這裡多用些篇幅來討論。

首先，同理心消除疏離。至少在那一刻，同理心使人發現自己再度與世界連接上了，那種感覺雖然很難用言語形容，但大約是這樣的：「我講了些隱密的事情，有些是連我自己都蒙在鼓裡的，感覺起來那頗為陌生，甚至感覺不正常，彷彿自己從未跟人溝通過，甚至不曾跟自己溝通過；但是，卻有人懂了，比我自己還瞭解我自身的感受。既然有人能這般理解我所說的、我的意思，那就表示，我並不是那樣怪異，不是另類，不是外星人。對別人來說，我是可以理解的。所以，我和他人連接上了，甚至是有關係的。我不再孤獨。」

這一段敘述或許可以說明我們在精神分裂心理治療研究上的一個重要發現。我們發現，治療師的同理心，凡是經客觀評等列為高分的，病人的精神分裂症狀（經明尼蘇達多重人格量表測定）都得到最大幅的減輕（Rogers 等，1967，p. 85）。由此顯示，另一個人用心體察的理解乃是將精神分裂患者帶出疏離狀態，帶入人際關係的最有效良方。卡爾・榮格說，當精神分裂患者遇到理解他們的人時，其精神分裂症就消失於無形。我們的研究為這一段話提供了實證。

無論精神分裂患者或來諮商中心的案主，其他研究則顯示，低分的同理心與適應力及症狀的小幅惡化脫不了關係，這也是可以理解的結果。病人難免會做出這樣的結論：「既然沒有人瞭解我，既然沒有人能夠體會我的感受，那我定然是糟透了，比我自己想像得還不正常。」精神科醫師連恩（R. D. Laing）的一個病人，深刻地描述他更早先與其他醫師接觸的感觸，他說：

> 明白醫師無法看見真正的你，又不瞭解你的感受，只是一個勁地自行其是，那感覺真是可怕。我開始覺得自己是不是隱形的，或者根本就不存在。（Laing, 1965, p. 166）

同理心理解的第二個效果，是病人覺得受到重視，受到關心，覺得自己如實地受到了接納。說到這裡，看起來我們好像轉進到另一個領域了，談的不再是同理心，但是其實並非如此。你若不看重一個人，不真正接納他的世界，不付出關心，便不可能真正體察他所感知的世界。因此，你必須把這樣的訊息傳遞出去，讓對方覺得「這個人信任我，覺得我很重要。或許我確實是重要的，或許我也可以看重自己，關心自己。」

下面是一個生動的例子，一位年輕男子歷經用心體察的理解，如今已進入了治療的後期：

案主：我甚至會想，我可以柔和一點，多關心自己一些。可是柔和也好，關心自己也好，本來就是一而二的，是同一件事，我要怎麼才能夠柔和，能夠關心自己呢？不過我感受得到，清清楚楚——你知道的，就像照顧一個孩子。這也想給他，那也想給他。照顧別人，我清楚知道自己的目的，但照顧自己，我卻不知道目的何在，以至於我這樣對待自己，你知道的。我真的想要照顧自己，把照顧自己當成人生的主要目的，這可能嗎？這意味著我必須與整個世界打交道，就好像我是一個守護者，守護最珍貴的、最重要的資產，這麼一來，我夾在兩者之間，一邊是我想要照顧的珍貴的我，一邊是整個世界。這看起來好像我愛自己一樣；你知道的，這很奇怪——但很真實。

治療師：看起來這想法挺奇怪。意思是說，我面對世界，彷彿我最主要的一部分責任就是照顧這個珍貴的人，也就是自己——我所愛的人。

案主：我就是自己所關心的人——感覺如此親近的人。噢！這也很奇怪。

治療師：看起來還真有點怪。

案主：沒錯。但不知道為什麼，好像真有那麼回事。我愛自己，要照顧自己的想法（雙眼含淚），很棒的想法——非常棒。

在我看來，正是治療師在這段及前段引文中所展現的關懷和理解，使得案主體驗到了對自己的高度關注，甚至愛。

用心體察的理解還有第三重影響，來於自不作評斷的特質。同理心最高的表現就是接納與不作評斷。此一要件之所以為真，在於若對他人已經有所評價，想要正確體察對方內在的世界也就不可能了。若你懷疑此一說法，不妨挑一個你十分不認同的人，一個在你的心目中肯定不對或錯誤的人，然後試著講述這個人的觀點、信念及感覺，正確到他或她承認你確實是用心體察，正確地說出了他或她的狀況。我敢說十有九次你會失敗，之所以如此，在於你對這個人的觀點已經先入為主。

因此，真正的同理心是完全不帶評價或判斷的。受到這樣對待的人會感到驚訝：「既然沒有受到評斷，或許我並不如自己想像的那樣壞或異常，或許我沒有必要對自己那樣嚴苛。」因此，自我接納的可能性不斷地增加。

說到這裡，心裡浮現一位心理學家，他對心理治療之所以發生興趣，竟是始於對視覺感受的研究。在這項研究中，他訪問了許多學生，請他們敘述自己的視覺及感受經歷，包括在觀看或閱讀上的任何困難、配戴眼鏡的反應，諸如此類。這位心理學家就只是專注地聽，不作任何評論，將聽到的收入紀錄。令他驚訝的是，許多學生主動回來找他，感謝他給他們帶來的幫助。按照他的說法，他壓根沒想過要幫助他們。然而，他因此不得不承認，非評斷的專注傾聽是一種強大的治療力量，即使對方所講的只是生活片段，也沒有求助的意圖。

或許，我還可以換個方式來說：他人對自己的精確理解，可以讓人覺得自己的人格受到了認同。連恩（1956）說：「自我認同感需要有一個瞭解自己的他人存在。」（p.139）布伯也說過，我們都需要別人肯定我們的存在。同理心所提供的正是這種必要的肯定，肯定一個人具有其身分，確認他是獨立、有價值的存在。

在同理心的互動中，人覺得自己得到了理解，還會產生一種更具體的結果：人開始揭露自己從未交流過的東西，發現過去所不知道的自己，譬如，「我從不知道自己一直在氣我老爸」，或「我從不知道自己害怕成功」。這樣的發現令人不安，但也讓人感到欣慰。覺察自己新的面向是改變自我認知的第一步。在理解的環境中，新的東西受到承認，整合進入正在改變的自我認知。據我所知，這正是行為改變的基礎，而行為改變正是心理治療所要的結果之一。一旦自我認知改變，行為就會隨著此一新認識的自我改變。

不過，如果我們認為同理心只有在一對一的心理治療中有效，那就大錯特錯了。在教室裡，同理心也會造成重大的改變。教師如果讓學生知道他理解他們在教室的感受，學習就會獲得改善。亞斯皮（Aspy）等人的研究發現，在理解不曾存在的教室中，教師一旦展現了高度的理解，孩子的閱讀能力隨之顯著改善。此一結果在許多教室中都得到了印證（Aspy, 1972, p. 4; Aspy & Roebuck, 1975）。在心理治療中，案主會發現，同理心為更多的自我認知提供了環境；同樣地，在教室中，學生碰到的如果是一個理解他們的教師，他們也會在教室中發現自己處身於一個有利於學習的環境。

到目前為止，我談的都是同理心所帶來的改變效應。接下來要轉到另一個與人格動力學相關的面向。

人一旦受到清楚的理解，就會發現自己更能夠體驗到自身的感受，如此一來，拓展了他們的參照架構，成為他們在理解自己及行為指導上的標竿。同理心如果正確且深入，也能夠疏通感受之流，讓其無礙地流動。

談了那麼多，我覺得引述一段晤談紀錄會更為清楚。歐克夫人，一位中年婦人，治療後期階段，正在探索一些困擾她的複雜情緒。

案主：我很不舒服，但不是自責（停下來，唾泣）。沒錯，我是說，我不知道該怎麼說（人顯得很慌）。就只是難過，難過得很！

治療師：嗯，不是自責，但不管怎麼說，感覺很傷。

案主：（飲泣）我常常，你知道，為那事自責，但後來的那些年裡，每當聽到家長對孩子說：「不許哭！」我就覺得難過，為什麼要他們不哭呢？孩子心裡覺得難過，誰能比他們更知道自己的難過呢？啊，我想說的就是這個，好像是吧，我總覺得他們應該讓他哭。而且……為他感到難過，或許吧。啊，這……就是我心裡想到的事。我是說，此時此刻——就是現在。而且，在——在——

治療師：有點抓到感覺了，看來妳其實是在為自己哭泣。

案主：沒錯。而且，同樣的，你知道，這裡面有衝突。我們的文化是那種……我是說，人不要沉溺於自憐。但並不是這樣——我是說，我覺得它完全不是那種意思。或許有吧。

治療師：妳是說，我們的文化反對妳為自己感到難過；但又覺得妳現在的感受並不全然是文化也反對的。

案主：當然，後來我總算……明白了，以為都過去了——但，其實是在掩蓋（飲泣）。掩蓋得很痛苦，回過頭來，還是掩蓋（哭了起來）。我要擺脫的就是這種情形！就算是受到傷害，我也不在乎。

治療師：（溫柔地同理她所感受到的痛苦）妳覺得，妳現在感受到的其實就是為自己感到傷心。但妳不能表現出來，不應該表現出來，所以痛苦地加以掩蓋，自己卻又不喜歡，因此想要擺脫。妳覺得寧願承受傷害，也不要——不要受這樣的苦（停頓）。看來妳很想要說出來的是：「我確實難過，卻一直都在掩蓋。」

案主：這我不知道。

治療師：嗯，看來是個新的發現，沒錯。

案主：（同時說道）我從來都不知道。但那卻，你知道的，一點都假不了。就好像——我在審視自己內心的一切，彷彿盯著神經末梢及所有那些被搗得爛碎的東西（飲泣）。

治療師：就好像妳最脆弱的部分，幾乎整個都被輾碎，被傷害了。

案主：是的。你知道，我確實有那種感覺：「啊，妳真可憐。」

很明顯地，治療師的同理心回應鼓勵了她往內在更深處探索，更加看清楚自己內心深處的感受。她學會了傾聽自己的肺腑，拓展了她對自己感受之流的認識。

在這裡，我們也看到了難以言說的內在之流被用來當作參照架構。她怎麼會知道「自責」一詞無法形容她的感受？她轉而向內，換個角度重新審視這一內心的真實，在發生這個轉變的過程中，她懂得了這種感受，因此，她以此為參照，嘗試用「傷害」一詞，發現更為貼切。唯有她試著去體會那句話：「啊，妳真可憐。」才真正感受得到內心的可憐與可悲。依我的判斷，她不僅把這方面的自我體驗當作參照架構，同時也學會了檢視自己整個生理狀況的過程，這種學習，她可以反覆去應用。在同理心的助力下，這樣的變化就有可能發生。

透過這段治療過程，我們也可以發現，所謂讓感受如實呈現究竟是什麼。很明顯地，這並不是新的感受，她以前經常感覺得到，只不過內在受到某種阻塞，感受從來不曾浮上來。阻塞疏通後，隨之而來的真情與清明，我再清楚不過了，因為我曾多次參與此一過程，只是還不知道如何做出最好的描述。在我看來，只有內心深處的感受完全被接納，並在意識中被正確地指認，此一過程才算完成，然後能夠真正地跳脫出來。同樣地，這也是用心體察的同理心環境才做得到的結果，以此個案來說，她無礙地體驗到了對自己的憐憫。

結語

現在，我想退後一步，換個比較不同的角度考察同理心的重要性。我們可以這樣說，當人們發現自己受到對方用心體察的準確理解時，自會形成一種對自己有利的治療心態。這裡且讓我做個說明：

一、一個具同理心氛圍具有不作評價的接納特質，如我們所見，可以使人對自己生出一種珍愛的、關心的態度。

二、有人傾聽，有人理解，可以使人更正確地傾聽自己，以高度同理心對待自己內心深處的感受，對待自己隱約感覺到的意義。

三、個人更理解自己，更珍愛自己，新的感受自會對自己敞開，進而成為更正確的自我認知的一部分。

到了這個階段，自我與感受更為表裡一致，因此，人會變得對自己更關心，更接納，更具有同理心及理解，也更為真誠與一致。無論是經驗或研究都顯示，上述三項正是一個優秀治療師所具有的心態，因此，如果我們說他人的同理心理解，可以使人成為一個促進自己成長的推手，成為一個更有效的自我治療師，這絕非誇大之詞。

因此，無論是做為一個治療師、會心團體的帶領人、教師或父母親，只要能夠抱持同理心，我們手中就握有強大的改變及成長力量，其威力不可等閒視之。

最後，我要將這些論述全都置入一個更大的背景。講了那麼多，談的卻只有同理心，好像我把同理心看成是成長關係中**唯一**重要的因素似地，但我並不想留下這樣的印象。因此，這裡容我扼要敘述一下我的觀點，談談三種有助於成長的態度，以及三者彼此的關係。

在平常的生活互動中——婚姻伴侶與性伴侶之間、雇主與受雇者之間，或同事、朋友之間——最重要的就是表裡一致。表裡一致，或真誠，包括讓別人知道你的心情「落在哪個位置」，或許是衝突，或許是直率地表達個人的感受——包括正向與負面的。因此，表裡一致是在現實中共同生活的基礎。

然而在某些特定狀況中，關心或珍愛可能變成首要的元素。這類情況包括非言語的關係——父母與嬰兒之間、治療師與沉默的精神病患之間、醫師與重病患者之間。眾所周知，關心是一種培養創造力的態度，是自然營造出培養微妙的、嘗試新想法的滋養環境。

然後，依我的經驗，在另一些狀況中，同理心則是最重要的。有人傷心、困惑、煩惱、焦慮、冷漠、恐懼，或懷疑自己的價值，或認同失焦，這時候，最需要的是理解。一個有同理心的人（當然，他也必須具備前述的兩種心態），溫馨而體諒的陪伴可以帶來清明與療癒。我相信在這種狀況中，深度理解，是人可以給予另一個人的最珍貴的禮物。

第八章

愛倫・韋斯特：孤獨

這一章說來話長。羅洛・梅（Rollo May）的著作《存在》（*Existence*），提出一種存在觀點，一九五八年問世。其中一章由路德維希・賓斯萬格博士（Dr. Ludwig Binswanger）執筆，寫的是一樁由他與尤金・布魯勒博士（Dr. Eugen Bleuler）共同參與的著名個案，最初是以德文發表（Binswanger, 1944-1945）。很顯然地，當時的治療方法仍屬於早期的精神病學與精神分析。

一九五八年秋，由精神病醫師及心理學家新成立的美國心理治療師學會（American Academy of Psychotherapists）召開大會。大會期間，羅洛・梅籌備了一個專題研討會，討論愛倫・韋斯特（Ellen West）的案子。參加研討會的包括三位精神病學家、兩位心理學家（我是其中之一）、一位人類學家及一位歷史學家。研討會進行了一整天，從多個角度切入。討論的全程從未發表過。

為準備研討會，我研究這個個案，看到愛倫的治療過程充滿連串「失誤」，我越來越憤怒。我認為，她的父母、多位內科醫師、精神病醫師及兩位分析師，以根本無助於她的方式對待她，甚至使她的心理健康更嚴重惡化。理智上，我可以原諒這些錯誤，畢竟愛倫生活在多年以前，當時心理治療與精神病治療仍處於起步階段。然而原諒歸原諒，依然改變不了我的憤怒。

因此，在研討會的發言中，我不僅探討了我所看到的互動狀況，也推論了如果愛倫當時找的是我，或現今其他以案主為本的治療師，互動又會是什麼樣的狀況。正如我所見，結果會是大不相同。

幾年後，我擴充了這篇文章，談到愛倫人生中的重大事件，概述賓斯萬格的論述，並將愛倫的人生與現代社會的疏離及孤獨關聯起來。文章的擴充旨在使其獨立成篇，不僅僅只是一篇研討會的評論而已。

儘管初稿成文於許久以前，擴充的文章也談不上是新東西，但我仍然信得過，也很高興能夠拿出來作為實例，說明以案主為本、以人為本的治療取向。

●

針對現代人基本感受到的那種疏離，我想先分享我的觀點；接下來，將指出愛倫．韋斯特所處的狀況，並說明這種孤獨發展成為一樁悲劇的過程。

對於孤獨，看法有許多種，但我只聚焦於導致孤獨的兩個因素，這兩個因素都是我們在案主與其他人身上經常發現到的。第一個是，人與自己、與他的有機生命感受的疏離。在此一根本性的斷層中，一個具感受性的有機生命，在體驗中所感知的是一個意義，但其意識自我牢牢抓住的卻是另一個意義；因為，唯其如此，自我才得以找到別人的愛與接納。所以，我們都有著一種潛在的嚴重分裂，大部分的行為都隨著意識所感知的意義調整，但由於無法與自己無礙地溝通，而否定並忽略了生理有機生命所感知的意義。

孤獨的另一個因素，是缺乏能夠與人溝通自己真實體驗的關係，也就是無法在關係中溝通真實的自我。如同前面講的，由於自我一分為二——意識表層與更深層的體驗層次，如果沒有關係可以讓兩者在其中溝通，我們便會因為無法與他人發生真正的接觸而感到孤獨。

這種孤獨只有現代人才有嗎？或許如此。在以前的時代，為了讓自己得到生命中重要人物的關注，個人也會否定或忽略自己的內在感受。然而，他所接納的意識層面，與他在自己體驗中所感受到的意義，兩者卻是一套統一的、互為支持的信念與意義。他所屬的社會群體傾向一體地看待生活與體驗，因此，就算他無意識地放棄了自己的深層自我，至少還具有一個一致的、受尊重的、被認可的自我，可以賴以生存。舉例來說，早期的清教徒，否定了許多有機生命的體驗，必然也因此感受到了許多內在的緊張；但若說他會像我們今天的案主所感受的疏離與孤獨，那卻是不太可能的。

一如以前的社會或同質性較高的群體，現代人也會捨棄自己的體驗，迎合可以帶來愛的存在方式；然而，他所接納的意識表層，卻只受到父母或少數人的影響，而且他始終知道，自己的意識表層縱使得到某些人的認可，但是和其他人看待人生的方式卻極端不同。任何一個意識表層都不是穩定牢靠的，因此，現代人所感受到孤獨、孤立，以及他與自己的深層存有的疏離，與他人的疏離，都是以前的人從所未知的。

在接下來的篇幅中，我將以一位年輕女性愛倫・韋斯特為例，用她的詳實史料來討論現今這種非常根本的疏離。

很高興研討會選擇了這個個案作為主題。首先，愛倫・韋斯特的日記與書信使她的人生紀錄十分充實，加上醫師、治療師及診斷者的觀察及報告，進一步增添了完整性。其次，這個個案有完整的德文（1944-1945）及英文（1958）敘述可考。最後，這個個案以實例說明了前一代或更久之前精神病學界及心理治療學界最著名的一些人的思維及做法。

愛倫・韋斯特的悲劇故事，資料紮紮實實有三十多頁，我不可能給出一個全貌，但我將挑選並談談她人生中的幾件關鍵大事。

首先，是她的年輕時期。直到二十歲，我所知道的她，如同一般人，是健全而整合的。對臨床醫師而言，可能容易以後見之明的視角作病理解讀，但我沒有看到任何病癥。少女時期，愛倫活潑、任性、敏感、有主見、多問、好強、善感、善於表現、多變，總之，一個活生生的人。她深愛父親。希望自己是個男孩——直到遇見一個自己喜愛的男孩。她思考人生的目的，有遠大的夢想。所有這些特質都看不出她的未來會是黑暗的。相反地，無論怎麼看，她都是一個多才多藝、善解人意的少女，前途大好。

「她二十歲那一年，充滿幸福、憧憬和希望。」[1]她渴望找到一個男人，有活力、有抱負、有愛心。她樂在一飲一食。但就在那一年，發生了一件重大的變故。「她和一個浪漫的外國人訂婚，卻為了順從父親而解除了婚約。」我們知道的不多，但依我的推想，從她未做任何抗爭可以看出來，她是把父親的感受當成了她自己的感受了。整個事情可以這樣看：在她的認知裡，「我以為自己的感覺是我在戀愛了，覺得訂婚是件對的事情，是有意義的事情。但我自己的感覺靠不住，我並沒有戀愛，訂婚不是有意義的承諾，我不能被自己的感受所左右。這樣做是不對的，會失去父親的愛。」

這段期間，才幾個星期，她暴飲暴食，開始發胖——這是她主要症狀的第一個表現。只有朋友取笑她，她才會節食，這或許表示她開始對自己失去了信心。她越來越覺得，自己只能活在別人的期待中，因為自己的衝動不可靠。

由此不難看出，何以過沒多久時間她就開始討厭自己，甚至把死亡看作是個「大美女」。不管怎麼說，她是個不值得信任的生命，是連串感受的誤導，不值得受到肯定。她的日記談到「懷疑與恐怖的陰影」，很快轉變成對肥胖的恐懼。同樣不令人驚訝的是，她開始害怕內在的「惡靈」——那些未被接納、遭到否定的感受，不時出沒，困擾著她。

我敢說，這並不是她的自我與她的底層感受到第一次真正疏離，但毫無疑問地，這卻是影響深遠的一次，徹底摧毀了愛倫獨立自主的信心。縱使她的精神回復了，過了一段好日子，她卻已經放棄了部分自我，將父親的感受內化為自己的。

這段期間，她充滿了起伏。她想要做一些大事，想要來一場社會改革，重拾書本發憤用功，為兒童成立閱覽室。但有時候，她又是「一條怯懦的蚯蚓」，渴望死亡，要她的家庭教師覆誦「好人不長命」這句話。偶爾，「生命再次獲勝」。她與「馬術教練有過一次不愉快的戀情」。她罹患「神經衰弱」，過分在意自己的體重。

二十四歲時，她面臨了另一次自信心的喪失。儘管自信心仍然不足，需要她年老的女家庭教師陪伴，她的學習生活仍然愉快。「日記充滿生命與感官的愉悅。」她和一個學生戀愛。從時間的持續與形影不離來看，她用情至深。她把這段感情當一回事，但父母親再一次堅持她的感覺是錯的，要求兩人暫時分手。因此，在她看來，這段關係不真實，不明智，最好還是放棄。又一次，她懷疑並漠視自己的體驗，內化父母的感受。她放棄這段關係，一併放棄了自己能夠明智做自己主人的信心，把自己完全交給了別人。這時候，她開始向醫生求助。

在這個節骨眼上，如果她反抗，捍衛自己內心世界的體驗，忠於自己的深層感受，毫無疑問地，她也就保住了那個潛在的、自主的自我。但是她沒有抗爭，只有可怕的沮喪，以及對自己身體的厭惡；這副軀殼，連生活都處理不了，已經完全不值得信任。她對自我的放棄，在可怕的節食上表現無遺，如同她後來所說：「有東西在我體內作亂，阻止我變胖，阻止我健康，阻止我臉頰紅潤豐滿，阻止我做個單純強壯的女人，符合我的本性。」

1 這裡及其他的引述均節錄自羅洛・梅書中的章節（1958）。

換句話說，如果她信任自己的感覺、慾望、體驗，她會是一個強壯、豐滿的年輕女人，會和她愛的那個學生結婚；但她的感受已經完全被否定，她的慾望與體驗也被否定，她不能再聽它們的。所以，她不僅要否定愛情的感受，還必須節食，強迫自己的身體符合別人的要求，而不是她自己想要的。自身的體驗她完全不再信任，失去了生活的根本。

還有一件事，我這裡也簡單談一下。她發現表哥或許可以成為伴侶，而家人也都同意。他們打算結婚。但兩年下來，到了二十八歲，她還舉棋不定，選擇表哥呢，還是她愛的學生？她去找學生，與他分手，用她的話來說，帶著一道「裂開的傷口」離開。這次最關鍵的互動，詳情我們一無所知，但以我的推斷，她這時的心理狀態仍然搖擺不定。相信自己的體驗，選擇自己所愛呢，還是選擇表哥？依她自己的感情，她對表哥比較冷淡，但若選擇他，她將得到認同，她明白那種感受。我猜想，她心裡也暗暗瞭解，如果選擇學生，她也就選擇了自主，卻是一條未知的道路。選擇表哥，她過的將是別人對她所期待的日子，是虛假的，卻是安全的，是得到同意的。結果，她選擇了表哥，與他結婚，這樣一來，也就進一步揚棄了對自己的信心。[2]

到了三十二歲那年，她整個人耽溺於一個念頭：瘦身，瘦身，瘦身，情況嚴重到不僅節食，甚至服用瀉藥，一天多達六十粒！毫不意外地，她全身無力。她嘗試過精神分析，但覺得沒有幫助。她說：「我分析我的心思，但一切都只是理論。」又說：「分析師給我洞察，但不是治療。」然而，分析一旦因環境中斷，她變得更糟。

這段時期，她曾談到理想中的情人——那個學生。在一封給丈夫的信中，她說：「那時候，我準備好接受你，放棄自己的理想，但那是……被迫的決定。」別人期望於她的感情，她顯然很努力地想要去認同，然而畢竟只是強迫自己接受。

從此以後，她內心的孤獨變本加厲，與人的關係更加疏離。毫不意外地，她第一次有了自殺的念頭。當時，她被送進醫院，她的第二位分析師還是用老套的方式治療她。丈夫有意在醫院陪她，她也希望丈夫留下。但分析師，相當於父親角色，無所不知，卻把丈夫打發走了，進一步摧毀了她作為一個自主的人內心僅存的自信。

從那以後，疏離更加擴大，悲劇近了。她去看更多的醫生、精神病醫師，在那些治療她的人的眼中越來越是一個物件。最後，她被送進了賓斯萬格的療養院，一待就是好幾個月。

這段期間，對於她的診斷分歧不斷。埃米爾·克雷佩琳（Emil Kraepelin），著名精神病學家，在她陷入抑鬱時期，診斷她為憂鬱症。她的第二位分析師，診斷她是「嚴重強迫精神官能症合併躁狂憂鬱症」。一位諮商精神病醫師說，她是「漸進式心理異常」，而非精神分

2 同一件事，由此不難看出其間的差別，下面是賓斯萬格的說法，他對比了她在「理想」與「現實」之間的掙扎。他是這樣比喻的：「金髮愛人屬於天上（理想）世界，另一個人（表哥）雙腳踏於塵世……塵世生命再度勝出。」我以為，這已經清楚顯示了我們的價值——無論對賓斯萬格或我而言——儘管我們都儘可能的「客觀」觀察。

裂症，因為沒有出現智能障礙。布魯勒與賓斯萬格卻一致認為她的狀況是「漸進式精神分裂精神病（單純精神分裂症）」。他們不看好她，說：「很明顯地，發布的資料就說必定自殺。」

由於愛倫對這些討論知悉許多，她定然不把自己看成是一個人，而是某種奇怪的失常機械，完全無法控制自己，一路走向毀滅。從所有這些「診斷」，絲毫看不出來醫師是在治療一個人類！這也就不難理解了，愛倫會說：「我不認識自己，我害怕自己。」還有一次：「搞到這個地步，我瘋了——我在與自己本性的鬥爭中消亡。天生豐滿強壯的命，我卻要消瘦苗條。」她的有機生命想要健康和強壯，但那個內化的「我」——那個為取悅他人的假我——如她有一次說的，要的卻是纖瘦和「學問」。

儘管有自殺的危險，聰明的醫師們得出下面的結論：「沒有確定可靠的療法，因此我們決定同意病人出院的要求。」於是，愛倫出院。三天後，她看起來很好，很愉快，吃了幾年來的第一餐好飯，然後服下一劑致命的毒藥。得年三十三。她自己的話可以作為她的墓誌銘：「我感受自己，完全被動，舞台上兩股敵對的力量彼此撕裂。」

在愛倫．韋斯特的生命中，致命的問題到底出在哪裡？我希望我的想法已經指出了問題所在，就某種程度來說，那同樣發生在我們每個人身上，只不過在她身上被誇大了。嬰兒時期，我們活在自己的體驗中；我們相信它。小孩餓了，不會懷疑自己的飢餓，也不會問是否該使盡吃奶的力氣去找食物，用不著動腦筋，他是一個信任自我的有機生命；但在某種情況下，父母或其他人會對他說：「如果你有那樣的感覺，我會不愛你。」因此，他感受他應該要有的感受，而不是他自己真正的感受。到了這個地步，他建立的自我，感受的是應該要有的感受，只有偶爾才會驚鴻一瞥見到自己的有機生命（自我的一部分）真正體驗到的感受。以愛倫來說，此一過程以一種極端的方式在運作。在她人生最重要的某些時刻，她不由自主地感受到自己的體驗是站不住腳的、不正確的、錯誤的、不好的，她應該感受的是完全不同的東西。不幸的是，她愛她的父母，尤其是她的父親，愛得如此之深，以至於放棄了相信自己體驗的能力，以別人的感受取而代之。她放棄做她自己。在她人生的最後一年，毫不令人驚訝地，一位她的醫師就觀察到了這一點：「童年時期，她雖然有自己的見解，如今，她卻完全活在別人的想法中。」她再也無法知道自己的感受或自己的想法。這是最徹底的孤獨狀態——幾乎與自己自主的有機生命全然隔絕。

那麼，她的治療又出了什麼問題呢？來求助的，明明是一個聰敏的年輕女子，以現代的標準來看，預後應該十分看好。為什麼竟致一敗塗地？我相信見解一定人言人殊，但不妨讓我來談談我的。

談到她的治療，最大的問題就在於牽涉其中的人沒有一個把她當一個人對待——一個值得尊重，能夠自主選擇，其內在體驗自成可資利用、可以信賴的珍貴資源的一個人。

相反地，她似乎被當成一個物件在對待。第一個分析師幫助她看到了自己的感受，卻沒有幫她去體驗它們。這徒然使她更把自己當成一個物件，使她與自己更加疏離，無法信賴自己的體驗並活在其中。她曾說：「分析師可以給我洞察，卻不是治癒。」頗有見地。這位分析師告訴她，她是一個多變的人。她同意他的說法，但確定不是因為她體驗到了這些多變的感受，她只是隨著那已經使她疏離的模式在變化，包括不信任自己的體驗，只是努力想要相信並感受她應該要有的感受及權威要她感受的。

接下來，是圍繞著她的診斷所上演的爭論大戲，很明顯地，這些她都一清二楚。至於她到底是哪一類的物件，醫師們眾說紛紜。有的說她是躁鬱症，有的說是強迫性精神官能症，也有說是憂鬱症。有的說她可以治療，有的說不行。再來，則是令人難以置信的最終決定：有自殺傾向，精神分裂症，治療無望；因此，放她出院，讓她自殺。至少，這項預測說對了。

「我大聲呼喊，但他們聽不見。」愛倫的話在我耳際迴響。沒有一個人把她當個人在聽。童年之外——或許，甚至包括那段時間——她的父母、她的兩個分析師、她的醫生，從來沒有一個人尊重她，傾聽她。在他們心目中，從未把她看作是一個能夠處理生活的人，一個可以信賴自身體驗的人，一個深層感受值得接納的人。正因為這樣，她又怎麼能夠傾聽自己，尊重自己內在的體驗呢？

「我完全孤立。坐在一個玻璃球中，透過玻璃看著外面的人。我大聲呼喊，但他們聽不見。」她呼求人與人的關係，何等急迫！布伯所說的「面會治療」（healing through meeting），她從未體驗過。沒有人面會她，如實地接納她。

讀這件悲慘的個案令我憤怒，但也令我鼓舞。憤怒的是，這樁悲劇糟蹋了一個活生生的人；鼓舞的是，我覺得我們在這些年中已經學到了很多，如果愛倫·韋斯特今天來找的是我，或許多我認識的治療師，她一定會得到幫助。這裡就讓我來談談這種可能性。用一種最生動的方式來說，我假設她是在二十四歲那年來看我。就是在這個時間，她開始尋求醫療協助，因此，說她今天會來求助於心理醫師應屬合理推斷。這也正是她因父母的堅持，與所愛的學生分手之後。

對這樣一個年輕女子，沮喪、不快樂、憔悴、厭食，單單是讀她的個案，我也覺得自己可以毫無障礙地接納，可以感覺到她的真我及潛能，願意盡我所能成全她這兩方面，或其中一樣。

我很確定我們的接觸將會以下列的主題開始：「我很沮喪，莫名其妙地沮喪。」「我無法忍受孤獨，但不知道為什麼。」「我討厭自己胖，一定要瘦下來，但同樣地，不知道為什麼。」「我真的很愛這個學生，但又覺得我們不適合，爸媽都覺得他不是搭配我的男人。」一旦瞭解了這些感受，並接納她這些感受確有其事，其他的想法縱使欲語還休，也會跟著透露出來：與未婚夫分手而感到沮喪；對他的愛依舊強烈；對父親的怨恨（一種可怕的感覺）。慢慢地，一點一點地，她會發現她能夠體驗到自己的感受，對父親既愛又怨，對我既喜又厭，對獨立生活既害怕又渴望，既想做個男人又想做個女人，既渴望是個豐滿強壯的能幹妻子，又渴望是個結實、卓越、拚勁十足的社會改革者。她可以體驗到自己對吃與豐滿的渴望與嚮往，以及對肥胖、難看與友朋奚落的恐懼。一如她曾經所說，她會說：「我害怕自己，害怕那些每時每刻綁架我的感受。」漸漸地，她可以無礙地體驗所有這些感受，體驗所有這些她自身的要素。

她會發現其中一些感受確實可怕。對於一個獨立的人來說，隨探索與體驗而來的風險、刺激，正是這些可怕的要素之一。我的一位案主在一段陳述中，就吐露了愛倫也可能會有的這種認知。她是這樣說的：

> 我飽受驚嚇……好像被割裂，脆弱不堪……但仍然感受得到力量，現在內心就感受到一種急遽的提升，或推動力……某種沛然澎湃的東西。然而，一開始，卻只覺得孑然一身，彷彿身邊所有的支撐都離我而去……（停頓）現在卻覺得，還有更多的事情正等著我去做。

這個例子就是我所說的：在安全的關係中，以接納的態度充分體驗自己的感受。依我的判斷，這是改變的一刻——或許是生理過程不可逆轉的改變。愛倫如果以同樣的方式體驗這些隱藏的自我，她就會發現自己正在改變。這時候，自我的改變是基於自己有機生命的反應與內在的體驗，而非他人的價值及期待。

她會發現，自己無須跟自己的本性作對，跟自己的感受作對。相反地，她會發現，只要能夠開放對待自己的各種體驗，無論是自己內在的體驗或對他人的要求及態度的體驗，自然就能活得自在穩定。她會發現，只要開放面對自己的體驗，並用心傾聽其意義，自己的體驗自會建設性地引導自己的行為與生活。

當然，這個過程不會是全然平順的。身為一個人，有時候會反對父母，有時候會抗拒社會的壓迫，縱使結果不確定，往往還是選擇行動，這些都會是痛苦的，代價高昂的，有時候甚至是可怕的。然而這一切也都是可貴的：身為一個人，既要做自己，任何代價都值得，更何況還有其他的好處。

在治療關係中得到了完全接納，她會發現，跟自己做更充分的溝通是安全的。她會發現，她的體驗意義有別人能夠理解並分享，自己並不孤單疏離。同時也會發現，在這個過程中，她跟自己交心，她的身體、感受及慾望便不再與她敵對，而是她自己的一部分，是友善的，有建設性的。她再也不會說這樣絕望的話：「我在與自己本性的鬥爭中消亡。」她與自己及別人的雙重疏離將因而得到化解，與自己維持良好的溝通關係，同時也發現，在關係中保有充分的自我是安全的。因此，她自會發覺，在與他人的交往中可以保持更多的自我，並發現這非但不是危險的，反而是更好的，可以在與他人的交往中做真實的自己。

依我的推斷，在這樣的過程中，玻璃牆自會瓦解。她會發現人生充滿風險與痛苦，感受複雜而矛盾，要使行為與之協調無違，她還有無數的腦筋要傷。然而她將活得生動、真實，與自己、與他人都有連繫。她會為自己解決現代人才有的巨大孤獨。

如果愛倫有機會接受以人為本的治療，對於她的治療結果，我會充滿信心及樂觀，不是我不謙虛，實在是我的經驗只能得出這樣的結論。我不確定她一定會像我所說的那樣大有進展，但我有信心，只要能創造一種人對人的治療關係，她定會朝這個方向發展。

就我自己來說，我也從愛倫．韋斯特這個個案學到了一堂課。首先，是我們在每一方面都把人當成了一個物件——無論是診斷、分析，或在病歷中的漠然看待——這些都成了我們達成目標的絆腳石。把一個人物化了，只有在治療生理疾病上有幫助，在治療心理疾病上是不會成功的。只有我們都以人看待彼此，敢於以人的身分建立關係，把他人當一個人地感同身受，我們對別人才有真正的幫助。面對面時，唯有深層交心，才得以化解案主與治療師內在的孤獨之痛。

第九章

建立以人為本的社群：對未來的啟示

前兩章談的是與個人相關的不同面向，這一章則是要來談談我和同業最近從事社群（community）工作的心得及對未來的展望。本章立論的基礎是我們最近幾年推展的研習營。本章的內容及想法，我得益於許多人，特別是瑪麗亞・鮑文（Maria Bowen）、喬安妮・賈斯汀（Joane Justyn）、賈瑞・凱斯（Jared Kass）、莫琳・米勒（Maureen Miller）、娜塔莉・羅傑斯（Natalie Rogers）及約翰・伍德（John K. Wood）。

沒錯，會心團體、特殊與趣團體等小型的深度性治療團體，對參與者來說確實是極為重要的經驗，但是我在這裡不多費篇幅討論他們或他們的活動，與這個主題相關的思考我已經在關於會心團體的書中充分闡述了（Rogers, 1970）。

研習營集會期間，每個參與者所產生的巨大力量，引起我與同業極大的關切。談到這些聚會，儘管我們都稱之為「社群活動」，但實際上在活動早期都還未進入情況，說不上是真正的社群，往往都要到了研習營末期，包括工作人員的所有參與者，才真正感覺自己是社群的一份子。

有趣的是，無論研習營是四天、十七天或更長，其動態都是一樣的。以我看來，那是因為社群都有其智慧，會在期限內利用可用的時間達到可能的目標。對我來說，這種群體智慧令人肅然起敬。

對這類工作坊有興趣的讀者，若想要多瞭解些細節及其實況，可以參考我最近的著作（Rogers, 1977, chap 8）。

——●——

社群的建構

過去十五年來，我和許多來自美國及其他國家志同道合的人投身於社群的建構，從小團體開始，然後發展較大規模，從五十到兩百人左右，偶爾還有更大型的團體，從六百到八百人。我們甘冒風險，把自己豁出去，我們因為自己學到的東西而改變，也犯過許多錯誤。儘管我們身在其中，參與甚深，過程的演變發展卻往往令我們困惑。對於我們的觀察和經歷，我們嘗試提出不同的設想，但說到結論，都還只是假設的階段。

然而，有一個核心要素卻非常清楚，就某些基本面來說，在提升短期團體的建構上，我們已經更有效能。在這些群體裡，多數成員不僅敏銳地感覺得到自身的力量，也感覺得到他們與所有成員之間緊密且互敬的連結，其持續不綴的效應，整體來說，基本是精神上的，包括越來越開放的人際溝通，逐漸提升的一體感及集體的和諧。

在這些團體中，我們集中力量營造一個環境，參與者得以自己做選擇，可與他人平等參與籌畫或舉辦活動，可以更自主及更自發，作為自己生活的締造者。這樣做的目的完全在於賦予個人自主，因此，我們認為我們的方法是以人為本的。

背景

這裡我必須要說明的是，此一思想雖然是我的論述基石，卻不是社群形成的唯一基礎。社群始於史前時代，我們的老祖宗為達成共同目標就已經攜手一同狩獵，後來一同農耕。美國印地安人的社群以哲理與儀式為基礎，其所立下的典範，直到今天我們仍在受益。文明最早的社群形成於河流或港灣沿岸，這些地方的交易活動將人們拉到了一塊。在美國，柏拉圖式的社群都是以奇魅型領袖或宗教理念為中心形成，別的不說，只要看看阿米希（Amish）[1]，就可以瞭解這類群體的生存力有多強。在中國，數千年來，團體一直都是農

1 編註：阿米希人（Amish）是基督新教重洗派門諾會中的一個信徒分支，拒絕汽車及電力等現代設施，過著簡樸的生活。

村生活的一部分，從歷史上看，自中華人民共和國一九四九年建國以來，在集體目標的達成上，社群的角色就非常顯著，整個有機生命體（國家或民族）的福祉是至高無上的，個人的自主不受重視，每個人從小就清楚認知，個人只是一個大有機生命體的一個細胞而已。

然而，西方文明走向完全不同，強調的是個人的重要，強調人權的民主思想（個人的自決）才是重點要素，在這樣的土壤裡，發展出來一種特別的存在哲學，亦即我講的以人為本的取向。在這裡，我不談社群建構的其他基礎，只來說說從這種以人為本的哲學所發展出來的經驗。

同樣以人為本，各種社群在不同的場域形成。教師在教室裡可以成立這類實體；許多機關中也有員工團體運用以人為本的取向來發展運作；某些教會以這種模式運行；甚至在產業界，這類社群的實驗也相當成功，只不過有其限制，不使個人成長目標與營利目標形成衝突。總而言之，在我們的文化中，一直都有一種酵母在發揮作用，為個人的尊嚴、能力及自決做出種種努力。作為一種文化，我們正為共同體的未來形勢摸索前進。

以人為本的研習營

從這個大方向出發，最接近純粹社會實驗的經驗，將思想與理論謹慎付諸實施的，就是我與許多同業近年來推行的研習營。在這些研習營中，由於實驗之外少有其他不相干的因素介入，整個過程的力量十分凸顯，使我們有很好的機會體驗並觀察社群的構成。這類研習營並未在現有的體制架構中實施，沒有大學或政府、基金會的贊助，完全是非營利的性質，除了研習營自己建立的條件外，不受其他任何條件的約束，因此值得深入仔細觀察。

基於這些原因，以下的討論完全來自於這些研習營的經驗，我希望透過描述這些也屬社會實驗的活動，能更清楚地呈現基本的有機形式與過程。

很幸運地，我們有機會與性質各異、地域分布廣泛的團體合作。為了思考整個過程，我將引用不同規模團體的經驗來說明，從美國不同地區，特別是東西兩岸，到墨西哥、巴西、委內瑞拉、日本、英格蘭及西班牙。西班牙的研習營，一百七十名參與者來自二十二個國家，堪稱一次刺激的跨文化實驗。

我將細談這些團體運作的過程，但首先還是來談談工作人員在集會前所學到的準備方式。

工作人員的心態[2]

有關工作人員運作的部分，我所學到的東西，最鮮明生動的莫過於一九七四年開始，連續六個夏季與以人為中心研習營同事合作的經驗。這些研習營分別在不同地點舉辦：加州三

2 在這一節段落、及本章其他部分中，我所引用均來自以人為本研習營工作人員所製作的材料（Bowen et al., 1978）。

個，以及奧勒岡、阿迪倫達克（Adirondacks）和英格蘭諾丁漢各一。參與的人數從六十五到一百三十五不等（其中一個研習營的詳細敘述，參閱 Rogers, 1977）。

這些研習營的工作人員相當穩定，成員從五至七人不等，即使偶有變動，精神仍具連續性。一年當中，我們各做各的，但研習營活動之前都會齊聚一堂。至於運作的方式及個人需求的配合則與時變化。

一開始，我們大致上按照過往的經驗看待自己的角色。研習營的籌備會議，大部分時間為活動制定替代方案和設計，譬如採取小組或其他特殊活動。我們希望盡量「給予」最大的選擇自由（儘管給多少還是由我們自己決定）。基本上，我們把自己看成提供不同專長與技巧的專業者，譬如教師及輔導人，全力以赴準備，提供各種不同的學習資源。

工作人員也花時間解決彼此的歧異與摩擦，希望不致讓參與者感覺得到。

漸漸地，身為工作人員，我們都看到了自己全然不同的角色。簡單地說，在我們看來，我們的主要工作就是扮演好自己，因此，在研習營開始前我們先聚在一起，做好我們該做的：

> 我們充分敞開自己——首先對彼此，然後對整個團體；
> 我們準備好探索自己人生新的未知領域；
> 我們完全接納彼此各自的差異；

面對全新的內心旅程，我們敞開胸懷，吸納工作人員及整個團體所激發的新認知。

因此，可以這樣說，這時候我們只是為自己做好準備，比較少關心計畫及材料。我們關心的是工作人員的質地，希望對團體有所助益。我們發現，盡己所能的做好自己——創意、多元、對立、當下、開放、分享——我們才能成為音叉，與參與研習營每個成員的特質共振。

在我們與團體及其成員所形成的關係中，力量及於彼此。我們讓自己「做自己」，也讓別人「做自己」，盡量不叫自己去評斷或操控別人的想法或行為。我們發現，當人受到這樣對待，當他們接納自己時，他們在自我檢討及自我改變上也會變得高度創意及敏銳。

只要我們不說服，不詮釋，不控制，我們在態度上就可以做到無為。相反地，我們會發現自己乃能夠主動地分享自己，分享自己的感受、潛力及技巧。每個人無礙地做自己，無所牽絆。

這樣的心態喚醒了另外一種態度：願意傾聽。碰到失序混亂，或工作人員有所抱怨，或有人表達內心的感受時，我們用心地聽，接納地聽，偶爾傳達我們對所聽所聞的理解。我們特別會去聽反對的聲音、微弱的聲音，以及不受歡迎或不被接受的觀點。如果有人說出了心裡話，卻得不到回應，我們便特別用心地給予回應。如此這般，我們使每個人都得到認可。

我們並不以此為足。儘管身為工作人員，我們繼續探索自我身為一個個人的新面向。這樣一來，我們從最近異於平日生活的親密關係中又學到了些東西，敞開心胸面對自己更加敏銳的直覺與精神層面，進入未知的內在領域。於是，我們也就更能夠幫助每個新的研習營社群——無論個人或集體——深入他們自己內在陰暗隱晦的世界。這一來，每個研習營又讓我們學到了一些意想不到的東西。

這裡舉一個突出的例子。在研習營進行過程中，對於工作人員的構想所思，研習營的成員似乎可以感應得到。有一年，在工作人員會議中，我們深入討論當次研習營的部分課題：性暗示及性行為，並坦率地分享了我們自己這方面的觀點，接下來，研習營開始，未經工作人員任何提示，參與成員第一個談的竟然也是這個話題。正如一位工作人員所說：「我們在工作人員會議中擬定的題目，團體居然莫名其妙地就搬了出來，說起來還真是神祕，我到現在還搞不懂（好像有心靈感應似的）。」

關於我們的運作，這裡做最後的補充：我們是一個完全開放的工作團隊，沒有帶領人，沒有階層組織。領導與責任是共享的。我們是一個緊密合作的團隊，以我們所瞭解的以人為本的態度維持彼此關係。

我自己的收穫

我發現，與工作團隊共事使我獲益良多。

首先，這使我敢於從事自己一個人絕不敢冒的風險。我明白，在研習營社群中，就算我做事有欠考慮，或想要有些創舉卻以失敗收場，工作團隊仍然信任我，接納我，使我敢於嘗試新的及不可能的作為。

以這樣的心態與工作團隊共事，使我覺得研習營不是我一個人的責任，責任是共同負擔的。碰到團體中有事情「出錯」，我不再會整個人緰得緊緊的，大可以安之若素，好整以暇。對工作團隊集體智慧的信任，如今已經成為對整個研習營集體智慧的深度信任。

最後，在這樣一個我可以完全放手、以人為本的環境中，我整個人放鬆下來。在研習營之前為期三、四天的工作團隊會議中，我傾吐自己的問題、困難、感受，可以抱怨，可以發牢騷，可以無所不談，可以洋洋得意，可以迷糊，可以絕望，可以充滿創意，可以批評團隊其他人，也可以滿心喜悅。整個過程使人神清氣爽，充滿療癒，予人難以置信的安全感。研習營期間，工作團隊會議中的這種一體感，也使我們與整個大團體的深入分享成為可能。我們相互回饋受益，驚訝於彼此的創意與獨到；我們彼此感到不滿，就一併處理關係和情況。有的時候，我們彼此挑剔；有的時候，彼此讚美。我們相互學習，一同紓解心情，我們是一個相互扶持的美好團體，我們成為一股催化的力量。

團體的過程

這些工作坊的過程異常複雜，實在難以詳盡論述所有面向，只能略作介紹，不過我認為，有些要素極為重要且有其特色。

整體源於個別

社群意識並非集體行動的產物，也不是遵循團體的方向，事實正好相反，每個人往往都會利用機會成為自己想要成為的樣子，每個人都體驗到個別自身以及與他人的差異——「我」的獨一無二，似乎正是這種個別意識所彰顯的特性，將團體提升到一體意識的層次。

我們發現，每個人不僅把工作坊看成是一個滿足個人需求的地方，也會主動營造環境滿足這些需求。婚姻或事業遇到困難時，每個人都會尋找新的出路，有的人因此有所洞察，而促進了內心的成長；有的人學會了建設社會的新手段；有的人獲得了改善人際關係的技巧；還有一些人，發現了重塑心靈、藝術與審美的新途徑。許多人精益求精、劍及履及追求社會改革，有的人更是集這些特長於一身。做自己的自由，在差異共存中追求自我目標的自由，正是工作坊最值得肯定的一個特點。

一位參與者以詩的形式，優美地勾勒了研習營培育出來的個別性與歸屬感。

人生中第一次，
覺得自己真正是一個獨特的人。
人生中第一次，

覺得我之為我
一切如我所願。
我知道，於一柔軟的核心，
一赤裸的中心，
我身之所在
無須更多。
一切俱足。
從未覺得如此受到確認，
如此受到肯定，
身為一個人。
從不知道什麼是真正的自尊。
你……使我能夠生活
於自在開放，
觸及你的真實。
以前，從不認識自己，
從不認識別人，
於這星期之前。

從未領會過這樣的平靜和力量，
從未成長如此迅速，
懂得如此之多。
從未覺得如此豐美
於對自己的愛
於對你的愛。

另外一位參與者，於研習營數個月後的書寫，把社群源於個別說得再好不過了。

九天中的每一刻，參與者彷彿都在為一幅開展於眼前的複雜掛毯添針加線……有的用線結實，有的用色大膽，有的窗工細織。對我來說，這是精美複雜的藝術傑作，令人敬畏。唯有站到遠方，讓背景單純下來，遙看掛毯全貌，才能充分理解欣賞。縱使如此，它似乎日日都在變化，從未完成，這未完成的部分，正是我在每個意想不到的時刻所得到的洞察。

掛毯用線之複雜多樣，可以看成是每位參與者巨大的差異：同一個團體中，有十八歲的年輕人，也有七十五歲的老婦；西班牙的研習營，有基進的馬克思主義者，也有保守的商人及上班族；有各種信仰的虔誠教徒，也有輕蔑宗教的人；有男女運動員，也有靠輪椅度日的身障者。所有這些人各個不同，全都積極參與，於過程中貢獻一己獨一無二的自我。

混亂與痛苦

講到團體的發展，我可不想說得好像什麼都一帆風順。剛開始的階段往往一團混亂。一般來說，沒有人相信研習營的計畫是由大家一起參與制定。參與者不信任工作團隊（在西班牙的國際研習營，人們對美國及其經濟帝國主義都沒有好感，連帶及於美國籍的工作團隊和參與者）。由於缺乏體制，一片混亂，因為沒有計畫，工作人員飽受批評——參與者寧願不要自己的權力。有時意見嚴重分歧，儼然你講你的，我講我的，完全搭不到一塊。當成員想要掌控團體或「當老大」時，對抗與抓權更為明顯。碰到如何分組，幾乎每個人都有意見，鬧得不可開交，提出來十幾種方法，全都被否決。類似的事情，諸如特殊興趣分組，同樣的紛爭一再上演。

然而多虧工作人員與許多參與者多方努力促成，大家逐漸開始彼此傾聽，變得相互理解和尊重。一旦開始探索自己及相互的人際關係，無論大團體或小組，氣氛都變得水到渠成。

隨著探索的深入，也帶來了極大的痛苦及焦慮，幾乎沒有例外。痛苦或起於個人對自我的審視，或因自我認知改變而帶來的恐懼，或為關係改變而生的悲傷。那位在研習營結束後以詩句書寫自我成長的婦人，也寫下了這段過程：

攀抓滾爬，驚嚇害怕
哭喊發自肺腑，
雙手傷痛淌血，
爬下堵堵粗糙高牆，
恐懼莫名，
進入深淵，
越下越深，
尋找某個失落的人，
那個我最珍視的人，
正急墜而下，需要救援……

另外一段文字，出自一位參與者的日記，寫出歷盡了煎熬，才發現有人理解是何等令人寬慰的事。

我感到很掙扎。一方面是為今天上午處理桃樂絲與保羅的情況，覺得自己做得不錯而感到欣慰；另一方面，卻又氣自己被這件事弄得心情惡劣到了極點。同時，又怕事情似乎還不夠圓滿，焦慮緊張到難以承受，渾身痠痛，淚流滿面。衝過大廳，進入小組開會的房間，打斷會議的進行，說我遲到了，因為我真的精疲力竭，受夠了。「我還沒從昨天恢復過來，今天的壓力又來了。你們做全職諮商的要付出多大的代價，我總算是體會到了！」

然後，喬治說：「派蒂，妳必須要學會照顧自己才行。」聽到他這句話，一股平靜感流遍全身，多溫暖，多療癒。來得正是時候。

因此，在團體裡面，有挫折，有懷疑，有憤怒，有嫉妒，有失望。個人方面，有改變帶來的痛苦，有難以應付的模稜兩可，有恐懼，有孤獨，有自我貶抑。但無論團體或個人，痛苦都是過程的一部分，不僅有自己的參與，其中自有信任，縱使那一刻連自己都說不出個所以然來。

價值選擇的基礎

在研習營的過程中，參與者會在價值選擇的基礎上做出改變。以權威為基礎的價值、以個人外在為來源的價值，全都會逐漸減弱；體驗到的價值則會逐漸增強。無論父母、教會、國家或政黨，一切他人說是好的、有價值的，都會逐漸遭到質疑；經由體驗感到愉悅且有意義的行為及心態則會逐漸強化。價值判斷的標準越來越植基於人，而不是書本、老師或教條。價值的核心在於人的內心，而不是外在。

因此，個人越來越傾向於遵循自己內在所形成的標準，之所以如此，關鍵在於懂得這些標準立基於不斷變化的經驗，是一時的而非不變的，是寫在人心上的，而非刻在石頭上的。

決議的過程

在這類大型團體經驗中，有一事頗令人驚訝：任何決議所衍生的問題都極端複雜。日常生活中，行為都由權威規範，若非權威觸怒我們，我們多半會服從遵守，縱使私下有所抱怨，大體來說，大家都接受規範，各種心理反彈都隱而不宣。

然而在研習營中，每個人都感受得到自己的價值，可以自由表達自己，情況顯然就複雜得多。以研習營的分組為例，有人提議：「由大家來抽籤，抽到『一』的一組，抽到『二』的一組。」會出現各式各樣令人難以想像的反應，有支持者、反對者，也有建議稍加變化的人，更有例外者。有人發現既沒有一也沒有二，但很多人對此的反應，則是看來一切都是設計好的。往往在團體幾乎都要達成共識之際，偏偏就有人跳出來說：「但我不喜歡，因為不適合我。」

這樣一種達成目標的過程，其實往往看起來都是既累贅、複雜、煩人又充滿挫折的。不管怎麼說，難道要考慮到**每個人**的想法嗎？團體沉默的答案是，是的，每個人都有其價值，每個人的觀點與感覺都有被納入考慮的權利。當你觀察研習營運作的過程時，其令人驚嘆的特質就逐漸顯露出來。每位參與者的願望都受到重視，因此，沒有人會覺得自己遭到排除，於是，慢慢地，優雅地，耐著性子，一項照顧到每個人的決定誕生了。達成一項決議的過程中，每個人的貢獻都顧到了，想法都受到尊重與重視，以整合成最後的計畫。團體的智慧無與倫比。

過程看起來緩慢，參與者抱怨「我們在浪費時間」，但團體的智慧知道此一過程的價值。正是此一過程，將一個社群綿密地編織成一體，其中每個微弱的聲音、每個細微的感受都受到尊重，都有其地位。

超越性

就我的觀察，社群形成過程還有另一個重要特質，亦即其超越性，或精神性。這類字眼，若在早年，我是絕對不會使用的，但團體的最高智慧，一種近乎心靈感應的現象，有「某種更巨大力量」存在的那種感覺，似乎唯有這樣的字眼足以形容。

這裡舉一個例子。一位參與者在研習營結束一段時間後，寫下了這樣的想法，極具說服力：

我發現那是一種深刻的精神體驗。感覺得到社群精神的一體，我們一同呼吸，一同感受，甚至為彼此說好話。感覺到有某種「生命力」注入我們每個人，「我」或「你」的區隔為之消失，有如一種冥想體驗，覺得自我意識的中心成為廣大宇宙意識的一部分。然而，隨著這種不同尋常的一體感，每個人的個別性卻又前所未有地得到了保存。

一個矛盾及其可能的解決

我已經為社群的建構做了概述，指出其複雜過程的各個面向。這裡則要請大家把眼光轉到另一個焦點上——我們感受的基礎之一：我們西方文化一個特別不同的面向。

我們是一個極端矛盾的部分。一方面，我們要求自足、獨立、私密。每個人都「需要」一輛車，以便人人都無須安排行程，或影響別人的需要。家裡要有一台洗碗機，好讓家庭成員不需要在洗碗這件事上共同分擔。每個家人各有各的房間，即使不是絕對「必須」，也是追求的目標。搭火車或公車通勤，我們埋首報紙或書本，免得和鄰座的人溝通。很明顯地，私我無上限。我們的口號是葛麗泰·嘉寶（Greta Garbo）的名言：「別來煩我。」誠如菲爾·史拉特（Phil Slater, 1970）所說，我們追求私密與自足，無所不用其極。

然而在我們的研習營卻完全相反，不認識的人住在一起，毫無怨言，有時候，十幾個人共用不舒適的宿舍，還拿來打趣。男女共用公共浴室被視為增進溝通的好地方。在特別深入性的研習營中，一日之內，人際接觸十八至二十小時稀鬆平常，大家卻覺得刺激，有著正向感受。每次的研習營結束，離別總是依依不捨。在研習營中，所有計劃之制定，就是要在團體支持下維持持續的緊密連結，盡一切可能維持這種深度交往，而這正是日常生活極力避免的。我們希望維持人際的共享、坦誠的回饋、開放的面對，這些也都是日常生活中我們避之惟恐不及的。

這樣的矛盾又做如何解釋呢？說起來其實不難理解。我們拒絕表面的交流——閒聊、瞎扯、應酬打屁、從政治到棒球沒完沒了的爭論，為避免這種「時間的浪費」，我們避開了這類表面的交流。

然而還有更多無法解釋的。在西方，我們耽溺於徹底的個人自足，不需要任何幫助，除了極少數選擇性的關係，可以做到徹底的私密。過去的人類歷史上，這種生活方式完全不可能，但是現代科技卻成就了此一目標，私有的房間、汽車、辦公室、電話（最好是號碼不公開的），食物與衣服購自非個人的大型商場，有自己的爐具、冰箱、洗碗機、洗烘衣機，有了這一切，我可以不和任何人密切接觸。至於按摩院及應召女之於男人、「牛郎」之於女人、男女通吃的「單身酒吧」的存在，甚至連性方面的需求，都不要任何親密關係就可以得到滿足。個人生活的極致私密就此大功告成，我們做到了。

只是我們付出了代價。與社會脫節的年輕人變成罪犯，犯下冷血的暴力。我們從私密的中年期，「步入」孤獨的「老年」。在我們的現代社會中，無論年少、年老，幾乎完全無有所用，以致強烈意識到自己的無用，無以安身立命。他們獨來獨往，他們孤立，他們沒有希望。

我們的研習營參與者從十八歲到七十五歲，不曾有那樣強烈的感受，卻似乎深知疏離擺邊過甚之弊。我們發現，重視深切的親密關係使我們得以成長，使我們有力量在社會中有所作為。我們為他人悲苦，為彼此歡喜，我們願意忍受各種不舒適，只為了共聚一堂。我們欣然彼此滋養。在社群的大我中，我們發現自己的私我不再，也同時發現，我們的自我意識更為深沉，更為穩定。

一些未解決的問題

儘管我相信我們的經驗對未來具有重要的影響，但還是有些問題有待妥善解決。這裡我簡述如下：

一、我們的經驗幾乎完全侷限於短期社群的組成。我們還需要更多常設團體的經驗，譬如我們的研究中心。

二、我們在團體方面的成功只是局部的，成員受限於他們的選區，表達的是「政黨路線」。但是這種情況有時候是可以克服的，譬如大衛營經驗（一九七八年九月六至十七日）對埃及總統沙達特及以色列總理比金的驚人效應，他們都暫時放下了自己的身分，以人的角色交談並擁抱彼此。

三、我們還不確定自己是否有能力處理暴力的革命，即恐怖主義，儘管在一個來自貝爾法斯特、包括天主教及新教民兵的團體中，我們已經在朝這個方向努力（參見

McGaw, Rice & Rogers, 1973）。

四、「重返的問題」仍有待解決——有人在回家後，就把在研習營所學到的東西拋諸腦後了。在這個潛在的問題上，我們在研習營結束前就加以討論，組成支持網絡，得以在之後繼續運作，目前獲得相當成效。

對未來的影響

權力的新典型

展望我們的工作，對未來影響最重大最深遠的，或許還是我們的存在心態，以及我們身為工作團隊所扮演的角色。營造一個環境，使權力得以共享，賦予個人力量，相信團體有能力處理問題，這在日常生活中是聞所未聞的。在學校、政府、企業及公司，普遍的觀點無非認為個人或團體都不值得信賴，所以要有高高在上的權力加以控管。階層制度乃是整個文化所固有，甚至在教會中，基本上人也被視為有罪的，需要接受訓練與指導。在心理治療的領域，精神分析師也抱持同樣觀點——個人充滿無意識衝動，若不加以管制，將造成重大的社會混亂。

西方文化的典型是人性本惡，因此，必須接受權威的教育、指導及管控。

但是越來越多人本心理學家的經驗卻告訴我們，無論對個人或社會，另有一種典型是更有效也更有建設性的，亦即只要給予一個適當的心理環境，人類是值得信賴的，是主動開創的，是求好心切的，可以釋放意想不到的潛能。

第一個典型——對性惡的管制，已經將文明帶到了災難的邊緣；至於第二個典型，人類社會得以見到其效果嗎？看來這還是人類得以存活的唯一希望。

解決國際衝突的機會

獲悉歐洲共同市場的九個國家選出了四百位代表成員，組成歐洲議會時，我不禁心懷期待。根據報導，歐洲議會的功能象徵性高於實際治理，儘管如此，這個行動仍然打開了機會之門，因為這些成員不會受到「政黨路線」的約束，可以表達自我。我深信，如同我談過的西班牙跨文化研習營，來自二十二個國家的成員組成一個和諧團體，在此一由不同國家組成的議會中，一個稱職的國際團隊同樣可以做到這一點。我們不妨想像一下，這樣一個國際議會的成員如果做到了彼此傾聽，彼此理解，彼此尊重，凝聚團體合作精神，人本優先於權力，其影響之重大將是無與倫比的。當然，我並不是說如此一來所有的問題都將迎刃而解。事實上也不可能，然而，不論緊張與要求嚴峻到什麼程度，在一個人性的、相互尊重的環境中，問題的解決都會比較容易。

用我們的專業知識建構社群有助於解決並化解跨文化的、國際的緊張，這只是一個例子而已。目前有一項處理阿拉伯—以色列關係的計畫已經蓄勢待發，雖然能否付諸實施仍有問題。在一個團體中，無論其成員之間如何敵對仇視，只要能共聚一堂，採用我們的態度及技巧，當可使之朝彼此尊重的方向邁進，最終成為一個社群。

教育的重要性

如今，以人為中心的教育模式已進行許多實驗，我會多用一點篇幅來談談，如果應用我們今天的知識，未來的教育會是一幅如何的風景。

首先是，可以建立一個信任的環境，使好奇心、天生的求知慾得到滋養和強化。學生、教師，乃至行政人員得以不受限制，在與學習相關的各個方面進行參與式決策。群體意識得到發展，今日的惡性競爭不再，取而代之的是合作、互敬及互助。將會成為一個學生可以肯定自我、培養自信及自尊的場所。將會成為一個學生與教師發現自我內在價值的地方，認知美好人生繫乎內在資源，而非取決於外在。

在這樣的教育群體中，學生得以發現智力探索與感情探索的樂趣，進而成為一個終身學習者。

這絕不是「空中畫餅」之說，我們擁有達成所有這些目標的專業知識，只是以西方文化來說，是否會選擇實施仍是未定之數。

新的認知層次

我曾經說過，在我們的研習營中，高昂的團體精神乃屬司空見慣。對於未來，這又代表什麼呢？回答這個問題，我覺得有人比我更適當。

誠如觀念史學家朗瑟羅・懷特（1974）所說，在新的發展中，一股潛伏於社會大眾心意識中的暗流通常都會逐漸茁壯，看似突然爆發，於不同的地方與國家成形，沛然莫之能禦。就此來說，我相信在我們這個星球上，毀滅性的力量之外，也有一股潮流在逐漸增強，將人類的意識帶領到一個新的層次。到了那個階段，整體療癒會成為普遍的關注，個人內在未開發的精神力量會獲得認可，神祕的、無法以言語表達的溝通在團體中會成為尋常可見；宇宙間最強大的趨勢不是凌駕一切的力量，而是愛，將隱然得到認可。有關人與宇宙關係的一系列新看法何時或能否全然開展，我無法預測，但我卻要指出一項事實：在我們的研習營中，和諧的群體意識增強了此一潛流的每個源頭。我們的研習營經驗，加上此一潮流在許多方面的展現，就我看來，人類的意識或許正朝一個全新的方向挺進，與今日的大相逕庭。

實驗性模型

我們的研習營社群，或任何以人本主義、以人為本哲學為基礎的類似努力，只要有任何機會，都可以直接影響重大的世界事件及世上的芸芸眾生。這一點我深信不疑。

我相信，我們推展的實驗性模型，只要社會願意接受，可以用之於更大的範圍。即使就長遠來看，我們的貝爾法斯特團體對動盪的愛爾蘭局勢影響雖然有限。但恰如一位貝爾法斯特的觀察家所言：「如果在貝爾法斯特的每一個街區都有一個這樣的團體，情況將會大為改觀。」

我以為我們必須耐心等候，等到社會願意。一旦我們的文化厭倦了無止盡的屠殺夙怨，失望於以武力及戰爭為手段帶來的和平，不滿於嗷嗷眾生的生不如死——唯有到那個時候，我們的文化才會迫切期望其他的選項。到這個時候，人們將不會空虛失望；他們會發現，夙怨世仇的解決還是有方法的，建構社群可以不需要犧牲未來與人的創造力；他們會瞭解，已經有人在小範圍中嘗試運用方法，可以促進學習，推動新的價值，提升意識至意想不到的新水平；他們會發現，個人與團體的存在，原來也可以無涉於管制，和諧的社群可以建立在相互尊重，與促進成長的基礎上。依我看，身為以人為本思想為導向的人本主義心理學家，我們的基本貢獻在於，我們已經建立的小規模工作模型，只等我們的文化準備妥當，便可以採用實行。

第十章

六個短篇

我從細微而強烈的經驗中往往學到最多，這些經驗不僅讓我看清自己工作的不同面向，也為我生動地闡明了一些較為抽象的以人為本取向的概念。通常我都會筆記下來，一方面利於保存，一方面可以用到相關的人身上。這裡我集結的六次經驗各不相同，也各有各的重點。這些都是真實故事，但也都有著虛構的成分。對我個人的成長及工作信心都非常可貴。

第一篇，〈我迷失了自己〉，包括一位年輕婦人的來信，寫的是她的治療經驗。我不認識這位女士，也不認識治療師，但是整封信內容堪稱是一座個人治療的金礦。〈洞穴〉，個人色彩強烈，也是一封信，寫的是一個人內心的空虛，一旦受到了接納，卻成了一件豐富而充實的事情。這篇也談一對一的治療關係。

〈南希的悲傷〉，談的事情迄今記憶猶新，講的是我女兒、南希及其他幾個人在一個大型以人為本研習營中的故事。工作坊的宗旨在於促進人的成長及社群的建立。〈當我們同在一起〉，講的是一個會心團體的長期效應，故事詳實可信。最近與同事談起我們在私人信件與接觸中所擁有的豐富資料，即使只是一個周末團體，其影響也甚為深遠。在這個個案中，其影響見於一系列「快照」，以研習營一位參與者的初始體驗為始，結束於九年後我收到她寫給我的一封信。

〈保全人員〉，談的是為成立社群所散發出來的熱情。這樣的故事不乏其例，這只是其中之一。我們於不知不覺中影響了別人，而這些人與研習營並沒有直接的關係，由此不難想像影響力之強大。

〈兒童研習營〉，將我們帶回到殘酷的現實。敘述了幼童對以人為中心環境的反應，讀來令人欣慰，此外，也清楚呈現了傳統方式——特別是傳統權力結構——受到威脅時，人們所表現的恐懼及抗拒。

對我來說，這一章別具一格，無異於一束鮮花，色彩繽紛，香氣濃郁，分別採摘自我們在本書中所談過的各個領域，包括關係的品質、改變的內在體驗、深度性團體治療的影響、社群扮演治療師的角色，以及一個工作坊綻放的令人意想不到的光亮。一路採摘下來，我逛遍了花園。此刻獻給各位，有如多年來收集的花束，我心歡喜。

—●—

I・我迷失了自己

親愛的羅傑斯博士：

我不知該如何介紹自己，也不知該怎麼解釋為什麼寫這封信，所能說的，就只是我剛讀了您的大作《成為一個人》，令我印象深刻。說起來就這麼巧，因為我正需要一些東西來幫我找回自己。若不找回我自己，就別說什麼幫助別人了。

我認為，高中時期我就開始迷失了自己。那時候，我常想去找一份幫助別人的工作，但家人堅決反對，我想，或許他們是對的。四、五年過去，在每個人看來，一切都很順利。但大約兩年前，我認識了一個男孩，覺得還滿理想，大約過了一年，仔細檢視我們的關係，發現自己樣樣事情都是照著他希望的樣子，自己不再是自己。我這個人一向情緒化，有很多感覺卻總是理不清楚，也說不出個所以然。未婚夫說我喜怒無常，一會兒說好，一會兒又說不。就這樣一番檢視，我明白，自己並不開心，因為我沒在聽自己真正的情緒。

我優雅地結束了這段關係，想要把那些失落了的碎片都找回來，找呀找呀，幾個月過去了，我發現，自己有著數不完該處理的問題，全都糾成一團，無法分開。我開始去看一位心理學家，目前仍在接受治療。他幫我找回了部分自己，都是我未曾意識到的。

某些部分按照我們的社會標準是不好的，但我覺得對自己卻是好的。看了這位醫生以後，我覺得更沒有安全感而且困惑，但又覺得輕鬆不少，對自己也比較有信心。

特別記得有一個晚上。白天和心理學家看過定期約診，回到家覺得很生氣。氣自己想講一些東西卻不知道怎麼說。到了晚上八點，覺得害怕，心浮氣躁，便打電話給他，他要我盡快去他的診間。到了那裡，我哭了，至少一個小時，然後開始說話，直到現在都還不知道自己講些什麼，只知道心裡有那麼多的痛苦和憤怒不斷跑出來，竟都是自己從來不知道的。回到家，彷彿有個陌生人住在我裡面，幻想自己有如州立醫院的病人。這樣的感覺持續不斷，直到一天晚上，坐著想著，才發現那個陌生人就是我一直在找的自己。

我注意到，打從那天晚上起，對我來說，人們不再陌生。如今，生活彷彿才真正開始。此刻我獨自一人，但不再害怕，而且不需要做什麼事情。我喜歡面對自己，跟自己的想法及感受交朋友。如此一來，我也懂得了欣賞別人。特別是一位老先生，他病得很重，使我覺得自己活得很好。他接納任何人。有一天他告訴我，我改變了很多，依他的看法，我把心打開了，開始愛了。我以為自己始終都愛著家人和朋友，我這樣告訴他。他說：「他們感覺到了嗎？」我承認，與其說愛，憤怒與痛苦恐怕更多些。

還有其他方面，我發現自己的自尊心不夠，我自卑。現在，我總算學會了真正喜歡自己，內心終於得到了平安。這都得要感謝您。

這封信裡有許多關鍵陳述把她的感受及心態表露無遺，這裡且容我做一番改述解讀，並盡量從人格成長與改變的角度切入，提出一般性的解釋。

我迷失了自己。她的感受及其意義遭到否定，使她發展出來的自我有別於自己真正感受的自我，因而越來越不認識自己。

按照自己的體驗，我知道自己想要做什麼工作，但家人卻告訴我，我不應該相信自己的感受是對的。這一段話顯示，她的自我認知出了很大的問題。她用父母的想法取代了自己的感受，以致否定了自己的生命體驗。在這件事情上，她之所以內化父母的價值，關鍵在於長期以來她已經習慣於內化他們的價值。她越來越不信任自己的感受，她的自我價值感也就隨之逐漸衰減，到頭來，自己的體驗或自我對她來說也就失去了價值。

在每個人看來，一切都很順利。這話裡的意思可多了！當然，對那些她要取悅的人來說，一切都好。這個偽裝的我豈不正是他們所要的。只有在她內心深處的某個地方，隱隱約約有著不安。

自己樣樣事情都是照著他希望的樣子。這裡，又來了，她否定自己所感覺到的一切體驗，擺明了她不再真正擁有自己，只想做個別人要她做的自我。

終於，我的生命開始反抗，我試圖找回自己，但若無人幫助，我自己無能為力。她終於反抗了，為什麼？她開始審視自己與未婚夫的關係，為什麼？我們可以把這種反抗歸諸於實現傾向。此一長期受到壓抑的傾向終於自己站出來了。但不管怎麼樣，由於長期否定自己的體驗，由於她生活所憑藉的那個自我極端背離自己的生命體驗，若無別人的幫助，她無法重建自己的真我。由於落差實在太大，求助的渴望於焉而生。

現在，我找回了自己的體驗——若照社會、父母及男友的標準，有些是不對的，但在我自己看來，全都是有益的。過去，評價的重心一面倒向父母、男友及其他人，如今，她取回了自己的發言權。她的感覺，她的體驗，無論有或沒有價值，決定的人是她自己。她才是評價過程的中心，以她自己的認知為準。社會也許不認同，但她信任自己的評價，覺得那對自己是有價值的，有意義的。

當曾經排斥的體驗大量浮上表面，重要的轉捩點出現。我感到害怕，感到焦慮。當認知到被否定的體驗，焦慮隨之而起，因為這些以前不被允許的體驗開始有了意義，對自己過去一直作為生活憑藉的自我架構形成挑戰，要求改變。任何自我認知的劇烈改變往往都是一種威脅，引起恐慌。縱使不知道結果如何，但仍會隱約意識到威脅。

當被否定的體驗破繭而出，我會因為自己過去完全無視於它們而感到難過和憤怒。若非受到壓抑的感受破繭而出，多數人不可能意識到它們的存在。任何危及自我認知的感受，每個人都會加以阻斷和否定。

我以為自己瘋了，因為有外人住在我裡面。自我認知劇烈改變時，其部分會完全崩塌，這種感覺非常可怕，將之說成有陌生人住在她裡面，是非常精確地描述。

我這才漸漸瞭解，這個陌生人才是我的真我。她發現，那個她曾經以為是自己的我——

順從、聽話、活在別人的話語、態度及期望中——並不是她自己。而這個新的我，看起來卻如此陌生，是一個活在傷害及怨忿中的我，一個被社會視為不對，外加胡思亂想與情愛的我。隨著自我探索越加深入，很有可能她會發現，有些怨忿是指向父母的。傷害的來源則是多重的；有些感受和體驗，社會視為不對，她卻覺得美好且感到滿足，有可能與性有關聯。不管怎麼說，那根植於自己深層意識中的體驗，才是她真正的自我。關於這一點，有人是這樣說的：「我開始傾聽自己的體驗，讓它告訴我它的意義，而不是把我的意義強加於它。」人的自我認知越是根植於當下所感受到的意義，越是一個整合的人。

我喜歡面對自己，跟自己的想法及感受交朋友。這裡說的是，她長久以來遭到剝奪的自尊及自我接納甦醒了。她甚至感受得到對自己的愛。這種改變具有一種奇妙但尋常的效應：如今，與他人相處時，她更能夠自在，更能夠欣賞對方，也更能夠真心相待。

我把心打開了，我開始愛了。她會發現，她比較敢於表達自己的愛，同時，也更敢於說出自己的憤怒及傷痛、自己的好惡及自己的「胡思亂想」（以後有可能證明是創意）。她處於改變的過程，揮別心理失調，與他人及現實建立一種更健康的關係。

終於，**我內心得到了平安**。若是一個完整的人，其內在是穩定和諧的，但她若以為這是一種常態，那就錯了。相反地，對自己的感受，若是真正敞開接納了，她還會發現另一些被自己否定而隱藏起來的面向，如此一來，不安與焦慮再次升起，或一時或數日，唯有她修正改變自己的心態，予以吸納消化才會平息。她將會發現，自己的感受機制與自我認知之間日趨一致的成長，乃是一種探險，既令人興奮，有時候又令人困擾，但絕不會終止。

II．洞穴：治療的體驗

親愛的羅傑斯博士：

讀這封改了又改才付諸打字的信，從語氣上來看，我是把您當成朋友了。起先我還覺得冒昧，但想一想，卻又是理直氣壯。過去三年，特別是過去的一個月，我的遭遇在許多方面都要算到您的頭上。沒錯，我覺得您是一個朋友——我的事情無論您聽多少次，您都會明白，對我來說都是不尋常的。我也知道，關於我自己，或許應該說我的外在生活，我並沒有跟您談過太多。但這可以等。重要的是事情本身。

大約一個月前，我和我的治療師（喬伊，您在芝加哥的學生）正處於極端對立時期，我去找了一些您的著作來讀，目的是要收集彈藥痛擊喬伊，諸如：「啊哈！看這裡，我的狀況，你的羅傑斯是怎麼說的，你又是怎麼說的！你們這些無所不能的正常人也該過一下這樣子的生活。」一場失敗的戰鬥，只剩最後的一口氣了（如果我還不能拿您來刺激一下喬伊，畢竟他是您帶出來的，我就只有投降了），別種攻擊形式根本動他不了分毫。

這，就是我的目的。但是，羅傑斯博士，我的生活一團混亂，從未這樣徹底絕望過。讀您的大作，越是往下讀去，越覺得自己的體驗有點像是所謂的開悟。才讀沒多少篇幅（《成為一個人》第三章，〈協助關係的特徵〉），找到的不是什麼對付喬伊的彈藥，而是一種感覺，我們在漫長而困難的三年治療中所碰到的掙扎，彷彿一下子豁然開朗。再繼續讀下去，包括三本書及許多文章，我找到了一種思想，對我來說完全可以理解與接受，如我先前所說的，幾乎就是開悟。

這裡且不急著談我要跟您分享的事情，先來談談喬伊吧。儘管我的突然開悟有賴於您的大作，然而若不是喬伊為我（與我）所做的努力，以我這樣靜態的一生，全然無所用心，我也不會知道您，更不用說瞭解了。且不談他偶爾會把他的羅傑斯思想跟艾利斯式（Ellisian）[1]的批判混到一塊（兩者擺到一起很怪，但明顯對我有效），但在成功的治療關係上，您認為必要的每一項概念，這位先生倒不失為一個具體的代表。他表裡一致；他有同理心；他給予我無條件的正向對待；治療中，某些對我最有益的時刻正是那五至十分鐘的靜默——雖然我不明所以——其間的平安幾乎觸手可及，因為我們心意相通。最後，他始終不懈，即使歷經痛苦及灰心，他仍然穩定不輟。

對喬伊的感激畢竟是次要的。最重要的是，透過您的書寫，我第一次瞭解自己到底是怎麼回事。在我看來，這就是讓我屏住呼吸，迫切地想要跟您溝通的原因：突然弄清楚了自己真正想要的是什麼，目標已定，縱使迫在眉睫，卻只有模糊的概念。在治療筆記及晤談中，我一再重複「成為一個人」這幾個字。對您的工作卻只有模糊的認知——

我知道，喬伊基本上是個羅傑斯派——也知道他善於傾聽，經常能夠釐清我尚在摸索卻又搞不太懂的理念、概念及感受。但是關於成為一個人，我只知道我也想要，卻不知道您已經窮盡一生為我找出了方向。

最有價值的莫過於您已經讓我知道，我們這三年辛辛苦苦在追求的無非就是感受的能力——或許這只是我自己的想法（我總是聽喬伊的）。突然間，我發現自己能夠感受了——快樂、沮喪、感動、悲傷、熱情——任何感受都沒有必要排斥或否定。如果是好的，心存感激，不要擔心它會跑掉；如果是不好的，心存感激，不要讓它糾纏不去。人生無常——總是在流動在變化——變動不居，我也是變動的，可以隨之改變。

這種新的感受能力帶來了某些重要的領悟。舉例來說，第一次讀您書中晤談的片段，看到人們開始體驗而不是認知，能夠清楚描述自己的感情、感受及內心的意象，我不禁心有戚戚。換成我審視自己，有的只是一片空白。不見牆壁頹塌，不見洪流奔騰，不見岩層剝離，就只是一個洞穴，空空洞洞。突然間，福至心靈，我停止認知洞穴——嘗試放些東西到裡面。於是，我**感受**：「是的，我的裡面是個洞穴，空空的，打掃乾淨了，就等著填些體驗和感受進去——它在等我。」一旦承認洞穴，它就開始填充，心象、體驗及感受不斷。我每轉個身，就向前跨出一大步。有兩次，我一定要告訴您——

1 這裡指的是亞伯特·艾利斯（Albert Ellis），理性情緒治療創始人。

第一次，還有另一次，在我看來，都是最棒的。

第一步是最戲劇性的——或許，是第一步的緣故吧。正是在書中找到了您時，我要去開個會。一件我壓根沒什麼指望的事，職務在身，不得不去。但我先一步碰到了您，想法整個扭轉，結果立即可見，簡直令人驚訝。我是獨自一人去的——在我理性的字典裡，那就是孤獨的同義字。但突然間，隨著我發現的那個新我，理智退場了，我預期有好的體驗，果然不錯。我不孤獨；老朋友見面，一見到我，他們開心，一如我見到他們，此外，還有新的互動，有趣極了。後來，我辦了兩次成功的研習營，整個體驗正向得不得了，半夜在旅館房間裡醒來，心想：「何等美好……何等開心……何等和諧……做一個人真好。」

那是第一步，一大步，真正的一大步，但還有更多的。其中最棒的一次，我發現永無休止的老鼠轉籠效應完全消失。上星期，整個人陷入嚴重沮喪，心情非常低落。我放任那種感受，就那樣，完全隨它，沒過幾天，沮喪消失，並不是我拚了命將它消除的，也不擔心害怕它會再回來。

與自己，與自己的世界，我越來越能夠和平共處，每一天也更加確信，這一切絕非僥倖。這是事實：身處成長的動態過程，我還沒有達到巔峰（或許，正如喬伊說的，我還在過程量表的五分附近徘徊），但我知道我做得到。洞穴如今充滿體驗與感受——還有我——一個人。

我想說，感謝您。但一如對喬伊，我不知該感謝什麼。我會再寫信給您。

珍妮弗 敬上

讀過這些詩句嗎？傑若・曼利・霍普金斯（Gerard Manley Hopkins）的〈腐屍慰藉〉（Carrion Comfort）：

我能；
能做些事，希望，
渴望白天來臨，
不選擇不

III・南希的哀傷

趁感受猶新之際，趕緊寫下最近在一個大型工作坊的事。研習營為期十七天，成員七十人，各個不同，主題是認知與體驗學習。前六天，全都在會心團體上了六堂課，其中包括特殊興趣組，七十個人幾乎天天集會。這些社群集會越來越深入，也越來越贏得信任。這裡講的事情發生於第八天的晨會。

事情經過

這是一篇好幾個人完成的作品，所以採用第三人稱。初稿由我執筆，然後給主要當事人看過，每個人修改或重寫自己的感受及行為，使之符合各自的真實情況。因此我認為，整個敘述精確一如攝影。除了我女兒娜塔莉及我，所有的人都是化名。

有人帶人來社群上課，團體正在討論因此引起的一些問題，十分用心，傾聽各種觀點。南希正是其中之一，之前她曾經帶她的先生與會，但這天早晨並未出席。最後達成一項共識（到此為止，不曾批評任何人），以後，任何人若要帶人來，先要向社群提出請求。接下去，團體轉到其他議題。

這時候，南希來了，遲到很久。拉爾夫出於好心，馬上跟她說明了我們達成的結論；儘管南希顯然有話要說，但大家都沒給她機會，團體繼續討論下去。過了一陣子，坐在南希近旁的人提醒大家，她在發抖，在哭，團體立刻停下來，讓她有處理情緒的空間。起初，看起來似是她覺得自己受到了批評，但瑪莉亞更完整地把情形跟她說了，看起來她是接受了，沒有人指責或批評她。但她還是在顫抖，感到很難過，覺得遭到了排斥。這不是第一次了，她說，她以前也有過這種感覺。大家鼓勵她多說些，她轉向娜塔莉，卡爾的女兒，說：「我就覺得妳很冷漠，妳排斥過我兩次。我一直叫妳貝蒂（另一位參與者的名字）——不知道為什麼，當我走向妳跟妳道歉時，妳卻說這是我的問題，然後掉頭就走。」

娜塔莉回說，她感受完全不同，說道：「我知道妳很難過，因為叫錯了我的名字，但我說，我理解這事讓妳困擾，但我一點都不在意。我知道，我沒有把手伸出去，我想妳是真心想跟我交往，但我不覺得我拒絕了妳。」

對這一切，南希的反應似乎越來越強烈，以至於沒有聽進去，或是真的不接受娜塔莉的解釋。她說，她留意過娜塔莉與德瑞莎的關係，兩個人很親近，德瑞莎是個墨西哥裔美國人，因此，娜塔莉只和少數族裔交往，不願親近她這樣的人——高挑、金髮、中產階級。這一來惹怒了德瑞莎，對這樣的刻板印象大為不滿。為了這一節外生枝，團體花了大約五分鐘，修復南希和德瑞莎的關係。

團體把南希帶回到她與娜塔莉的問題上。很明顯地，她的感受實在太強烈，因此問題不是單純出在她所提的事情上。喬依絲說，她注意到了，她，指南希，和娜塔莉很像——高挑、纖瘦、金髮，因此，或許南希覺得娜塔莉至少也該和像她一樣的人交往，而不是德瑞莎那樣的人，又矮又黑。南希琢磨著，是不是真是這樣，但顯她然沒被這樣的說法打動。

對她這樣強烈的感受，又有人小心翼翼地提出了至少兩個可能的理由。對第一個，她說：「我試了試那頂帽子，但似乎不適合我。」對第二個，還是相同：「那也不適合。」

卡爾坐在那兒。「……感覺起來實在令人費解。很想知道到底是什麼讓她那樣困擾，但我一點頭緒都沒有。依我看，以這種方式在感受的人為數還不少。在這裡兩眼含淚，覺得被人拒於千里之外，無論怎麼想，卻又弄不出個所以然來。這裡頭總有個理由，但究竟是什麼呢？」

然後，安妮說道：「這樣說或許不妥，但我還是要說。南希，妳初來的時候，我就以為妳是娜塔莉，妳們實在太像了。我看到娜塔莉和她父親之間的關係這樣美好，這樣心意相通，還真是羨慕。以前我和父親的關係也是這樣。我在想，是不是妳看到了卡爾就想到了自己的父親呢？」「正是！」南希啜泣起來，宛如遭到雷擊。整個人癱掉，哭得傷心欲絕，邊哭邊說道：「我從未為父親的死真正哭過……對我來說，在他去世之前許久，他就已經死了……我該怎麼辦？」大家都安慰她說，他仍然是她的一部分，她還是可以悼念他。安妮就近摟住她，安撫她。隔了好一陣子，她平靜下來，然後，用幾乎聽不到的聲音問卡爾，是否可以握他的手。卡爾伸出手，她穿過人圈，撲進他懷裡，他緊緊摟住她，她哭得全身顫抖。慢慢地，她覺得好些了，坐在卡爾與娜塔莉中間，對卡爾說：「您看起來也很像他，但我還是搞不懂自己怎麼會有那樣的感覺。」

三個人彼此摟著坐在那兒，有人說，南希和娜塔莉還真像，簡直就是姊妹。卡爾說：「我們來照一張全家福吧。」南希說：「但有人可要問了：『坐在中間的那個女孩為什麼笑得特別燦爛呀？』」就在整個團體融入她開懷的笑容中，事情畫下句點。

卡爾的事後評論

在這件事情上，我的感情投入很深，這從前面的敘述就可以清楚看出來。至於其癥結，診斷起來看似昭然若揭：南希壓抑她的失父之痛，看到一段美好的父女關係，將自己的痛苦投射到了娜塔莉身上。首先，她把事情加以扭曲，唯其如此，她才能夠把氣出在娜塔莉身上；然後，她又拿娜塔莉與另一個女生的關係曲解自己的痛苦，等等等等。就我看來，這樣的「解釋」並沒有真正搔到癢處。我試著從另一個角度來看，這件事情其實為人格與行為改變動力學的許多面向提供了例證。

一、由此可以清楚看出，感受可以埋藏得很深，深到連自己都蒙在鼓裡。這裡特別有趣的是，無論南希或團體，大家都清楚感覺到，她深深地感受到了**某件事情**，但卻把這個感受張冠李戴了。喚醒一種感受是痛苦的，如果這又涉及自我認知的重大重組，有機生命會把自己封閉起來。

二、用體驗之流（簡德林的概念）作為發現感受意義的參照系統，這是非常好的例子。南希試了各種別人給她的說法及提示，全都不「適合」。不適合什麼呢？很明顯地，她不斷拿某些正在進行的事情作為參照，檢視自己的感受；但當安妮說出自己的感受時，指出了另一種可能，南希立刻肯定那正是她體驗到情感，完全符合她內

心的感受。人一旦受到了包容的理解，第一次充分而清晰地體驗到了自己的感受，

聲淚俱下，那實在是再尋常不過。然後，更進一步循著自己的體驗，她明白了，除

了嫉妒，她還有更大的痛苦：她從未哀悼過父親，因為，對她來說，在他去世之前

許久，他就已經死了。

三、這個例子精確說明了一種無可逆轉的改變，瞬間的改變，加上其他類似的瞬間，為人格與行為的轉換打下了整個基礎。這種改變的時刻，我的定義如下：之前遭到否定的感受，透過表現與知覺，得到了充分而完整的體驗，而且完全受到包容，無所謂好壞，這時無可逆轉的根本改變就此發生。以後，在某種情況下，南希有可能否認這一時刻的存在，不承認自己的嫉妒或哀傷，但不管怎麼說，她的整個有機生命已經完整體驗了這些感受，即便否認，在她的意識中也只能否定一時。

四、這裡我們也看到了另外一個實例：南希改變了對自己的看法。在她自己的眼裡，她這個人與父親一向沒有親密的關係，對他的死無動於衷，也不關心他。她有可能認為，對這些事情自己有愧於心。如今，她的自我認知明顯改變了——她是一個希望與父親非常親密的人，會為了自己缺乏這樣的關係及他的死感到哀傷。幾乎不可避免地，她在自我認知上的轉變將會導致行為上的改變。至於會有哪些改變，我也只能做個推斷——有可能，對年紀大的男人，她的行為會改變，還有，她或許更能夠感受他人的不幸，更加懂得體恤，更加傷懷。

五、這也是一個治療環境可以促成改變的實例。這個團體充滿關愛——成員尊重她的價值，傾聽她的發言，縱使傾聽打斷了「工作」也在所不惜。他們努力傳達盡一己之力所能做到的理解。安妮說出自己的感受，是團體成員典型的開放與「坦誠」。這裡有成長所需的所有養分，而南希也都用上了。

六、令人興奮的是，這個例子充分證明，即使在一個這樣大型的團體中，照樣可以營造一個促進成長的環境。如果團體是值得信賴的，如果個人也明白這一點，信任其他人的關心、理解和真誠，六十九個人都可以是治療師，其效果甚至更勝於一個。

這件事是一顆小小的寶石——在我的人生經驗中具有個人意義，同時也豐富了理論的影響。

IV．當我們同在一起：一份九年的追蹤報告

一九六〇年代末期，人的研究中心團隊受邀與加州蒙特西托（Montecito）聖心書院（Immaculate Heart College）及其所屬的高中合作，推行一項自我指導的教育改革計畫。幾個月中，我們深度參與了兩所學校中各種深度性團體治療。我推動的一個小團體，成員包括被選為幹部的高中女生及一些高中部教員。由於我從未和高中年紀的青少年這樣深入的合作過，從這個團體我學到了很多。

幾乎在整整九年之後，接到一個女生的來信。記憶中，她與我們在一起的時光依舊清晰如昨，說起那份清晰，我甚至懷疑自己寫過那一段歷程。果不其然，我還真是寫過（Rogers, 1970）。以下就是安妮和我九年前的體驗：

「真正的我不討人喜愛」

人之所以把自己封鎖在孤獨中，一個很重要的因素是他們相信自己的真我——內在的我，隱而不示於人的我——是不受人喜愛的。要追索這種感受的源頭其實不難。小孩子的自發感受，他真正的想法，往往都受到父母及其他人的否定，於是乎，他會把別人的態度內化，覺得由自己的自發反應及真我所構成的那個我是不受人喜愛的。

在一個由高中女生及教員組成的團體中，最近發生的一件事或許可以清楚說明，經由個人及團體的發現，孤獨會逐漸外顯，以及一個人即使外在十分受到喜愛，內在卻擔心自己不被接受而心懷憂懼。在團體中，安妮是一個文靜的女孩，但顯然極端認真嚴肅，在學校裡，是一個好學生，善於領導，獲選為幹部。週末早晨的會心團體，她談到自己經過的困難時期，她發現，她曾經質疑過自己的宗教信仰，質疑過自己的某些價值，質疑所得的答案，卻又覺得大有問題，頗嚐了一些徬徨絕望的滋味。她知道，答案必須來自自己的內在，卻又遍尋不著，令她憂心忡忡。有些團體成員想要安慰她，但效果不彰。另一方面，她提到有些同學常會來找她，問些他們自己的問題，她覺得自己還幫得上忙，因幫助別人而感到滿足欣慰。

次日，講了一寫頗為傷感的話，團體陷入沉默良久。最後，安妮突然提出一些極為知性的問題——十分理智，但一點也太適合現場的氣氛。直覺告訴我，她講的並不是她想要講的，但她真正想要傳達些什麼，卻一點線索都找不到。我發覺自己有點想要過去坐到她旁邊，但似乎又太過於魯莽，因為她並沒有表現出任何求助的跡象。但那股衝動實在太強，我豁出去了。穿過房間，我問她是否可以坐她旁邊，心裡覺得被拒絕的機會挺大。她移動身體挪出空間，我才坐下，她就撲到我的懷裡，頭靠在我的肩上，放聲啜泣。

「妳哭了多久了？」我問她。

「我沒有哭過。」她回答。

「不，我是說妳的內心哭了多久？」

「八個月。」

我把她像個孩子似的摟著，直到啜泣逐漸平息。一點一點地，她總算說出了她的煩惱。她覺得自己幫得上別人，但沒有人喜歡她，因此也沒有人會幫助她。我建議她四周瞧瞧，看看這個團體，定可以看見許多關愛的眼神圍繞著她。這時候，一個成員，是一位修女，說她曾經也有類似感受——懷疑、絕望、覺得不被喜愛。其他成員也伸出援手。然後，安妮透露了父母分居的事。她非常思念父親，有位男性長輩這樣關愛她，對她來說意義重大。很明顯地，憑著直覺，我做對了，卻又說不出個所以然來。但不管怎麼說，這樣一個女孩，幾乎每個人都認為是個可人兒，在她的內心，卻自認為不得人的喜愛。我與其他成員的關愛總算大幅改變了她這樣的認知。（p.111-113）

此一周末團體結束之後，收到安妮幾封來信，談這次經歷對她的意義。她說她仍然有很多懷疑與問題，然而不再有絕望與孤獨感，不被喜愛的感覺也消失了。

大約六個月之後，在聖心中學校園停車場，一輛車停下來，上面載著幾個女孩。安妮跳下車跑過來，我們熱烈擁抱。很明顯，在與我的關係中，她覺得安全與被關愛。

如今，九年過去，收到了這封信：

親愛的卡爾：

多年前，在聖心高中，有幸參加您在蒙特希托辦的週末活動，接受您用心的指導。這個暑期，到聖荷西修研究生學程，準備教師資格考試，真沒想到上社會學要讀《學習的自由》，正是您的大作。常常想起您，一次又一次；剛寫好這信，想要告訴您，多年前跟您在一起的體驗何等深刻。一如九年前，您人本導向的教導如此坦誠、真摯、真誠、可信、實在，今日依然真切。然而我當時並不懂，這樣的經歷對我長大成人後進入社會，認為自由地存在、思考、行動及感受是理所當然的想法，有著多麼重要的影響。

全是因為多年以前您啟發了我，讓我學會自由地去感受、接觸、交往及誠實面對。感謝您給我帶來的勇氣與自由。每天都是巨大的挑戰——事實上，我渴望再次與您相會——您一直都還在這個領域嗎？獻上我的愛，並祝您健康安泰。

祝您平安

安妮

縱使只是短時間的關係，真誠、關愛與理解的力量無與倫比，其重要性若還需要證明，這次的經歷就是最好的證據。

V．保全員

工作坊週六與週日全天在牙醫大樓舉辦，大樓邊門的保全員是一位男士，友善而熱心。問他的名字，說是赫曼。按規定，赫曼隨時都得坐在門口，只能偶爾請朋友暫代，稍事休息。他總是坐在登記桌前。柏妮絲，記名字的能力奇佳，坐在另一邊招呼參與者，與每個人短暫交談，有些人是她去年夏天研習營的舊識，另一些則通過短暫電話交談就記得的。星期六，赫曼看著人們早上進來，出去用餐回來，晚上離去；星期天重複同樣的過程。他一定看過我們貼在電梯附近的海報，上面寫著我們的宗旨與柏妮絲的電話號碼。但是我們的研習營設在三樓，整個團體一百多人齊聚一堂的活動情形，他定然未曾見過。

因此，隔週五下午六點，柏妮絲的電話響起來時，還真令人有點訝異。以下是粗略的對話紀錄：

柏妮絲：你好（聲音客氣）。

赫曼：呃，我是赫曼，牙醫大樓保全員。

柏妮絲：喔，赫曼！很高興你打電話來。

赫曼：你記得我？（有點難以置信）

柏妮絲：當然記得！很抱歉星期天晚上沒看到你，沒法跟你道謝，謝謝你的熱心和幫助。工作人員離開時都很晚了，你已經下班，換別人了。

赫曼：嗯，呃，我跟妻子談到你們，兩個人都想參加你們的研習營。你們收費不拘多少，按各人的能力，是真的嗎？

柏妮絲：沒錯（他顯然不敢相信，通話中又重複確認了兩次）……給我你的大名和地址，我會把你加入郵寄名單，把未來的活動消息寄給你。

赫曼：你們下一次是什麼時候？

柏妮絲：不知道耶。可能明年秋天吧。

赫曼：沒有更早的啦？（顯然很失望，然後，稍微停頓）妳是柏妮絲嗎？

柏妮絲：是的，沒錯。

平常很少跟研習營及參與者接觸，赫曼怎麼可能瞭解得夠多，回家跟妻子詳細說明，還引起了她的興趣，兩個人都決定報名，還嘗試打電話來問？看起來難以思議。細加思索，他確實不需要目睹團體的活動情形，心裡應該就會有個譜了。

柏妮絲的熱心及對人的關心，他顯然看在眼裡，印象深刻。參與者出去用餐，手拉著手，彼此深切交談，他看在眼裡。星期天晚上，人們結束活動，離開大樓告別時，互相擁抱，交換電話號碼，迫切想要再見面，他看在眼裡。

不過，最重要的是，他一定看到了人的變化。星期六早上，他看到一百多個人進入這棟冷森森的大樓，有點緊張，有點不安，彼此即使打招呼，也有所保留。星期天晚上，他看到同樣的人離開，顯然都變成了好朋友，彼此親近、熱絡、關愛、無話不談，彼此交融，打成一片。像他這樣的人，我相信，看過不知多少牙醫會議的人們來來去去，對於這樣的變化，還真會覺得不可思議。

類似的情形我在其他的研習營也看過狠多，廚工、維修員或清潔婦，耳濡目染，都會受到我們的影響。依我看，研習營所散發的活力，那樣融洽的環境，即使和團體一點關係都沒有的人，也都會心有所嚮，起而效之。

不過，對我來說，赫曼的故事尤其特別，非常具有說服力。

VI．兒童研習營

芭芭拉．威廉斯，一位十分文靜的婦人，人生卻充滿爭議，從外表看，一點也看不出她獨樹一格所需要的決心與眼光。在科羅拉多一個說不上觀念先進的社區，她成立了一所十足創新的學校。今天，這所學校，無論在物質上或心理上，都由學生、家長及教師「共同擁有」，其基本理念即是一切以人為中心的思想。

這所學校之不於同凡俗，或許還可以從一件事情上看出來。開學那天，學校要求學生為學校選一個校名。結果排名第一的是：「De Silly Ol' School」，充分顯示此一事業的創意及學生對學校的喜愛。後來，為了聽起來響亮，改為：「De Sillio School」，留用至今。

如今，芭芭拉來信，談到她最新的想法，以及社區最初的反對。

親愛的卡爾：

您的大作《論人的力量》，我才讀了序，馬上就被裡面有關「溫柔走過人生」的論述感動，覺得那正是自己一直都在做的。我為 De Sillio 學校感到高興，談論它，談論以學生為本的想法，每個人都告訴我那行不通（說我不是現實主義，但太過於理想化）。

我說，經過七年的奮鬥，更上層樓，它愈發是一所完全以學生為中心的學校，一如我的想法，甚至猶有過之，我覺得滿意極了——理論是可行的。

現在，我怕問題又來了。我想到辦兒童研習營，我相信小孩子更能夠做到真實、無條件的正向對待、直覺的溝通、有同理心，也更能夠運用想像及本能追求自我成長。團體的形式類似支持團體，使孩子更加覺察到這些他們已經擁有的能力，在成長過程中予以增長並保存，因為一旦長大進入成人的世界與文化，這些特質都會隨之消失。

這個想法讓我興奮不已，決定辦個兒童研習營，花了許多時間去遊說，跟每個我所能想到的人說，說它類似心理衛生中心。我還到處張貼告示，但詢問的電話甚至是零。我從沒想到自己的想法會是那麼怪，更驚訝於別人居然會認為它怪。

去年秋天，我決定去找 De Sillio 的孩子們，把辦研習營的想法跟他們談，令我驚訝的是，家長和孩子都很興奮，家長願意出錢，因此，我辦了一系列的研習營，他們要我再辦一次，每次孩子碰到我也求我再辦一次。

孩子從六歲到十三歲，一組十個人，他們知道自己該怎麼做，只要不願意就可以拒絕，要退出也隨時可以。研習營的效果與意義重大，令我訝異迄今。總之可以這麼說，孩子們似乎很快就瞭解我的意思，相信自己能夠真實，能夠有話實說，也明白那和我們的文化及成人世界大不相同，但我相信，如此一來，這些特質將獲得提升，更加受到重視，隨著他們的成長保存下來。

有兩個孩子，是過動型的，當我把我的想法告訴他們時，那一幕我永生難忘——他們馬上站定下來，眼睛睜大，開始點頭，然後用心投入到研習營裡頭。所有的孩子都是類似反應，甚至平常對任何事都漫不經心，乃至在家裡有問題的孩子也如此。我至今仍然不敢相信。無論是家裡的或學校的行為與問題都改變了，大家議論紛紛。這就好像看著什麼神奇的事情在眼前發生，自己卻連邊都沾不上。我覺得有股力量打動了孩子內心深處的某種東西，是他們馬上就能認知且用得上的，我也覺得，所有的孩子都會是這樣。可以想像得到，所有這一切令我興奮，令我著迷。覺得以後還大有可為。

我想到舉辦其他成長中心的可能性，譬如為他們組織團體，或為孩子辦一個研習營，同時，一些家長也可以為自己辦一個研習營。對我來說，這些想法都很新，不知道是否可行，甚至該如何著手。

就我來說，這裡所講的一切，道盡了任何創新想法逐步走來的箇中艱辛。剛開始，看起來簡直是荒唐，是癡人說夢。當事實擺在眼前，接受新東西的環境準備好了，想法就不再荒唐，就是可能的，只是大體來說，仍然不為社會所接受。我們全都關注兒童的福祉及兒童教養的改善。但一項同時兼顧這兩者的理想卻無法為多數人所接受，只因為它威脅到了傳統的想法、傳統的權力關係及傳統的體制。

在我看來，這理想前途看好，只是還有艱辛的長路要走。

第十一章

心理衛生專業的新挑戰

本文充滿激情，雖然是以心理學家為對象，但我認為同樣可以運用於其他心理衛生專業及教育工作者。

這是憋了好久的批評在一次爆發。如今再讀，發覺用詞犀利過激，然而我不後悔，所言都是心裡話。雖然寫於一九七二年（第一次發表於當年九月美國心理學會大會），文中所談問題迄今仍在，爭議未止，所以這裡一字不改，原文照登——對心理衛生業界的許多「聖牛」痛下針貶。

—●—

受邀來這裡對心理學家講話，我銘感於心。說起來，上次出席心理學家學會大會，已經是好久以前的事了。四十五年來，我從事臨床心理學及其相關工作——包括幫助有煩惱的個人，並進行這個領域的研究工作；促進個人與團體的人格成長與發展，致力於與教育體系等機構組織合作；甚至針對嚴重生病的社會及病入膏肓的文化提出我的憂慮。所有這些都是我經常放在心裡，不斷思考的主題，若有機會談，更是迫不及待。

這類令我掛懷的事情，包括讓臨床心理學這個「小嬰兒」在美國心理學會有個一席之地，這場戰鬥如今看來荒謬可笑，過去卻要花上九牛二虎之力；其次，證明心理學家確有能力執業心理治療，並爭取其執業法律地位的戰鬥，這裡面還包括與精神病學的各方專業戰鬥；其三，努力為心理治療與詳細檢查、實證研究的結合開路；其四，致力於治療規範的建立，將臨床工作從精神分析教條奄奄一息的正統中解放出來，推動多元的創新思考；其五，努力拓寬臨床及其他心理學家的胸襟與眼界；最後，努力協助心理學家成為名符其實的改變推手，而不只是拿著心靈ＯＫ繃充數的治療者。以上所列之事，每一件說起來都一言難盡。

然而我並不會以此為足。我更喜歡向前看，這裡且試著談一些目前我們正面臨的挑戰，或依我的判斷，不久的將來將會要面對的。

說到這些挑戰，這裡恐怕沒有什麼邏輯順序可言。儘管全都是最重大的兩難困境。因此接下來談的，看起來或許欠缺條理，但是正如我所說，人生之於我們本來就很殘酷，一大堆亂七八糟的問題，為圖方便，有的被掃到了床底下眼不見為淨。但這裡將要談到的，可就不能裝作沒看見了。

我們有勇氣建立一門人的科學嗎？

我要談的第一項挑戰並不是很新，但肯定是我們沒能成功面對的。那就是：心理學界若要有一門真正的心理科學，那就一定要建立新的科學觀念，我們有這個勇氣嗎？還是我們索性抱殘守缺，繼續守著一門偽科學呢？這裡我就來談談純粹我個人的看法。

心理學，歷經無數的實驗，用過數不清的白老鼠，擁有大量的設施，包括實驗室、電腦、電子設備、高度精密的統計計量；儘管如此，在我看來，卻是一門大開倒車的重要科學。我們全都把羅伯特．奧本海默（Robert Oppenheimer）的警告當成了耳邊風。一九五六年，在美國心理學會演講時他就指出，心理學最糟糕的事情就是「仿效物理學，把自己弄成了個四不像，完全趕不上時代」（p. 1956）。但我們還是鐵了心，把自己跟過時的牛頓科學觀念綁在一起，對於理論物理學及各種「硬」、「軟」科學為科學觀所帶來的改變，我們完全視而不見。此一改變，我和許多人都大聲疾呼過（Koch, 1959; Rogers, 1955, 1964; Schultz, 1970），這裡就不再多說。在我看來，把此一改變的核心總結得最好的就是我的朋友邁克．波拉尼（Michael Polanyi, 1958）。一個複雜的觀念：

科學上客觀真理的發現建立於理性的理解，而理性所要求於我們的，則是尊重，並喚起我們對想像的追求；這樣的發現，雖然是以感官經驗為線索，但卻超越經驗，是用超越感官印象，對實相進行觀照所得到的；而這種觀照自行燭照，引導我們達到對實相的更深理解。只是這樣的科學觀通常都被視為柏拉圖式的空想，不過是神祕主義的花樣，於一個民智大開的時代毫無價值，因而棄如敝屣。然而此一客觀理念卻正是我所堅持的……（p.5）

波拉尼的觀點有一個很好的例子：有一個人，在敘述自己如何成為一個科學家時就說，他是被自己的主觀觀照拉入一個更深層、更有意義的實境。這個人不是別人，正是史金納（1959）。他這裡講的主觀觀照，是人類一種個人的、內在的觀照；是「當你碰到某種感興趣的事情，別的什麼都丟下不管，全心專注於其中時」（p. 363），充分運用這種主觀線索所致。遺憾的是，如今在史金納心目中，這一段漂亮的自述充其量只是一種偶發現象，一點意義都沒有了。但是我從加州理工學院傑出科學家的身上，聽過類似的故事——關於原子核結構或某些難解謎團的夢、觀照、直覺，以及某些重大工作的進行，是由充實卻又恍惚的夢境所引導。漢斯・萊辛巴哈（Hans Reichenbach，Schilpp, 1959）談到與愛因斯坦的一次對話：「在某個場合，我問愛因斯坦教授，他是如何發現相對論的，他的回答是，因為我對宇宙的和諧心悅誠服。」（p. 292）換言之，他有一種主觀形成的觀照。

對於這種新的觀點，我自己（Coulson & Rogers, 1968）則做過這樣的概述：

> 我們（心理學家）所知道的科學，其實只是科學中上不了台面的一部分。它可以看作是個人處於一種難以撼動的自存狀態，在此一狀態中，個人及團體對合理性作成的判斷，其份量不輸於統計上的意義。所以，即使是建構完美的精確模型或無懈可擊的科學（我們多數人有意識或無意識所持有的），到了我們的手裡，也就變成了一個有限的個人架構，說不上精確完美了。對體驗敞開也可以視為科學家一種重要的特質，其重要性一如對研究設計的理解。而整個科學事業可以看作是一個更大的知識場的一部分，在這個知識場中，真理之追求出於多種途徑，其重要性無分軒輕，科學只是其中之一而已。（p, 8）

心理學界若要建立一門人的科學，以上的引述已經指出了挑戰之所在（另見 Dagenais, 1972; Schultz, 1970）。其為一門科學，其基礎在於對內在認知過程的密切觀察，譬如我們在皮亞傑（Piaget）認知理論中所發現，其內含包括對內在的、私密的、情緒化的意義之探索；譬如我與同事所做的先行工作，其基礎建立於對人的現象世界及其外在行為與反應的理解。此一越來越受到肯定的趨勢，在心理治療的研究中已經得到證實，同時，其為一門科學，在夢的研究上也表現突出，眾多研究人員對夢所做的工作愈趨精密，將個人完全主觀的非理性夢境與其對各種電子測量儀器的反應相結合，使夢這種最古老的主觀實境與最現代的科技作連結。這裡值得一提的是，在所有這些追求一門新科學的趨勢中，並未將個人強行置入某種人為的狀態，研究我們強加於他的假設。相反地，我們的心態是開放的，我們的整個自我是以個人為學習的對象。

這一點極為重要，為什麼呢？因為若非如此，對我們而言，人就只是一個物件而已。漢納（Hanna, 1971）說得好：

> 人對其視為異於己者，利用之，但對其視為同於己者，則尋求共同的理解與和諧。前一認知導致操控與技術；後一認知則導致理解與真正的科學。

在我看來，在這種真正的人的科學尚未建立之前，我們所發展的只是一種技術，僅供策劃者與命令者利用，而不是對人的情況的真正理解。我們的研究院所，那些正統的捍衛者，或許正是阻止我們改變的絆腳石。在絕大多數的大學中，博士論文已經成為其真正目的的一種嘲弄。跟隨一己有所本的好奇心，進入人類本性某些神祕的面向，進行嚴謹的、個人的、獨立的研究，對知識做出重大貢獻——這才是一幅真正的博士圖像；但就今日大部分博士論文而言，這已經不是一幅準確的描述。我們安於沒有風險的平庸，避創新唯恐不及。只有我們對科學的認知改變，我們的大學研究所才會改變。如果改變不成，心理學就愈將與探究人的真相的研究脫節無關。

我們有勇氣做個設計者嗎？

今天這個時代，心理學家的另一項重大挑戰，是要創造新的而非修補舊的；這也就是說，與其為那些因社會因素而出現障礙的人塗抹膏藥，不如積極去設計一個問題較少的社會。問題的關鍵在於，我們這個群體是要發展出一種未來導向的預防方法，還是一成不變，永遠守著過去導向的修補功能。

這裡我舉一個例子。身為學校的心理工作者，是診斷修補過時的教育體制及脫節落伍的課程好呢？還是堅持參與學習機會的設計，使學生的好奇心得以解放，以快樂的學習取代今日學校有如監獄般指派的功課好呢？

答案很清楚。只是這樣一來，心理工作者就必須做到真正的基進，他得離開他安穩的小辦公室——往往都帶有極大的風險——參與學校行政人員、教師及社區領袖，一同策畫設計學習環境；他的工作不再是減輕舊有體制受害者的痛苦，對他來說，挫折會成為家常便飯。他將要擔負起更多方面的工作，如果可能的話，建立一個富於彈性的組織，以學生為核心，其他人則都是學習者的僕人。身為臨床工作者，對自己的工作我們總是降格以求，我還真擔心我們能不能夠提升眼界，應付自己所要扮演的角色。

設計一個環境——城市、學校、家庭、文化——為什麼心理工作者不能處於核心地位，自尊自重，而非降格以求；利用技術而非為技術服務？沒錯，的確有少數的心理學家做到了，但說起來，為數還真少。

這裡舉一個我所知道的例子。一位服務於一家大企業的心理工作者，以我看，應該稱之為諮商心理工作者；他參與一座新建大廠的設計，負責為廠內滿意的人際關係擬定計畫。為了達成任務，他與各個部門合作，包括建築師、自動化設計技師、工會領袖、生產線的專業人員，及整個團隊的所有人員。除了調和或磨合這樣一座大工廠僵化的人際效應，他更將自己的工作重點定位於人：將人放到整個事業的核心，看看能否以提升人的精神，從而以豐富員工生活為前提，建立並組織一個現代化的大型生產單位。在我看來，他是要建立一個以人為首要的體系。若整個團隊能夠做到這一點，現代工業去人性化的效應，以及人的心靈飽受殘害，這樣的事情也就不可能發生。沒錯，他有可能失敗，也有可能成功。但不管怎麼說，他都是在為建立一個人的事業未雨綢繆。這樣的努力，但願有更多的心理工作者投入！

如果有心從頭開始建立一個全新的社區，道理也是一樣的。我所熟悉的一個例子是在馬里蘭州的哥倫比亞。建立一個為人而設的社區——不問種族、文化背景或經濟狀況，的確是一項令人興奮的實驗。我知道，他們犯了錯，而且一定還會再犯，但那畢竟是為人而設，而不只是為開發者牟利。有多少社會科學家加入，我不知道，但顯然不夠多。然而依我的看法，這是一個為心理工作者提供了重要地位的場域，當然，前提是他們要有創意，有決心，他們能夠揚棄自己的傳統心態及專業心態，與來自其他相關領域的人合作，包括醫師、建築師、水電工及教育工作者，共同建立一個新社會的新單位。

另一方面，我們能夠大力協助改善弱勢族群——黑人、墨西哥裔、印地安人、婦女——與所謂統治群體之間的關係嗎？與此相關的領域，充滿風險，但是也提供巨大的機會。我知道，我相信你們也都清楚，心理工作者，包括黑人、白人、墨西哥裔及女性，在關鍵的介面發揮了極大的影響力，促成溝通的改善。他們在工作上，有的介入貧民區居民與警察，有的介入健康消費貧戶與醫療機構，有的介入毒品文化與社區。在這些飽受排斥心懷怨懟的群體與欺壓他們的文化之間，身為心理工作者，我們擁有多方面的技能，可以促進溝通，解決問題，協助雙方找到解決之道，成就非暴力的寧靜革命。我們願意這樣做嗎？當我們投身這類活動時，無論我們的大學母校、我們的專業協會或服務公眾的政府機關，會給我們任何支持嗎？現在或許言之過早，但同心協力放手一搏絕不嫌早。

我們有勇氣揚棄專業心態嗎？

我要提出的第三個挑戰，特別是對臨床及社會心理工作者，是徹底揚棄我們的專業姿態的可能性。我知道這個想法有夠異端，也明白這對努力要成為「專業人士」的人所造成的打擊有多大。然而，推動資格與證照，欲藉此排除享盡多年優勢的江湖郎中，我全都看在眼裡，依我深思熟慮的判斷，此舉並未達到目的。一九四七年，擔任美國心理學會主席，協助美國心理學會成立美國專業心理學考試委員會（ABEPP，當時的名稱）[1]時，我對此一舉措的態度就模稜兩可。今天還真希望自己當時所持的是反對立場。

我責難的倒不是追求證照的人的動機、正直及努力，以及隨之而來的一切。事實上，我還滿認同的。我當然希望能夠把合格的與不合格的人做出區隔，使稱職的工作者出頭，投機的、取巧的冒牌貨出局。但我們先來看看幾個事實。

資格證照的標準一經設立——無論是臨床心理工作者、國家訓練實驗室的團體訓練師、婚姻諮商師、精神科醫師、精神分析師，或我後來聽說的精神理療師——第一個同時也是最大的影響就是將專業定格在過去的形象中。這是一個無法避免的結果。說到考試，你要用什麼來考？很明顯地，問題與測驗都是過去十或二十年的。誰又夠資格來擔任主考官呢？很明顯地，莫過於那些擁有十或二十年經驗，因此在十五至二十五歲時就開始接受訓練的人。我知道，這些單位很辛苦地在更新標準，但他們永遠都趕不上。如此一來，證照云云，永遠都是根植於遙遠的過去，並用這些條件來界定專業。

講到第二個缺陷，難免令人悲哀：有證照的冒牌貨及騙子，其數量之多絕不少於沒有證照的「專業」。如果你有一個好朋友，急需治療協助，我給你一個治療師的名字，你只知道他是一個臨床心理學的專科醫師，此外一片空白，你會叫你的朋友去看他嗎？當然不會。你一定會想要知道，他是怎麼樣的一個人，怎麼樣的一個治療師，你很清楚，牆上掛著許多證書的人，不一定適合做治療、帶領團體或幫助一樁婚姻。證照並不等於能力。

第三個缺陷是，拚命追求專業地位是僵化官僚心態的淵藪。在國家的層級，這類官僚我所見不多，但在州的層級卻司空見慣。官僚規則成了明智判斷的標籤。一個人不符資格，因為他接受指導的治療時數只有一百五十小時，另一個人符合資格，只因為他接受指導的治療時數有二百個小時。至於治療師的治療效果、工作品質，甚至指導的品質，全都不在考慮之列。另外一個人，儘管心理學論文寫得傑出，但卻資格不符，則是因為他的論文不是出自「心理學」研究所。例子不勝枚舉，我就不再多說。官僚支配一切，我們都耳熟能詳，專業云云，也就大開倒車了。

然後，錢幣還有另一面。我想到的是最近幾年我獲得授權有機會深入瞭解的「熱線」工作者。電話上，他們處理吸毒、自殺傾向、愛情糾葛、家庭不合，各式各樣的人的問題。這些工作者多數都是大學生或層次稍高的人士，只受過極為有限的密集「工作訓練」。據我所知，在許多這類危機狀況中，在技巧與判斷的運用上，他們足以讓專業的菜鳥為之汗顏。如果用正統的標準來看，他們完全「資格不符」。但總的來說，他們既熱誠又稱職。

我也想到了自己的團體經驗，團體裡有的成員一派天真，但在處理困難的個人事務及情況時，往往具有一種內在的智慧，遠遠超出我或其他專業輔導者。目睹這樣的情形，發人深

1 美國專業心理學考試委員會（American Board of Examiners in Professional Psychology），現名美國專業心理學委員會（American Board of Professional Psychology）。

省。還有，我想到兩位帶領夫妻團體的帶領人，一男一女，堪稱是這方面的最佳帶領人，兩個人甚至連一張像樣的書面證照都沒有。真正夠資格的人存在證照高牆的牆外。

但有人或許會抗議：「那要如何才能封殺那些詐取錢財的冒牌心理工作者呢？」我尊重這個問題，但我卻要指出，一個真正想要詐騙錢財的人，即使不自稱是心理工作者，照樣會以別的方式去達到目的。科學神學（Scientology，另譯山達基教）——如果我們不那麼在乎證照的話，從它或許還可學到一些東西——如今豈不就是打著宗教的名號，興高采烈地大賺其錢！我深思熟慮過，專業想要阻絕冒牌心理工作者及詐騙犯，專業資格的窄門完全無濟於事。在人的問題上，我們若能發展並提供優質的協助，人們自然會靠過來，根本就輪不到詐騙犯了。

我們必須面對事實，在處理人的問題上，證照並不能為資格帶來太多的保證。如果我們謙虛一點，從那些「無證照」的人身上，可能還能學到一些東西，像這類的人，在人的關係上通常都是箇中高手。

我完全清楚，採取這樣的態度極為不利，頗有風險。但認證與授證之路也好不到哪裡去。我漸漸得出這樣的結論：如果我們揚棄「專家」、「有證照的專業」、「有證書的心理學家」，或許會為我們的專業帶來久違多年的陣陣清風與洶湧創意。

在每一個領域——醫療、護理、教育、泥水或木工——證照制度都會使專業走上僵化及窄化，將之與過去綁在一起，扼殺創意。美國醫師愛財反動，加入國內組織最嚴密的工會，反對進步與改變，尤其反對把健康照顧送到最缺乏的地方。如果我們問，醫師這樣的形象是怎麼得來的，毫無疑問，那正是美國醫學會日積月累——雖非有意——在公眾心目中建立起來的；儘管美國醫學會建立醫師資格與證照制度的初衷，是要保護公眾免於冒牌貨的詐欺。看到心理學也走上了這條路，令我很難過。

我謙卑地提出質疑，也知道必然會面對震驚與反對，我的問題其實很簡單：心理學難道不能走一條更好的新路嗎？將需要幫助的人與有本事提供幫助關係的人聚到一塊，難道就沒有更有創意的方法麼？

我沒有最後答案，但有一個建議性的原則，最初提出此一想法的人是同業理查·法爾森（Richard Farson，個人交流，1966）：「有問題的人擁有處理問題的最佳資源。」這種現象可見於許多地方。藥物成癮者，或曾經藥物成癮者，最懂得處理有藥物成癮問題的人；同樣地，曾經酗酒者幫助酗酒的人，曾經服刑者幫助服刑的人——所有這些人的效率可能都高於專業。我們若設定資格，或給這些人冠以輔導者的頭銜，他們的幫助效力就會降低。到時候，他們也變成「專業」，專業的排他性及排外性就都跑出來了。

因此，雖然聽起來很刺耳，與其把全副力量放到認證規則、證書、證照法規、書面及口頭測驗，還不如將之轉移，幫助臨床心理學家、社會心理工作者及團體帶領人，使他們具備良好能力，願意獻身人類福祉，無論他們是否擁有證書，都得以勝過那些濫竽充數的人。

至於指導公眾的補充手段，我們可以建立相當於消費者保護的制度，處理有關錯誤或不道德行為的投訴。如果投訴只是個案，那還解釋得過去，但若投訴者眾，便將其人之姓名公諸於世，建議「消費者注意」。

同時，我們也應以新的方式完善心理學的學習過程，務使我們對公眾的服務顯著優於「名聲顯赫的宗師」、走紅一時的噱頭，以及利用世人渴求全知全能者心理的訛詐之徒。當事實證明我們所能提供的幫助源源不斷，那些繁複的資格與證照制度也就可以拋諸腦後了。

我們能夠讓自己成為一個全人嗎？

這裡我希望提出一個十分不同，但並非不相關的挑戰。在一切以智育為依歸的教育機構中，我們絕大多數人都花掉了二十年甚至更多時間。任何有價值的東西，任何重要的事情，全都歸諸於頸部以上，無非是吸收與記憶，思考與表達。然而在生活中、在治療中、在親子關係及其他關係中、在會心團體中，以及在大學院系會議中，我們不得不承認，感受也是人生同樣重要的部分；不過多因我們所受的教育，我們至今仍將這兩方面分開處理。這種情形在團體中尤其明顯：團體召集的目的如果事關理智，感受就被擱到一邊，儘管後者令人苦不堪言；團體召集的目的如果事關人情，思想就毫無地位。彷彿我們過的是一種非此即彼的生活。覺察並表達自己所思所想，覺察並表達自己的感受，彷彿截然是兩回事，幾乎從未將生活的這兩個面向放在一起。

臨床心理學的狀況就把這樣的二分法表現得淋漓盡致。訓練通常分成兩個部分：純粹智力訓練的課程與實際體驗，教的是如何處理他人的情緒，偶爾是自己的。我若提出一個假設性的例子，就可以看出完全不是這麼回事。一個學生說，為了他的論文，他將步步為營，計量團體甲與團體乙的差異，在他看來，這在知性上極具啟發性且有價值。另一個學生則說，他將以適當形式與深入觀察，呈現自己在研究所歲月中最重要的學習心得：他有一個棘手的案主，他發現工作期間兩人都得到成長，為他自己及案主的行為帶來持續性的改變，他將就此說明自己這一段深具意義的自我學習。我們全都清楚，第一個方案會被完全接受；至於第二個，不僅不會被接受，而且還會被毫不客氣地打回票——這個學生以為他是誰呀，竟然想用自己的想法詮釋自己的感受，自己與案主內心深處的理解？拿這樣的東西做論文的主題，簡直荒唐。

儘管對老一輩來說，這樣的教學課程再正常不過，但是年輕一代卻越來越不能夠認同。這讓我想到一所大學，內部嚴重分歧，週末舉行一次教師與學生的交心集會，收場毫無結果。然而，我覺得其中一個學生準確地總結了困境的關鍵，最後，他對教師說：「我不知道我們與你的這兩個世界能否有重疊的機會——因為我們的世界是有感情的。」我覺得一語中的。

為什麼我們那麼多優秀的學生離開了大學？因為他們發現，完整的人在那裡無處容身。為什麼那麼多年輕人對人生感到困惑，沒有意義？部分原因在於他們不知道，一個人活著，是可以思想與情感結合，充滿理智與好奇心的。湯瑪斯．漢納（Thomas Hanna, 1970）在他的大作《身體的叛變》（*Body in Revolt*）中，強烈呼喊社會組織應充分展現人類有機生命的完美統一。談到許多年輕人對我們這個世界感到「荒謬」，他說：「『無意義』的感覺相當於是對人體組織過肥部分的一個活生生的控訴，亦即有意識的注意與理性的貫注。」（p. 227）我完全同意他的看法。過分強調意識與理性，低估我們整個有機生命的智慧，使我們無法活得統一，成為一個全人。

不過，我可以依個人經驗證明，對於人生已經歷數十年二分法的人來說，要做到這種統一確實不容易。我曾經開過一門課，包括我自己在內的整個團體全都同意，在課程中，我們的感受和我們的想法同樣都是重要的一部分；然而，事實上若有一人開始探索高度感性的體驗，並在其中有所領悟，其他人卻都遲疑不前，頂多是在感受上有所反應；若有一人在班會上興奮地提出一個想法，其中包含一個他剛形成的理論，整個場面就會理性起來。整個團體都能夠做到全人，那只是偶爾而已。當真正達到那個地步時，結果是令人難忘的。有的人交出了高度原創的學術性文章；有的人展示了他們在詩或創作上最深刻的心得；還有人在最後一堂課帶來一件彩繪的木製結構，試圖以藝術的方式呈現自己所學；更有人寫了一齣諷刺劇，全都和課堂所見相關。對傳統以分數為取向的老師來說，這根本就是胡鬧。但對一個以完整的全人表現自己所學的人來說，這卻是十足動人的。

儘管有這類創新的努力，而且已經越來越盛行，維持二分法的人仍然佔絕大多數。我們仍然要去到大學宣揚理念，在會心團體或治療中發出「原始的吶喊」，宣洩我們被壓抑的情緒。

若真正留心，我們可以聽到寂靜的吶喊，被壓抑的感受在每間教室的牆上及大學的廊間迴響。若足夠用心，我們可以聽到在自己的公開表達中流淌出創新的思想與理念。我們多數人都是由兩個分離的部分構成，極力想將兩者聚合成一整合的身體組織，消彌心與身之間、感性與理性之間的區隔。

誰能夠成為這樣的全人呢？依我的經驗，我會說，可能性最小的就是大學教師。他們的傳統心態與自以為是已經到了難以置信的地步。這裡我想到的是一個哥倫比亞大學教授，當時，找不到任何管道表達意見的學生剛占領學校建築，校園爆發暴亂，這位先生對我說：「哥倫比亞，溝通沒有問題。為什麼？我幾乎每天都對學生講話。」那副口吻，簡直就是一八五〇年代的南方奴隸主。

我認為，改變若真會發生，我們及其他人都能夠成為思想與感情交織的全人，那一定是從年輕人開始。他們已經擺脫傳統的枷鎖。大體上，拋棄了宗教的教條，不再相信身體為惡，只有心與靈為善的那套說法。他們是強大希望的化身，對抗那身心分離，人性泯滅，對越南平民投擲炸彈卻在理性層面上心安理得的人（在他心中，他不是在殺人，或撕裂血肉；而是在做「防衛性的反擊」）。我相信，唯有年輕一代能夠幫助我們睜開眼睛，看見自我們的教育體系所教出來的人何等恐怖，何等去人性化——理性與感性撕裂，前者受到認可，而後者卻被視為源自於獸性。或許年輕人能夠使我們成為全人。上帝有知，我們需要回復成為統一的有機生命，一體回應我們自己，一體回應我們的環境。

現實只有一個？

最後，我要提出來的挑戰，我相信，對心理學家來說，乃是最可怕的威脅。「現實」不止一個，這是非常有可能的，因此，或許真有無數的現實也說不定。這早已經不是新的想法。威廉・詹姆斯（William James, 1928）說：「我們平常清醒的意識只是意識的一個特殊類型……在一層稀薄至極的屏幕後面，還有潛在的、完全不同形式的意識。」他的結論是，他所能掌握的事實「不容許我們對真相做出不成熟的定論」。

如今，隨著我們對藥物誘發的各種狀態——意識擴張及現實改變——的瞭解，加上多年來對超感官知覺的深入研究，國際對超心理現象的研究，以及認真的理論家如拉森（一九六九）對這類現象的闡述，對於另一個現實（或多個現實）存在的可能性，我們即使想要閉上眼睛也越來越困難了。這種另類的現實，其運作規則完全異於我們知之甚詳的經驗性現實，亦即多數心理學唯一知道的現實。

這裡我還是從自己說起。我從來沒有過神祕體驗，也沒有任何超現實的體驗，更沒有任何藥物誘發的狀態，得以讓我一瞥異於「真實」世界的另一個世界，但是證據越來越令人印象深刻。某些報導，如《鐵幕後面的心靈發現》（*Psychic Discoveries Behind Iron Curtain*，Ostrander& Schroeder, 1971），或許有其不足之處，我們可以放到一邊，但其中仍有令人難以忽視的地方。關於詹姆斯的思想，有人或許會視為一個偉大心理學家的失常，以及在那麼多年代與國家發生的神祕事件，有人或許會嗤之以鼻，卻不能無視各個事件之間的高度相似，及其與所持的宗教觀點完全無關。至於勞倫斯．拉森的縝密論證，那可能就更要下些工夫了，書中一開始，他打破了有其他現實存在的神話，隨著書寫持續，卻發現自己是在建立一個方向完全相反的理論。在他的筆下，「感應力強大的」人與超自然現象、各個時代的神祕事件，以及令人驚訝的現代理論物理學家之間，有著驚人的密切關係。所有這些的共同點則是：時間與空間消失的一個現實，一個我們無法生活其中、卻可以知悉並理解其法則的世界，一個不是以感官而是以內觀為基礎的現實。他不斷構思巧妙的方法驗證自己的理論，增加論點的可信度。

我這裡必須要招認的是，我所讀過最生動可信的紀錄來自卡洛斯．卡斯塔尼達（Carlos Castaneda, 1968, 1971）。一位大學出身、備受推崇的人類學家，從徹底的懷疑主義出發，一路走來，經一位年邁睿智的雅基印地安人（Yaqui Indian）引導，踏上了一條嶄新的認知道路，成為一趟刺激而驚悚的冒險。後來，他試圖將之歸納為可以接受的理性思維方式（可能是為了取得博士學位），但徒然見其可笑而已（1968）。很顯然地，他驚恐莫名，以致到了第二本書中才承認，「另有現實」確有其事。

另有現實，這一理念對心理學家具有如此的威脅，原因何在？依我看，關鍵在於心理學是最沒有安全感的科學之一。神祕難解之事，我們退避三舍。不過我卻想到了一位赫赫有名的物理學家，他對心理學頗有瞭解，想要轉換跑道研究心理學，只因為他覺得自己年歲太大（三十二歲！），無法再對理論物理做出更多的貢獻。他找我諮商的主要問題涉及心理學中「最大的奧祕」，他說，他要把時間都花在這上面。我幫不了他，但是一個心理學家要致力於「最大的奧祕」這塊領域，我可是聞所未聞。只有心理篤定的科學家才做得到。

我不是說我們真的「知道」另有一個現實（或多個）。我的意思是，如果我們不看輕自己，大可對這種可能性敞開心胸，開始去做研究，一如俄羅斯人與英國人的做法。

當然，更多的研究是有必要的。我就希望能夠重做母兔與其幼仔的實驗，母兔留在岸上，大腦與電極相連，她的幼仔則在外海的潛水艇上，研究人員於不同時間每次殺死一隻，就在幼仔死去的那一瞬間，根據報告，母兔同時顯示出記錄清晰的電子反應（Ostrander & Schroeder, 1971, pp. 33-34）。這要如何解釋呢？

一位通靈的婦人拿起一個之前從未見過的封袋（裡面是一塊古代楔形文字泥板殘片），開始描述「一個與此一物件有關的女子」，講了一個年輕女子的長相及生活經歷，說的正是那位協助包裝此一物件的秘書。由於所述極為詳盡細緻，即便是千中取一，也不可能找到第二個與此相符的女子，只不過，她所說的完全與那塊殘片無關，連一個字都沒有。這件事有兩個難解的謎，拉森（LeShan, 1969, pp. 53-54）認為他有解答，但是，類似的研究及對他理論的檢驗確實都有必要。

還有，預知或同時感應到遠方親人的痛苦或死亡，這樣的事例所在多有，又該怎麼說呢？又或者，催眠師用心靈感應，與一個受過訓練的催眠對象分處兩地，彼此看不見，只要將心思集中在自己想要傳遞給對方的訊息上，就可以使之入睡，這又該如何看待呢？（Ostrander & Schroeder, 1971, p. 104）最後，卡洛斯．卡斯坦尼達奇特的超自然經驗，又該怎麼解釋呢？

或許吧，在未來新生代的心理學家中，可以指望大學的禁令及阻止不再，會有少數人敢於研究另類現實存在的可能：一個自有其法則，非我們的五官所能理解的現實；一個現在、過去與未來交織，空間不成其為阻礙，時間為之消失的現實；一個只有在我們被動接受，而非主動想要理解的情況下，才能感知及理解的現實。對心理學提出的挑戰，這是其中最令人興奮的一項。

結語

一開始這次討論我就說過，這裡所提出來的各項議題並沒有什麼邏輯關聯，就只是不同的挑戰而已；而在整理這些材料時，我確信，從自己的角度看，這裡提出的問題還是有某種統一性。並不敢說自己所提都是最重要的，或許，我看待這些挑戰的方式，也有可能受到了極大的誤導。不管怎麼說，還是容我換個新的方式予以重述，指出我將它們連結在一起的主要想法。

我提出了這樣的問題：心理學是否仍然會是一門狹隘的技術性科學，死守著本身過時落伍的哲學概念，死抱著那一方可觀察行為的保護毯；或者，心理學有可能成為一門真正包羅多元、有創意的科學，以主觀的觀照為基礎，對人類情況的所有面向敞開，不負其為一門成熟科學之名。

我提出了這樣的問題：我們是否有勇氣，將一門以過去為導向的矯正技術，轉變為未來導向的方案；投身一個混亂的世界，營造一種環境，使人能夠選擇所學，弱勢族群能夠透過對統治群體的瞭解予以改造。心理工作者是繼續留在社會邊緣，還是豁出去，當一個重要的社會成員？

我指出，經由取證與授證可以贏得的安定、聲望與傳統的袍服，其價值可能不符成本。我大聲質問，我們是否有勇氣將自己的信心建立於我們身而為人的特質及能力上，而不是建立於掛在牆上的證書上。

我質問——我擔心沒什麼希望——我們是否看得到那一天：教師與學生及所有心理工作者，能夠有如一個全人般地做人處事，而不是一顆心有如踩高蹺般在那兒打轉，或沒頭沒腦的感受彼此的喃喃低語，相對大呼小叫。我們能夠接受自己是一個完整的有機生命，每個毛孔都是智慧——如果就只是聽的時候，能夠覺察到那智慧嗎？

我指出——有點猶豫——我們堅信的那個現實，那個經由感官展現於我們的現實，可能不是人類唯一的現實。我這樣問：我們是否願意冒著可怕的風險，不帶偏見地去研究這種可能。

這些議題我醞釀已久，在我看來，心理學——既是一門科學也是一門專業，若能對我問的每個問題給出肯定答案，對我所提出的每項挑戰給出正向回應，必然可以不斷進步。

因此，在我所提出的每個議題中都有一個主要想法，那就是期望我們的專業因此而能夠提升、深化及改善。總而言之，每個議題代表的是心理學朝向自我實現踏出的一步。如果我的問題大體上是正確的，那麼，我的最後一個問題是：我們有這個勇氣嗎？

第三部

教育的過程及其未來

第十二章

學習可以兼顧思想與感情嗎？

本章涵蓋廣泛的教育領域，從全人學習的定義，到教師培訓的重大改變，及教師對待學生學習所持心態的研究。在我看來，儘管議題各異，其背後卻有一共同的主題：體驗學習與認知學習兼顧的價值。此一主題我深度關注已久，對於孩子從幼年起就遭到割裂的教育方式感到深惡痛絕：頭腦可以上學，身體無關緊要，也可以附帶一起來，但是感受與情感只能在校外遊蕩、表達。

我寫這一章，無非是要說明，允許整個孩子同時具有感性與知性，去學校不僅是可行的，而且學習效果也可以因此而增強提升。

本章提到的經驗，一是洛杉磯的聖心高中及學院系統，一是肯塔基州路易斯維爾市的內城學校系統，在本章後記，我對兩者現況有最新的說明。

在課堂及研討會上，我一直都在與他人溝通理念與知性的概念；在心理治療及會心團體，則著重輔導（facilitate）個人在感受領域的知識——有機生命內在重大的情緒體驗，往往屬於非口語的直覺層面。然而，對於這兩種學習各不相干的狀況，我總是無法感到滿意。應該有個位置給**全人**學習，讓感性與知性得以整合，在這個問題上我花了不少心思，總想把向來必要的認知學習與今日教育所貶抑的感情體驗學習，二者放在一起。由於所用語詞都是抽象的，我以個人的例子來具體說明這種整合學習。

車道兩邊各種了一株金葉燦爛的灌木，四年來一直用心照顧，最近總算真正繁茂起來。一天，因為有點趕，匆忙倒車出車道，轉動車輪，發現撞到了東西，趕緊停車。天呀，後輪正好輾壓在一株灌木上，那一刻，生理反應達到極致，整個身體因自己幹的好事緊繃糾結。檢視壓垮的灌木，口裡直罵著自己，怎麼罵不好講（的確有傷自我認知），只是感覺對不起園丁，一個勁地重複唸著：「叫你沒到馬路別轉動輪子，叫你沒到馬路別轉動輪子！」這，就是**學習**。這裡有認知的成分，是五歲孩子都能掌握的；當然，其中也包含感受的成分，且有好幾種；也有體驗學習的直覺特質。我整個人學到了一次教訓，一時是不會忘的。我要談的也就是這回事。

當然，體驗學習不一定就不好，自有其正面的地方。發現剛認識的一個人，整個人洋溢著友善，不僅渾身暖洋洋的，心裡也感受到：「我交到一個新朋友了！」

關於這類的學習，且再讓我舉個例子。我談的當然不會是教授上課，在那種情況下，感情、體驗與表面進行的全不相干，但是教授講的雖然是理念，心裡卻不免焦慮，想著：「我講的能撐得過五十分鐘嗎？」至於學生，儘管一邊在努力瞭解教授講的東西，卻同樣也體驗到了焦慮：「這些垃圾東西會是期末考的考題嗎？」然而關於感情、體驗，跟上課本身卻完全是分離的。

我所談的也不是兩位教授之間激烈的知性辯論，在這裡，感情與認知同時存在，但兩者卻各走各的。兩位教授心裡都很冷靜，說：「我的理論要比你的更理性，更合邏輯。」但感受卻說：「不打敗你絕不罷休！」遺憾的是，兩位先生都只意識到了認知過程。

再貼近一點來看，我來講一個人際關係團體裡面的事。有一個人，或許是對人的關係深有體驗了，然後出席一堂全員到齊的課程，課間談到會心團體。「啊！」這人心想：「這就是我剛才感受到的。」這時候，感情體驗與認知拉近了，彼此連結在一起。讀過我書的人常給我寫信，基本上都會說：「我在治療中（或團體中）感受到的，現在我理解了。」認知和感情體驗在意識中拉到了一塊。

因此，若要我為全人學習下個粗略的定義，我會說，那是一種**統一**的學習，包括認知、感受與直覺，並清楚**覺知**這種統一學習的不同面向。在我看來，這種學習的最純粹形式並不多見，但拿這個定義做判準，離得近還是遠，或許就可以判定學習經驗了。

這裡讓我舉一個更貼近學術界的例子。羅傑・哈迪伯格（Roger Hudiburg，日期不詳），科羅拉多一所初級中學的教師，談到他在課堂中嘗試開放教學的許多效應，他說：「開放把我嚇了一大跳——卻也讓我覺得棒透了。」談到這種學習的效應，他敘述了透過詢問與發現而來的分享學習：

興奮的女孩子用顯微鏡看雪的結晶：「哇，老師，你看！」男孩子做電磁實驗，無意間生成了碳酸銅：「這藍色的東西怪怪的，是什麼東東呀？從哪裡跑出來的？」他這一做就是兩個星期，又開心又興奮。有些人把酒精和鹽放到雪裡，器皿外頭就結霜，大家都驚奇得不得了。有人說：「霜淇淋！」——他們學到的遠不止此，一玩就是好幾天；事實上，他們把教室變成了他們的「冰箱」。

學生確實在開放的環境學習，學到了發現的興奮及重要性；學到了自己的能力、局限、自律及責任；他們也學到了事實。到底學到多少？誰知道？我只知道他們學到了些事實，他們自己也知道。所有這些，我不認為自己以前就明白，我看他們以前也不知道。真正學到了一些東西，而且打從心裡明白自己正在學習，那感覺真好。開放……你真的該去體驗它，享受它，落實它。

對我來說，全人學習已盡在其中了，其中有充分的認知要素——理智高速運作。當然，也有感受的成分——好奇、興奮、熱情。還有體驗的部分——謹慎、自律、自信、發現的刺激。因此，這個例子我要特別拿出來講一下。

目前的狀況

美國目前的教育狀況是我深感憂慮的。太過於注重概念，把自己完全侷限在「脖子以上的教育」，以致狹隘偏窄，造成嚴重的社會後果。我想到在一個週末，哥倫比亞大學的理事、管理階層、學生、教師共聚一堂，嘗試改善他們的溝通鴻溝。有一些進展，但不多。整個看起來，教職員只能做理性想法的交流，而學生們卻表達出他們對教育及學校的深刻感受。

這個週末之後，一個學生，顧里格・諾克斯寫了一封信（Lyon, 1971），講述他在大一新生時聽到一次談話，說哥倫比亞學生的目標是要成為一個「全人」，這個想法讓他十分興奮。他繼續寫到：

> 我認為我做到了，不止是成為一個全人，更重要的是，懂得什麼是全人。我發現，全人者，由腦、心、靈魂、肌肉、蛋蛋所組成之人是也。至於教職員，我發現絕大部分都是由腦組成之人。這個發現還真令人遺憾，在這樣一個理解、力量及行動不可或缺的年代，這樣的人還真令人難以忍受（p. 26）。

阿奇巴爾德・麥克列希（Archibald MacLeish）多年前談到這個問題，說得極好：「我們感覺不到我們的知識，若說我們的文明心臟有什麼缺陷，莫過於此了……沒有感覺的知識就不是知識，只會導致公眾不負責任，漠不關心，以及可以想像得到的破壞。」（引述自Reston, 1970）這種「沒有感覺的知識」讓我們的軍人，以及作為一個人的我們，犯下令人難以置信的暴行，而沒有任何罪惡感。我們絕不可忘記，發生在東南亞戰爭中的一些事情，在對北越、南越及柬埔寨的轟炸中，我們往往是屠殺無辜；但是拜認知教育的割裂所賜，我們只知道理性的事實，卻不去感覺我們的知識。當我們不得不去看那些被我們的孩子用機槍掃射的男男女女的屍體時，我們才被自己所幹的事情嚇到了。唯有走過那轟炸過後的人間煉獄，親身體驗到的恐怖與貼著理性標籤的行為結合，我們才徹底懂得自己幹的事何等令人髮指。

我們多年來接受的教育卻只強調認知，與感受相關的學習避之唯恐不及。我們否定自己最重要的部分，後果之一就是我所說的嚴重割裂；另外一個結果則是，情感這等大事，絕大部分都被排除於教育之外——儘管情感之於真正的**學習**，是無人可以拿走的。

思慮多日，想到各級教育機構之注定失敗——國訂課程、強迫就學、終身教授、上課時數、分數、學位，諸如此類——或許我們還是與之告別比較好，讓真正的學習在僵化空洞的牆外開花結果。從幼稚園到高高在上的博士班，假設每一個教育機構明天就關門大吉，那真不知該有多好！家長和孩子、青少年和青年，或許還有一些教師，就可以開始設計自己想要的學習了！這樣一來，有人會難過，同時卻也是再好不過的事。無數的人會問：「有什麼是我想要學的呀？」他們會發現，可以學的東西多著哩，然後，可供自己學習的方法就紛紛出籠了。

如果所有的學校都關門大吉，一個在伊利諾大學修習自我指導（swlf-directed）的學生所說的那種心態（輔導者為羅伯特．曼格斯，未發表）也就可以永遠消滅了：

教育在我看來，就是在我終於能夠出走，一個人去做自己想做的事之前的一些鳥事……從一年級開始，每次回家，媽媽就問我：「覺得怎麼樣呀？」我便用一個問題答回去：「我到底還要熬多久呀？」沒修這門課之前，我從未想過自己是怎麼學的，為什麼在學。

理性、感性與直覺學習的條件

我的專業生涯中，有幾次經歷迄今依舊鮮活，其中之一是一九五六年在密西根大學有空調、豪華座椅的漂亮大禮堂裡，不過所有這些設備只是讓我驚訝，卻不是讓我記得那次場合的原因。聽眾都是頂尖的專業人士，我提出一套頗為新穎、具高度嘗試性的理論觀點，主題是在一對一的心理治療中，促成改變的充分必要條件為何。我隱約感覺到（幸運地，只是隱約），我是在挑戰心理治療界幾乎所有的「聖牛」。我把話說得很實在，雖然不是非常露骨，問題不在於治療師是否接受過精神分析，是否擁有人格理論的知識，是否具備診斷的專業技能，或對治療技術有徹底的認識；相反地，我說，治療效能在於治療師的心態。我甚至斗膽為這些心態下了定義（Rogers, 1957）。

演講不是很受歡迎，或許是害怕可能的反彈，經過細思慎酌，這是我做過最謹慎的談話之一，迄今仍感到自豪。然而，儘管不是很受歡迎，所引發的研究卻很多，超過我所做過的任何一次演講。首先，許多研究顯示，心理治療只要具備了這些條件，由此所產生的自我學習確實促進了改變的發生。

於是我更大膽地假設，這些心態條件同樣有助於任何全人學習，可以運用在課堂中，一如用於治療室。這個假設同樣也引發了研究。在簡單談論這些研究前，容我先來談談這些心態條件與教育的關係，以及這些年來我對它們的看法。依我的看法，這些心態是學習的輔導者（facilitator）應有的特質。這些我在前面都已經談過（見第六章），因為在這裡談到教育，所以再重複一遍。

真實之於輔導學習之人[1]

這些不可或缺的心態中，最根本的或許就是真實，亦即真誠。輔導者若是真實的，以本

1 以下三小節改寫自羅傑斯的《學習的自由》（1969, p. 107, 109, 111-112）。

色與學習者建立關係，不帶有門面或身分的姿態，其輔導效能較高。這意味著輔導者能夠覺知自己所體驗的感受，能夠接受並活出這些感受，並在適當時候傳達出來。這也意味著，輔導者直接面對學習者，以人相待，在面對面的基礎上對待他們每個人。也就是說，輔導者是自覺的，不否定自己。輔導者將自己整個人呈現於學生面前。

肯定、接納、信任

還有一種心態，在善於輔導學習的人身上顯而易見。這種心態我觀察過也體驗過；但很難用一個字或一句話說得清楚，所以我有好幾種說法。在我心目中，這種心態就是肯定，肯定學習者，肯定其感受、意見及個人。這是對學習者的一種關愛，這種關愛是非佔有的，而是一種接納，將另一個人當作一個獨立個體來接納，尊重另一個人生而具有的價值。這是一種基本的信任——相信每一個人基本上都是值得信任的。無論稱之為「肯定」、「接納」、「信任」，或其他說法，都可以從許多方面觀察得到。輔導者的這種心態達到相當程度時，不僅接納學生的成就與滿足，也接納學生碰到新問題時的害怕與猶豫。這樣的教師，不僅接納學生的循規蹈矩，努力用功，也接納他們偶爾的懈怠，以及荒廢正課，探索課外知識的慾望。他們接納個人的感受，無論其對學習構成妨礙或促進，包括手足間的競爭、討厭權威、擔心個人的不足。這裡所說的肯定，是把學習者視為一個不完美，但充滿感情及潛能的人。對學習者的肯定或接納，基本上是輔導者對人類有機生命形諸於外的能力的信心及信任。

同理心的理解

營造一個自我啟動的體驗學習環境，另一個要素是同理心的理解。唯有教師理解每個學生的內心反應，才能敏銳掌握學生對教育及學習的想法，然後才能提升機會，促成有意義的學習。

這種理解完全不同於一般的評價性理解。後者的模式無非是：「我瞭解你的問題在哪裡。」教師若出於同理心理解，學習者的反應則是另一種模式：「終於有人理解我對功課的感受及想法了，而非只是分析我，論斷我。現在我總算能夠開心自在地學習了。」

這種站在學生的立場、用他們的眼睛看世界的心態，在課堂裡幾乎是聞所未聞，教師一旦以這樣的方式做出回應，使學生覺得被理解了——不是論斷或評價，這樣的影響無與倫比。

學生的感知

全人學習還有一項必要的條件，這在教育中尤其重要，那就是學生必須在某種程度上感知到教師的這種心態。學生的疑心甚至更勝於治療中的案主，學生被「矇了」那麼久，縱使教師真心相待，一時之間，也只會被認為是在耍新的花招。教師肯定學生，不帶絲毫評斷，恐徒然喚醒學生內心的不信任；教師真心誠意理解每個學生的內心世界，那實在太不可思議，學生會以為是自己聽錯了。但是不管怎麼說，同理心的回應是最重要的一步，是讓學生相信這種新體驗的第一步。

對個人的影響

影響如何？容我先給出一些生動的畫面，說明這些心態所造成的結果，再來看看研究的發現。

安德森博士，是一位我相當熟識的高中教師，任教於一所典型的城區學校，為人坦率，一點架子也沒有，毫無防衛心理。和她談話不出五分鐘，就會瞭解，在她的心目中，高中學生是「最棒的」。我甚至懷疑，調皮搗蛋才是她的最愛。她敢於設身處地體會學生的感受及反應，所用的那套方式大異於尋常。

她開有心理學、人際關係等類課程，不過稱之為學習體驗也毫不為過。學生討論——藥物、家庭問題、性、避孕、懷孕、墮胎、退學、打工、給分制度等任何他們關切的事，無所不談。他們學會了信任她，信任彼此，誠實與自我揭露的程度令人驚訝。

說到這裡，有些人可能會想：「好是好，但是他們真的學到了什麼東西嗎？」沒錯，確實學到了。安德森小姐飽讀群書，而且她對書的愛好具有感染力。學生因此而「開竅」，碰到自己感興趣的主題就主動找書去讀。這裡且來看看他們都挑了些什麼！有些學生還被歸類為學習遲緩，但他們讀馬丁・布伯、索倫・齊克果、艾瑞克・弗洛姆（Erich Fromm）、菲力普・史萊特（Philip Slater）、威廉・賴希（Wilhelm Reich）、約翰・霍特（John Holt）、亞歷山大・尼爾（A. S. Neil）（《夏山學校》），也讀我的書，應有盡有。有人跟她說，這些書對中學生來說太深了，她只是笑笑，說他們喜歡解決高難度挑戰，他們也選擇自己想看的電影，舉辦社區旅遊。他們樂在其中，是典型的自學學習者。

就一名教師而言，安德森小姐所受到的讚揚最奇特也最難得。在學校，學生只要被發現和毒品沾上邊，就會被停學，不許到校，這樣的孩子為數還不少。但是他們發現繞過停車場進入後門，繞道而行就能避開眼目，到安德森小姐的教室。他們知道，她不會趕他們出去，因此潛入學校上她的課，就算偷學也要學！然而，有人還是會說，高中生「就是不受教」。

這裡再舉一例。一位大學教師，相信修習教師學程即將結束的學生能夠自己負起責任，做好一切準備。於是，他放棄所有的測驗，鼓勵他們自己寫讀書報告，並記下自己的成長日記。他盡其所能，把我所講的那些心態付諸實施。

結果呢？六個星期的課，學生平均讀書七本，而且每本都寫了讀書報告；他們維持寫日記，試辦了一間迷你學校，還做了許多創新的事。這裡有三個簡短的例子[2]，以說明學生所學到的東西，第一個是一則個人日記：

---

2 引述瑪利曼（John E. Marryman）教授對一個班所做的敘述。

若有人問我，上那些心理課程到底學到了些什麼鬼東西？我會說愛。愛，老兄，瞭了嗎？我得以一瞥萬物的統一，真理的剎那。你問我，會留下什麼樣的成績單？妙了，那是一片空白。我終於搞懂了自己一直想要弄懂的事情，我變得主動積極，我讓真理永遠翱翔心中。

或者，舉一個比較不那麼感性的例子，這是一名學生對整個課程的回應：

自己承擔教育自己的責任，更廣義地來說，承擔自己的人生，讓我感到榮幸。

另外一個學生——在他的學生協助下，舉辦為期兩週的暑期迷你學校，他分享自己的心得：

他們教了我一些東西。孩子們有愛的需要，準備隨時付出，他們也需要有人接受這份愛。這就是身為教師的功能之一，他必須接受這份愛並愛回去。他們讓我知道，老師不可以高高在上遠離學生，而是要參與並分享彼此。

從這一堂課獲得的助益，是我從所未有的經驗。我覺得自己真正成長了。

從這幾個例子可以看出，兩位教育工作者如何將認知與感情體驗融入學生的全人教育。我這裡還有其他的例子：一位教詩歌的老師（Moon, 1966）、法文老師（Swenson, 1974）、高等數學教授（White, 1974）、「無可救藥不讀書」的五年級生的英語老師（Carr, 1964），只是這恐怕要花比較大的篇幅，先讓我轉到已經做過的實證研究，看看有什麼樣的結果。

研究的結果

多年來累積的研究證據顯示，數年前我提出的假設確實可信，還真是令人開心，我希望詳細說明教育方面的證據，不過還是先來談談治療領域的一個小發現。

在一項治療師與案主關係的研究中，巴瑞特．倫納德（Barrett Lennard, 1962）發現，在第五次晤談時，案主所感知的這些治療師的特質越多，其最終的治療改變越大，換句話說，感知得越少，最終的改變越小。萊茵哈特．陶許（Reinhard Tausch, 1978）在一項更大的團體案例中將此發現做了修正，他發現，在第二次晤談後就可以做出預測了。我確信此一發現在課堂中也同樣成立，如果我們在學年的第五天計量教師的心態——教師表現出來的及學生感知到的——我們就可以預知哪些課堂裡是學習者，而哪些是囚犯。根據這些心態持有及感知的程度，就可以預知哪些課堂內進行的是全人學習，伴隨而來的是積極投入，興致高昂；也可以預知哪些課堂中的學生是被動的、浮躁的或不守規矩的，大部分時間都是死記硬背的學習。

這些心態條件與學習過程的各種要素之間有其特定的關係，關於這方面的研究，雖然他人也有貢獻，大部分仍要歸功於大衛．亞斯皮博士及其同事。這方面的研究這裡沒有太多篇幅來細談，我還是要概略地來說一說。

這裡且舉幾個例子：這些人際條件的水平是可以理性客觀地加以計量的，結果顯示，這與三年級學生閱讀成就呈顯著正相關，水平越高，成就越大（Aspy, 1965）。這與平均成績也呈顯著正相關（Pierce, 1966）；同樣地，與認知進步（Aspy, 1967; Aspy, 1969; Aspy & Hadlock, 1967）、與認知思維水平及學生主動發言的次數（Aspy & Roebuck, 1970）也呈顯著正相關；這也與課堂裡友愛與信任的散播相關，因此與學生善用自己能力及對自己更有自信相關（Schmuck, 1966）。

此一研究有令人振奮的面向，是亞斯皮的發現（1971），研究顯示，精確挑選擁有這些人際特質的教學人員是可能的；研究也顯示，這些人際特質對全人學習特別具有促進作用，此一發現可謂意義重大。

除了早期研究之外，亞斯皮（1972）不僅以令人信服的形式提出了各種研究調查，而且讓我們知道，這些心態特質是可以由教師本人，或別人，來作評價的。同時，他也顯示，學校可以用這些計量來提升教室學習環境的效果。

總而言之，這許多研究所得出的結論在在說明，讓教室回歸個人與人性的做法是值得的。一個人性化的環境，不僅身在其中的人愉快開心，更有意義的是，學習效率也為之提升。真實、尊重個人、理解學生內心世界，只要這些心態當家，好事情接踵而至，得到回報的不僅是成績與閱讀成就這類具體的成效，甚至難以捉摸的特質，諸如自信、創意及友善，也會隨之更強、更高、更濃厚。總而言之，這樣的課堂帶來正向的、統一的全人學習。

對教師培訓的影響

談到這裡，認知與感情體驗——理性與直覺——兼顧的學習既然是可行的，這種學習所需要的人際條件我們也起碼有個底了，那麼，下一步呢？就我看來，再清楚不過了，在教師培訓上，我們需要做出改變，幾乎形同革命的改變。遺憾的是，多數教師培訓機構都是極端傳統，只注重認知學習及其方法，全都是過氣的大師，擅長營造一種氛圍：「別學我做的，照我講的去做就對了。」試問，在這樣的機構，有效的改變可能發生嗎？

首先，我們必須要問：幫助教師或準教師培養這些人際特質是可能的嗎？我的答案是肯定的，理由有二。其一，我已經講過，挑選在人際關係中具有真實、肯定及同理心理解高度潛力的人選，今天是完全可以做到的。因此，我們可以用有別於現行方式的基礎來挑選教師人選。其二，越來越多的證據顯示，這種心態是可以養成的。諮商師培訓就是最好的的例子。亞斯皮（1972）告訴我們，教師可以透過在職訓練加以改善。沒錯，我們還不完全知道有哪些可用的方法，但是各種深入性團體的經驗，如果再輔以工作導向或會心團體的經驗，應該可以提供極大的幫助。另外，提供現任教師足夠的機會做獨立研究，似乎也是一條可行的途徑。這樣一來，可以鼓勵教師在自己未來的教學生涯上有所選擇，而不是被動的無所作為。

這裡舉一個例子，說明這種改變的發生。一位校長，三十多歲年紀，參加一項研討會，期間做了許多獨立研究，也有兩個週末會心團體的經驗。他的期末報告是這樣開始的：

> 坐在桌前開始這篇報告，內心激動不已。這種經驗是從所未有的，因為，寫這篇東西沒有參照任何格式，只是想到什麼就寫下來，完全是隨著感受的流動，對我來說，無論您或任何會看這篇東西的人，對我的所思所想會有什麼反應，似乎一點都不重要。儘管這篇東西既無風格、格式又欠缺學術氣息，我卻感覺得到，您會同我一樣地接納它……我真正在乎的是跟自己溝通，從而更瞭解自己。
>
> 我想我真正要說的是，我寫，既不是為您也不是為分數、成績，而是為自己。為此，我覺得特別愜意，因為這是我過去不敢做，甚至連想都不曾想過的……。（Rogers, 1969, p. 84）

很明顯地，在感情與體驗的層面他已經頗有心得，而這在他二十年的教育生涯中卻是第一次，他真正成長成為一個人了。當然，有人大可以這樣問：此一改變真能使他成為一個不同的行政人員或教師嗎？我們且看他報告的另外一小部分：

> 星期二的教職員會議真的意義重大，我總算能夠向同事吐露自己真正的感受了。事後許多人跟我說，他們非常驚訝、感動，想要鼓掌喝采，不是我講了些什麼不一樣的東西，而是因為我表達的方式。每天都有不同的老師來我辦公室，想要跟我聊聊，說他們發現我比以前更容易親近……我覺得生活更有意義。(p. 89)

這是我的體驗：一旦內在心態及自我認知改變，一個人的人際行為也就隨之改變。

教師培訓的改弦更張

現在我們轉到比較有難度的問題：改變教師培訓機構有可能嗎？我敢大膽地說，如果能讓我放手去幹，如果我有精力和充足的資金（大概相當於六架 B-52 轟炸機的費用），我認為一年之內，就可以把教育的酵母引進學校，發動一場革命。沒錯，話說得很自負，那我就換個方式，精確說出我能做得到的事。當然，因為會碰到障礙，或參與者想要另闢蹊徑，計畫就得大幅更改。

首先，要召集大批的生力軍，他們都是熟悉小團體過程、有經驗的輔導者，這是完全做得到的。然後，因為一定要從某個地方開始，我會在每個機構下達指示，成立任務導向團體，其主題為：「學校如何才能有助於全人學習？」邀請學生與教師自願加入志工行列。

在全體會議上，我將說明團體的目的不僅是要瞭解這一主題，參與者本身也要學習成為全人，而這並非純粹的認知學習，這會讓很多人打退堂鼓。一般來說，學習若要涉及個人及體驗，大家都難免害怕。萬一只有很低比例的志工呢？這我倒不煩惱。

或許在暑期，我會安排為期三週的深入性團體，經驗認知與體驗的要素；接下來每週與每個小組進行一次後續會議；然後，三個月後的週末，每個小組重聚，討論各自遇到的問題，評估已經發生的改變，為各自想要做的改變訂定未來的計畫。

輔導者的挑選至關緊要，同樣地，按照我所說的各項特質，挑選高水準的人選，無論客觀計量和主觀準則都已具備。亞斯皮（1972）就提出過這方面的作法，同時，依我看是在無意間也顯示了這樣的選擇是何等重要。他的發現是，在這些特質上，輔導者得分高，團體中的教師與主管「在人際互動、自我認知及促使班上學生自動自發的能力」都出現正向改變；輔導者的得分若低，團體參與者則無顯著改變。換句話說，為全人學習培訓教師時，各個團體輔導者都必須擁有這些心態，那麼，我在《學習的自由》（1969）中所說的個人與行為的改變也就可以水到渠成了。

這種深入性團體經驗造成的個人傷害，可能令許多教育工作者感到害怕，但是萊柏曼（Lieberman）、亞隆（Yalom）及邁爾斯（Miles）（1973）的研究指出，之所以造成傷害，主要原因在帶領人的對抗、挑戰、攻擊或侵犯。輔導者若擁有我所說的心態，心理受傷的機率很低，反倒是正向改變的機率更大。這個問題涉及深入性團體的帶領與過程，還有許多相關問題，都可參閱我的《卡爾．羅傑斯論會心團體》（1970）。

整個計畫若是在教師培訓機構實施，有一個前提必須要說清楚。因為機構主管或資助單位都有可能會中途放棄計畫，這個前提是，任何人不可因為不同意機構的現行措施，或因為在課堂中採行了創新的看法及作法而遭到解雇。近些年來，教師或培訓教師因「標新立異」而去職的例子不勝枚舉，教師認為學生對課程有發言權，導師——小學、中學或大學的——嘗試在課堂中營造更自由的環境，鼓勵獨立思考，或實驗新的成績評分，動輒即遭到解雇（參閱 Brownfield, 1973）。破壞現狀的人往往不討主管的喜歡，因此，在教師培訓實驗中，務必要提供保護，免於這類專斷行為的傷害。

改變與騷動

這裡會有一個機構將遭遇到的結果，我要特別談一談。根據我的經驗，我非常確定，我所談到的過程極有可能使教師及學生都陷入兩極分化，造成內部的騷動。但我正好相信，這種騷動是建設性的。傳統主義者最討厭這些新的創新者，反之亦然。聖牛必將遭到質疑。見習教師，甚至他們的教師，則傾向於思考、學習及成長。

這種騷動有一個非常可能的結果，教師培訓機構儼然成了所謂的「自由大學」，學生訂定自己的課程，參與學習輔導，捨棄成績評分，另尋其他評估方式。經過這類培訓出來的人，將會被引介到極少數歡迎他們的學校。同樣地，兩極分化也可能隨之進入這些學校。

到了自己的課堂中，這類新教師又該做些什麼呢？最重要的是，他們只要抱持我所說的那些心態，新的參與方法就會隨之出現。他們若不知所措怎麼辦，哈羅德．萊昂（Harold Lyon）在《學習感受——感受學習》（*Learning to Feel—Feeling to Learn*, 1871）一書中談了很多這些心態的運用，非常實用。總之，教師定會搬出自己的一套將課堂改頭換面，那與舊有形式少有相同處，甚至完全不同。

不斷改變所帶來的發酵作用

在教師培訓中，這些都是啟動改變必需的步驟。總的來看，其根本意義又是什麼呢？到了一年結束，教師培訓機構中的許多人，自己已經學成，滿懷抱負，迫不及待要把同樣的一套東西帶給學生。這就有如酵母滲進了麵團，剛開始時，人數可能不多，擴散效應卻巨大。有人或許會問：「你怎麼那麼有把握？」沒錯，我信心十足，因為我親眼目睹過兩次。第一次是洛杉磯的聖心學校系統，我們在那裡只做了短暫的介入，數年之後，自我指導的改變卻如火如荼展開。第二個案例，財務比較充分，計畫也比較周詳，結果為肯塔基州路易斯維爾的內城學校系統帶來了一次大發酵（Dickenson, et al., 1970; Department of Research and Evaluation, 1973），一千六百名學校人員參加的深入溝通研習營及人際關係實驗營，僅僅六個月就辦成了，你能夠想像嗎？參加的人有教育委員會、中央辦公室成員、校長及教師。在這兩個學校系統中，看來最遺憾的，是兩極分化了一段時間，卻也因此帶來了嶄新明確的方向感，並由更有活力的人來帶領這些新的方向。聖心學院教師培訓的改變尤其令人難以置信，學院一位教育教授寫道：

> 我們正在推動一項自我啟動及自我指導的教師教育計畫，最近的一個週末研習營令人振奮不已。學生、教師及行政人員，總共七十五人，以充滿創意及產能的方式進行一場腦力大激盪，其結果是學生全心投入，前往城內各個學校觀察課堂上課，旁聽教師會議，訪談教師、學生及行政人員。然後，學生們整理出自己還需要瞭解、體驗、做些什麼，才能進行教學工作，最後，他們將請學校的教師及其他學生協助實現自己的目標（私人通信，1969）。

此一經歷讓這位教授頗有受益。會心團體的體驗使她深為感動，決定進一步接受團體帶領及團體動力學的訓練，並輔導她自己帶領的團體。她不僅對學生更為開放，自己也更有自信，能夠提出新的想法並付諸實施。她已經學會了做一個全人，在學院裡，她的影響力日增，因此受命負責一項教師培訓計畫。她的來信充分顯示，她鼓勵年輕的準教師們將認知與感情體驗學習融入教學。一般來說，只要給學生機會，讓他們自我指導，在學習上受到信任，學生都會更努力，效果遠勝別人對他們的要求。無疑地，他們也將提供同樣的機會給自己的學生，讓學生能夠在同樣的環境中學習感受，學習思考。一個人只要有機會學習成為一個全人，就會是那顆令人振奮、不斷發酵的酵母。

結語

最後我必須這樣說，我們擁有徹底改變整個教育體系所需的理論知識、實踐方法及日常技巧。我們知道如何將構成全人學習的理性知識、個人情感及基本生理影響，一次到位地整合起來。我們知道如何培養教師成為此一變革的推動者。既然如此，我們會有意願、有決心，運用這些資源來促進教育機構的人性化嗎？這個問題我們全都無可迴避。

後記

既然我已經拿洛杉磯聖心學校系統作了例子，我想不妨再簡要地談談這個個案，摘錄一項結束之後三年的後續研究，及另一篇七年後的個人追蹤報告。

一九七六年，我寫了一篇論文，題名〈一個教育系統中自我指導改變計畫〉（Rogers, 1969, p. 303-323）。聖心學校的管理階層與教師希望學校作為實驗對象，於是與人的研究中心合作，展開了這個計畫。

計畫的核心是一系列會心團體，參與者包括全體教職員，後來又成立了許多學生團體，其中也包括教師，全部採自願報名，有很多人不想參加。

計畫的籌備與實施雖然發生不少錯誤，參與者的反應卻出奇熱烈。教師開始改變教學方法，一些重要的行政政策也有了改變，未參與者對改變帶來的混亂感到震驚，開始對一些事情猛烈批評。然而無可否認地，有些改變十分重要，且影響深遠。前述所引用教育學教授有關教師培訓創新計劃的陳述就是這些改變的明證。

兩位外界評鑑人從一開始就觀察整個計畫，三年後提出研究報告。總的說來，評估團隊觀察到許多正向改變——有些是意料之中的，有些是意料之外的——以及許多完全超乎意料的混亂與兩極分化。改變最大的是學生與年輕教師；改變最少的是行政團隊及年齡較大的教職員。

十八個月實驗結束後七年，負責教師培訓計畫的教師寫來一封長信，談到她個人的觀點。這裡我只引述三段。

> 我知道，若不是我在會心團體稍微克服了自己那要命的心虛，無疑地，我是不會自願加入教師研習班的（後來教師培訓計畫的前身）……新的自我啟動與自我指導教師教育計畫，如今已經成功地進入第四年……

依我看，如果沒有這個計畫，校園裡的任何系統改變都不會發生。

路易斯維爾計畫是由紐曼．華克博士倡議，他受聘於教育委員會擔任總監，委員會迫切希望挽救急速惡化的內城學校系統。

除了為教育委員會及全體教職員成立人際關係試驗室外，華克還引進各種創新措施，包括開放式課堂、家長與教師組成學區委員會、以及其他新的理念。他信任學生、教師、家長、教育委員會成員，甚至是約翰．柏奇協會的嚴厲批評。一如聖心計畫，有一段極度動盪與混亂時期，但是情況逐漸好轉，經歷三年結束時，一個高度創新的學校系統運轉順利，效率不遜於大型組織，士氣一片高昂（詳見 Foster & Back, 1974）。

然後，純粹出於可悲的環境因素，全然與系統內的創新政策無關，整個實驗戛然而止。華克把教職員的名額全數給了黑人，而學生本來就是以黑人為主，因此，法院裁定內城系統與非常保守的郡系統合併，後者由郊區白人組成。兩種教育思想完全背道而馳，華克被迫辭職。激烈的反跨區學童暴動爆發——一場一蹋糊塗的對抗，就此埋葬了一樁前途看好的壯舉。許多創新的教師離去，唯一存活下來的學區委員會，力量大幅削減。大型教育系統一次最有希望的冒險就此畫下了句點。

第十三章

越過分水嶺：現在的位置

這一章，我的重點是幾個與人本主義教育相關的主題，分別取材自一九七二至一九七九年我對教育團體的談話。儘管我看重的是創新進步，但絕不會忽視當前傾向於保守和傳統的趨勢。

我這裡要談的，是教育的權力面。這一方面，我認知得很慢，我的作品與我的諮商及教學方式一直以來飽受爭議，問題出在哪裡，過了好多年我都不明白。直到最近，才認清了箇中癥結：我的觀點威脅性太強。無論是治療師或是教師，一旦接受了我的觀點，本身的政治力量便隨之削弱，因為，不再擁有控制別人的「權力」。在這一章裡，我將更清楚地闡述以人為本的教育理念對管理階層、教師甚至學生所構成的威脅。

我也將舉出一些令人振奮的新研究證據，支持人本主義做法在教育上的效能。我一直感到很困惑，亞斯皮、弗洛拉・羅巴克（Flora Roebuck）及他們的同事做了那麼多的研究，教育界居然沒什麼太大的反應，我懷疑，是不是他們做的新研究或研究的發現也是一種威脅。我不知道。

本章結尾，我放任自己的想像進入未來學習可能的新領域，特別是研究的前端領域。在這裡，我的想法相當「怪異」，或許會令有些讀者吃驚，然而無論如何，且讓本章自行交代一切吧。

跨越分水嶺

我堅信不疑，創新的、人本的、體驗的學習，無論是在課堂內或課堂外，都將立足今日，跨入未來；因此，我不只是對今天的教育頗有微詞，我也將前瞻未來，我們今天已經越過了分水嶺。容我解釋一下我的意思。

早期為西方開拓的探險家和先驅，都是沿著河流及水道而行，歷經長久時間，他們逆流而上，攀過丘陵進入山嶺，水勢越來越湍急。等到通過了分水嶺，行路仍然艱險，溪流無異涓涓細流。然而，這時他們已是順流而行，溪水直奔壯闊大河，如今他們得到了重大的助力，而非永遠都是阻力了。

依我看，在教育上，這正是我們今天的位置。我們已經越過了分水嶺，如今，不再只是少數幾個孤獨的先驅，我們發現，越來越豐沛的流勢，傾入一種更適合於人類的教育。每個城市都有了另類學校（alternative schools）、自由學校及開放的課堂。在大學院校的層面，我接到教師的來信，來自天文學、數學、機械工程、法文、化學、生物學、心理學、英文的老師，談論的都是他們所進行的試驗性教學，提供學生學習的自由，以及因此獲得的令人振奮的回報，甚至連校外學習也可以取得學分了。還有其他令人鼓舞的現象，我參與籌備的一個研習營，有九百位醫學教育工作者加入，主題是醫學教育的人性化；如今，他們還邀請諮商師到他們各自的醫學院協助此一目標的達成。沒有圍牆的大學、獨立研究、研究所給予學生更大的自主——所有這些都有如雨後春筍。我們現在已經是美國教育不容忽視的一股潮流。

權力政治

儘管人性化的教育已經於今日立足，但是畢竟還不是普及的教育類型，因此，且讓我們來看看當今教育模式的兩個極端，談談兩者的政治意涵。

還沒深入探討之前，我要先來談談「政治」一詞的意思。我這裡講的當然不是政黨或政府，我用的是這個詞的現代意義。我們都聽說過「家庭政治」，或「心理治療政治」，或「性政治」，在這樣的用法裡面，我認為「政治」一詞指涉的是人際關係中的權力與管理，其中包括這種權力的爭取或取消，而且又與決策脫離不了關係。是誰在做決策？決策場所或中心在哪裡？「政治」指的是這類權力導向行為對個人或系統的效應。因此，我用「政治」一詞時，其意義在此。

傳統模式

教育的政治特質可以看作是一個連續體，傳統模式在一端，以人為中心的教育則居於另一端。依我看，每一項教育的努力，和每位教育工作者，都居於此一連續體的某個位置。你或許也想知道，你自己、你的系所或你的機構會被擺在連續體的哪個位置。

首先，來看看我們熟知已久的美國傳統教育。就我所知，學生與教師所體驗到的這種教育特質可以敘述如下：

一、**教師是知識的擁有者，學生是想當然耳的接收者。**教師是專家，熟知自己的專長領域；學生坐著，帶著鉛筆和筆記簿，等待智慧的語言。教師與學生之間有著極大的等級差距。

二、**講課，亦即某種方式的口頭指導，是接收者獲得知識的主要方式；測驗則評估學生接收的程度。兩者是這種教育的核心要素。**講課為什麼被視為主要的指導方式，對我來說是個謎，在沒有書本以前，以講課為主還說得過去，時至今日，又是基於什麼道理，幾乎沒有人說得清楚。越來越重視測驗也同樣令人費解，沒錯，過去二十年來，在美國其重要性已經大幅增加。

三、**教師是權力擁有者，學生只有服從的份。**（管理階層也是權力擁有者，教師及學生都得服從）。管理由上而下施行。

四、**權威管理是課堂的既定政策。**給新老師的忠告往往是：「第一天就要把學生給壓住。」權威是教育的核心。教師或許因為知識而備受尊崇，也可能一文不值，但教師永遠是核心角色。

五、**信任度低至極點。**最值得注意的就是教師對學生沒有信心。在教師心目中，學生若不管不盯，不可能有好的成績。學生的不信任更加普遍——不相信教師的動機、誠實、公平、能力。上面講得有聲有色，下面聽得津津有味，上下打成一片，和樂融融的情況或許還是有的，也或許會欽佩老師；但是互信卻不多見。

六、**管理子民（學生）的上策，就是將他們置於時有時無或經常性的恐懼狀態。**今天已經沒有太多的體罰，但是公開的批評、嘲笑，以及學生因失敗、犯錯而處於經常的恐懼，反而變本加厲。根據我的經驗，這種恐懼隨著教育階梯的上升而增加，因為學生必須擔心的東西會增多。在小學，或許是被責罵的對象，或被視為傻瓜；到了中學，除此之外還要加上害怕畢不了業，以及因此而造成工作、經濟及教育上的劣勢；進了大學，所有這些恐懼更形放大與強化；在研究所，教授手握獎學金大權，更助長了賞罰的機會。因為拒絕指導教授的要求或不配合其所願，許多研究生拿不到學位，其地位無異於奴隸，屈服於教授的生殺大權之下。

七、民主及其價值空有其名，無從落實。學生沒有機會參與選擇個人的目標、課程及學習方式，所有這一切早已被做好安排。他們既無法參與教師的選擇，對教育政策也無法發出聲音；同樣地，教師沒有機會選擇管理的階層，往往也無法參與教育政策的制定。所有這一切與民主價值、「自由世界」的重要性等等教導形成強烈對比。學校的政治現實與其所教形成最強烈的反差。儘管所教的自由與責任是「我們的民主」可貴的特質，學生所體驗到的卻是毫無權力、極少的自由，以及幾乎沒有選擇及承擔責任的機會。

八、教育體系中，沒有全人的位置，只有知識人的位置。在小學，正常孩子萌發的好奇心及過盛的體力遭到壓抑，如果可能，甚至將其扼殺。初、高中階段，學生最感興趣的事情——性及其相關的感情與肉體關係，幾乎完全遭到忽略，當然不會被視為學習的主要領域，在中學，感情沒有一席之地。到了大學，情況尤有過之，唯有理智才受到重視。

如果有人認為這樣的看法已經過時，或認為我誇大其詞，那我就只好把一九七四年十二月十三日的《洛杉磯時報》搬出來了。加利福尼亞大學（包括柏克萊、洛杉磯及其他所有州立大學）當時提出陳情，要求排除州議員約翰．維斯康賽羅斯（John Vasconcellos）加入任何與大學政策有關的委員會。之前三年，維斯康賽羅斯倡議一項高等教育的立法研究，表現突出。大學為何要將維斯康賽羅斯排除在大學政策之外？只因為他支持兩項改革：首先，他支持預算要有一定的百分比留做創新教育計畫之用，這正是大學當局強烈反對的；而根據大學副校長傑伊・麥可博士（Dr. Jay Michael）的說法，反對他最重要的理由是，他支持教育要兼顧「感情與認知」學習，麥可說：「我認為，知識獨立存在於人的感受之外……人類累積的知識是認知的，那是可以傳遞、教導與學習的，這種知識的追求才是學術研究。」他繼續說：「對我們來說，事情很清楚，他（維斯康賽羅斯）想要揚棄認知學習，至少是要降低其重要性至學術無法接受的程度。」

維斯康賽羅斯的回應是，他看重認知技能，「然而也認為感情的、情緒的成分……非常重要。」他認為，知識技能應該與更健全的自我知識及人際行為知識結合。

這種分歧的政治意涵十分有趣。副校長所持的論點，顯然是教育的「壺與杯」理論，教師擁有純粹的理性與事實知識，並將之傳授給被動的接受者。任何這種改變的可能性，對他來說都是極大的威脅，因此，他反對任何教育的創新。其中威脅最大的莫過於這樣的觀念：教師與學生都是人，對一切知識感受成分的體驗是一樣的。關於這一點，即使只是部分承認，學生與教師就處於比較平等的地位了，政治的支配將為之削弱。這就是一個「大規模」大學系統管理階層在一九七五年表達的立場！他反對創新，反對全人學習！

這種傳統教育的畫面可以說尋常可見，我們全都見過，也經歷過，然而，如今已不再是唯一的教育方式。人本主義的、以人為中心的、過程導向的學習已經大有進展，很值得我們來談談這種學習的操作特色，這裡且試著就其政治面來做觀察。

以人為本的學習核心基本原則

第一個基本原則主要是一前提。此處所列其他特色都是在人本主義教育已經扎根的學校可以經驗或觀察到的，無論其為一般學校、大學或研究所。

一、**前提**。領導人，或他人心目中的權威人物，對自己以及對自己與他人的關係具有充分信心，並充分信任其他人為自己設想並為自己而學習的能力。此一前提若存在，下列的情況才成為可能，才可望付諸實現。

二、**輔導者與其他人——學生、可能也包括家長或社區成員——共同承擔學習過程的責任**。整個團體的責任，包括課程規劃、管理模式及運作、財務及決策。因此，一個班級可以為本身的課程負責，整個班級也為所有的政策負責，無論如何，責任都是共同承擔。

三、**輔導者提供學習資源——來自其本身、自己的經驗、書本或其他材料，或群體經驗**。鼓勵學習者增加資源，包括其所知道的或所經驗的，輔導者對團體經驗以外的資源採開放態度。

四、**學生自行設計自己的學習計畫，可各自進行，或與他人合作。**探索自己的興趣，面對豐富的資源，各自選擇學習方向，並為自己選擇的結果負責。

五、**提供有利學習的輔導環境。**無論班會或學校全體集會，整個環境明顯感受得到真誠、關愛與理解的傾聽，這種氛圍最初可能是自眾人心目中的領導者身上散發出來，隨著持續進行的學習過程，往往會由學習者間的互動形成。相互學習成為學習的一環，其重要性不亞於書本、電影及社會經驗。

六、**學習的核心重點在於養成學習的持續。**學習的內容固然重要，但屬於次要；因此，一個學程的圓滿結束，並不在於學生已經「學到了所該學的」，而在於他們更加懂得了如何學習自己想要知道的。

七、**學生為達到學習目標所需要的紀律是一種自律，**是學習者對自身責任的自我認知及自我接納。自律取代了外加的紀律。

八、**每個學生的學習程度與意義應由學習者自己來做評價，**儘管同學及輔導者的關愛可以影響並提升其自我評價。

九、**相較於傳統課堂的學習，**在這種促進成長的環境中，**學習自會深化加速，且其影響更及於學生的生活與行為。**之所以如此，關鍵在於方向是出於自己的選擇，學習是自動自發的，以及包括感官、感情與智能，整個人全都投入其中（本章後面將談到支持此一論述的研究）。

以人為本的教育政治學

談到以人為本的教育意涵，或許還是先回頭看一看本章前面所下的定義。誰擁有終極的權力與管理？答案至為明顯：學習者；或學習者的群體，其中包括輔導者與學習者。

誰來管理誰？學生必須取得管理自己學習與生活的權力。而輔導者放棄對其他人的管理，只管理自己。

與權力相關的策略運用是什麼？我有兩個看法：輔導者提供一個心理環境，使學習者能夠對管理負責；輔導者也要協助學生不應太重視目標的滿足，而要鼓勵重視過程，重視學習中的體驗。

決策權力何在？此類權力應交還給受決策影響的個人或每個人。視議題而定，選擇可以歸於個別學生，或包括學生及輔導者的整個團體，或也可納入管理階層、家長、地方政府人員或社會人士。每一科目要學的東西，完全由每個學生及輔導者一起決定。是否蓋一座新建築，影響到更大的團體，也應當依循此一原則。

誰來規定感情、思想、行為、價值的模式？很明顯的答案是，個人自主。

一切都很明白了，在這種教育的政治上來說，成長中、學習中的人才是主力。這種學習過程代表一項革命，徹底反轉傳統的教育政治學。

教育工作者的政治轉型

是什麼樣的力量促使教育工作者轉而走上輔導的方向，由傳統教育轉向以人為本的學習？我這裡先拿自己的經驗作為例子。

在從事個人諮商與心理治療上，信任案主有能力追求自我理解，採取建設性的步驟解決自己的問題，我發現這越來越令人鼓舞。只要能營造一個優質的輔導環境，自己能夠做到同理心、關愛與真誠，一切就水到渠成。

既然案主都值得我們信任，為什麼不能為學生營造同樣的環境，使之養成一種自我指導的學習態度？這個問題我一直掛在心上，到了芝加哥大學時決定一試，結果卻遭遇到極大阻力，學生的敵意甚至超過我在案主身上感受到的。典型的說法是：「我可是花了大錢來修這門課的，是來要你教我的。」要不然就是：「我不知道要學什麼，你是專家呀。」之所以有這樣的抗拒，部分原因在於學生多年來已經養成依賴；另一部分，我認為，則在於我將全部責任放給班上，而不是我們一起承擔。我確實犯下許多錯誤，有時候還懷疑自己腦筋有問題，竟然做這種嘗試；然而，儘管愚駑如我，結果卻十分驚人。學生更加用功，書讀得更深入，更負責任地表達自己，學到了更多，想法更有創意，遠勝過之前的班級。如此一來，我堅持下去，逐漸改善自己身為學習的輔導者的角色。我發覺自己已回不去了。

在這方面，其他人也給了我很大的鼓勵。越來越多教師寫信給我，說他們一頭栽入教學方法的改變，一路走向以人為本的方向。對以前用傳統教法教學或管理階層保守學校的教師，這種經驗相當有壓力，但他們發現，對學生的信任獲得的回報極大，滿足感便勝過了放棄地位及控制的憂懼。

當我自己和其他許多人都體驗到了以人為本教育模式的滿足感時，這一小股走在前面的教育工作者也隨著成長，成為今日學習大業中一個重要的趨勢。這裡我就來談談自己在此一發展中的心得。

威脅

我逐漸體認到以人為本的學習所帶來的可怕政治威脅，教師所面對的是權力及管理權的轉移，從教師的手中轉移到整個學習團體，包括之前的教師，如今成為一個學習的輔導者。放棄權力對某些人來說是極為可怕的。在學校裡，一個以人為本的教師對其他教師也會構成威脅。

我認識一位教師，一位很優秀的學習輔導者，在學院裡被學生評選為最佳教師之一。最後，她卻被迫去職，原因出在她堅持不用常模參照評分（grade on a curve）；換句話說，她拒絕不論學習的品質，就把一定百分比的學生當掉。結果這成為她不相信標準的證據；按照傳統學校「標準」的迂迴邏輯，這種評分制度其實就是為了當掉學生而設計。事實上，她也說：「我拒絕用評分作為懲罰工具。」因此，她不僅破壞了「標準」，還破壞了教師處罰學生的權力。是可忍孰不可忍，儘管難堪，他們不得不把她攆走。這樣的事絕非孤立事件，由此也可證明一個人對全體教師的威脅。

依我自己及別人的經驗，我學會了一件事，採取任何放棄管理權的步驟前，最好先做好充分的準備。寧可徐圖漸進，不致引起不快，好過放棄權力後造成恐慌再收回來，因為這才是最糟的結果。

其二，縱使教師給予機會，對許多學生來說，要他們負責管理自己，還是不免感到恐慌。許多學生吵著要自由，一旦要為自己的自由負責任時，卻困惑得不知所措，就他們來說，叫他們自己做選擇，自己承擔犯錯的後果，忍受選擇方向時因不確定所帶來的慌亂，他們完全沒有經驗。他們尋找新途徑時，需要輔導者的理解陪伴，需要有一個支持的環境，縱使失敗還能夠被接受；能夠成功，但沒有競爭的感覺。

管理階層也需要我們的理解。在一個沒有理解、只有由上往下控制的文化中，一旦把信任及決策權力交到教師、學生及家長手裡，他們害怕自己會被人看扁了。這種擔心其實是多餘的，某些學校及學校系統就做得很圓滿，結果令人欣慰。

總之，我們必須有這樣的認知，真正轉型到以人為本的學習模式，對一個教育機構來說，乃是一次全面性的革命。那絕不是拿傳統教育修修補補就了事的，而是把教育的權力政治整個予以顛覆，我們一定要認清此一事實。我就喜歡把自己看作是沉默的革命分子，許多教師也都一樣，當我們奮勇向前，完成自己的革命願景時，我們必須清醒面對此一新的政治責任，我們是在追求教育的民主化，使之回復草根，值得我們全力以赴。

個人的問題

事實擺在眼前，我們已經跨越了分水嶺，光是反對已經不夠，對教育工作者來說，新的困惑隨之而來，為教育帶來了新的人際問題。在邁向創新的教育之際，無論教師或行政管理，都要問自己許多棘手的問題：

我該如何才能做到真心信任學生，相信他們在一個輔導環境中能夠自我指導？我的報償何在？我飢渴的自我需要大量直接的滿足，是這樣的嗎？或者，在輔導別人的成長中，同樣也能夠得到回報？

我該如何自處，才不至於變成一個僵化刻板的人本主義教育「忠實信徒」？沒有包容心的「忠實信徒」對任何領域都是危害，我以為，我們每個人心裡多少都找得到一個這樣的自己。我以為自己已經擁有了教育的不二法門了嗎？如果是的，如何才能跳脫出來？

在一個理念上反對我的做法的系統中，我能夠堅守崗位，維持自己的完整嗎？這是個極端艱難的問題，我以為，我們當中許多人都會經常面臨。

所有這些問題我都沒有解答，每位教育工作者都要靠自己找出自己的答案。

證據何在？

以人為本的教育優點我已經講了很多，但是讀者可能會認為，這無非是我的一偏之見。我拿得出任何證據支持此一說法及主張嗎？答案是肯定的，確實有具體的證據。

大衛．亞斯皮及國家人本主義教育協會（National Consortium for Humanizing Education）同事所做的研究，雖然才初為人知，在我看來卻非常重要。多年來亞斯皮帶領一系列研究，旨在確定課堂中的以人為中心的特質是否具有可以計量的效果；如果有，又是哪些。他和他的主要搭檔弗洛拉．羅巴克寫了總結報告，說明他們的發現（1974a）；他和其他同事也就他們的研究寫了一系列技術報告（1974b）。

一開始，亞斯皮便提出我們在以案主為本的治療中所設定的假設，用詞的定義稍作修改，使之更加適用於學校場所。同理心重新定義為：教師用心理解學校經驗對每個學生的個人意義。正向對待重新定義為：教師視學生為一全人，處處給予尊重。心口一致無須重定義，無非就是在與學生的關係上，教師盡量做到真誠。

在方法上，首先是取得課堂上課的錄音時數。等級評分從低至高，旨在評估教師表現這三種基本心態的等級，根據這三項等級，公正的評分員計量每位教師表現的「輔導狀況」，然後，這些評分再與學生的成績、解決問題能力、缺課時數及其他許多變項關聯起來。

方法建立了，研究者以前所未有的規模廣為運用。根據他們的最後報告，上課錄音時數三千七百小時，包括五百五十所中小學教師！研究分別在美國各地及其他幾個國家進行；教師包括黑人、白人及拉丁裔美國人。研究規模之大無與倫比。

亞斯皮及其同事的研究結果，我總結如下：

一、教師所提供的輔導環境與學生的學習成就明顯相關。此一發現得到反覆證實，「高水準」（輔導環境高水準）教師的學生，在學習表現上往往最為優異。另有一項發現頗值得警惕：「低水準」教師的缺陷確實有礙學生的學習。

二、對學習最有助益的情況是，教師的輔導心態表現高水準，支持並督導他們的校長也同樣是高水準。在這種情況下，學生不僅在學校主科上表現較為優異，在其他重要科目上亦然。

學生會更加善用自己的認知處理能力，諸如問題解決（當教師表現出高度正向對待與尊重時尤其如此，有創意的解決問題，顯然需要一個良好的輔導環境）。

他們的正向自我認知高於其他團體的學生。

在課堂中，他們表現得更為主動積極。

他們的紀律問題較少。

他們缺課率較低。

在一項令人振奮的研究中，他們甚至出現智商增高的情形。在這項研究中，二十五名一年級的黑人學生由「高水準」教師輔導，另外二十五名則與「低水準」教師學習，九個月後分別接受智力測驗。前者平均智商由八十五提升至九十四。後者得出的數字則是八十四、八十四——沒有什麼變化。

三、區區十五個小時妥善規劃的密集訓練，包括認知及體驗學習，教師可以改善他們的輔導條件水準。有鑑於這些心態條件的影響，知道它們是可以加以提升的，其重要性非比尋常。

四、教師的心態可以加以改善，有一個不可或缺的前提，亦即培訓教師本身展現高度的輔導條件，此一研究發現對各個教育領域都具有重大意義。換句話說，這種心態是可以透過體驗從別人身上「體會」得來的，並非單純的知性學習。

五、教師展現高水準的輔導條件往往還會有其他特徵，包括：

正向自我認知高於低水平教師。

比較會對學生自我揭露。

比較會回應學生的感受。

給予學生更多肯定。

更積極回應學生的想法。

比較不常說教。

六、上述研究結果不因課堂地理位置，或教師的種族，或學生的種族成分而有所改變。無論教師是黑人、白人或拉丁裔，學生是黑人、白人或拉丁裔，課堂在北方、南方、維京群島、英格蘭、加拿大或以色列，研究結果基本上相同。

分析堆積如山的資料後，亞斯皮與羅巴克（1974a）結論如下：

> 結果大體上支持我們最初的發現，不過我們已經能夠使之更為確定。亦即，輔導條件的計量仍然是與學生的成長呈顯著正相關。此外，與學生的退步（諸如紀律問題及對學校持負面態度）則呈顯著的負相關。

對我來說，這些研究充分證明，課堂的心理環境越是以人為本，越能夠促進學習的活力與創意，此一說法適用於中小學，儘管尚未在大學院校層面進行相關研究調查，不過我並不認為研究結果會有太大的差異。因此我有信心，正如我所說，我相信以人為本的教育經得起檢驗，是有效的。

對研究的期望

我不敢預測此一新學習模式的未來，但是我敢說其未來定然是多面向、令人振奮，且充滿爭議的，其影響更是革命性的。不管怎麼說，我對於其未來有兩個希望。

第一個希望與研究有關，相關研究必須對此一變革的學習方式有更多的瞭解。依我看，對於此一自我指導的體驗學習，如果還是以其結果的評估為主，那麼就大錯特錯了。這裡我願意來談談我自己在心理治療方面的研究。

為了要證明我們的方法是有效的，一如今天的創新教育工作者，以人為本的治療師壓力很大。在結果的評估上，我們不斷進行越來越精密的研究，但是如果這變成了研究的唯一目的，就算其有效性的證據是正面的，結果卻總是令人失望。我們發現，一如我們所料，總會有些案主成功，有些則較差，有些治療師比其他治療師有效；然而，評估研究沒有啟發性，不會帶領我們進步。對於改進治療或對瞭解其過程所需要的因素，評估研究幾乎無法提供任何線索，唯有我們提出「因果」變化的假設，才能明白是不是因為關係中具備了某項因素，所以才會有建設性的改變發生。如果關係中出現的是別種因素，則改變有可能導致行為的退化或裂解。

我之所以用那麼大的篇幅談亞斯皮的研究，這是理由之一。我個人的希望是，研究都能朝著這個大方向前進。以一個健全合理的假設作為出發點，亞斯皮研究了先決性的心態因素與各種結果之間的關係，因此，在他的發現中他才能指出，哪些因素對學習有正面效應，哪些有負面影響。如此一來，最後的結果不僅是對學習的一種評估，而且還能夠精確指出哪些方面是在教師培訓中應該要加強的，然後也才能進一步顯示，經過訓練，教師在這些方面是可以改善的。

因此我希望，在創新教育的研究上，評估可以放到第二位，以建立在理論基礎上的假設做研究才是最重要的；唯其如此，才能讓我們更深入瞭解先決性的心態，與這種教育有效或無效之間的關係。

內在世界的探索

講到這裡為止，無論對錯，對於自己所談的，我還覺得滿安全。現在來談談我的第二個希望，內心就不免惴惴不安了，只因為所要講的東西在我心中還未清楚成形，連輪廓都還不明確。

在我看來，人類下一個巨大的學習領域，我們將要探索的新的可能，乃是眾多理性研究人員罕見提起的一個區塊，是一個屬於直覺、心靈的領域，隱隱擺在我們面前的巨大內在空間。這塊領域基本上是非認知的，目前似仍屬於非邏輯、非理性，但我希望創新的教育能夠朝此一方向前進。

越來越多不容忽略的證據顯示，心靈內在的能量與潛力似乎無有界限，卻幾乎完全不為現行所謂的科學所接受。舉例來說，一個人浮躺於無重力的溫水艙內，視、聽、觸、味、嗅的刺激都幾乎為零輸入，很明顯地，應該是什麼體驗都沒有才對，然而，事實呢？這樣的一個人卻處於這樣的狀態：各種意象、幻覺、幻音紛至沓來，各種奇異可怕的體驗自不知名的內在源源湧出。這要怎麼解釋呢？看來我們的內在世界一直在進行某些事情，除非我們關閉外在刺激，不然對此我們一無所知。

還有另一個問題，另一個值得探索的可能面向：對整個身體，對整個有機生命來說，有可能學習一些意識所不知道或後知後覺的東西嗎？有關非洲馬塞族（Masai）及所謂原始部落，人與人之間心靈感應言之鑿鑿的報告又怎麼解釋呢？那有可能是我們西方文化忘失了、而他們還知道的東西嗎？當我們把自己調到與世界的頻率一致時，也能夠和他們一樣知道嗎？華特（Water）的經典著作《殺鹿人》（*The Man Who Killed the Deer*）對於這種能力就有著令人不得不信的描述，虛構但卻逼真。在我看來，我們的直覺能力，我們感知自己整個有機生命的能力，有太多的東西亟待我們去瞭解學習。

我的一位朋友正在寫一本談「靈夢」（psychic dreams）的書，收集了大量案例，研究非常深入。「靈夢」的定義是，夢中所見為真實事件，而事件發生的地點與做夢的人相隔遙遠，且做夢之人並未被預先告知相關的情境；但夢也可能是預知，是在預告某件確實會發生的事，舉例來說，我認識一位婦人夢見（或幻覺）自己海外的親人在醫院瀕臨死亡，結果一通電話證實這是真實發生的事——夢與事實相符。另一位我認識的人，從通靈牌接受到訊息，說「死亡將臨」，訊息並未具體說明是誰，但卻給了一個死亡要來的日期，不到兩天，她的兄弟死於車禍。

我認為，許多人都做過這樣的夢，或有過這類預知，只是我們完全系統化地將之排除於一般意識之外。若我們——即使只是某些人——具有這種我們所知甚少的能力，它們就應該是一個重要的學習領域。

這裡我就不講太多了。我只是要說，這整個直覺與心靈的世界對深思認真的研究是敞開的。這裡舉兩個例子，一是法蘭西斯·克拉克（Frances Clark, 1973）對直覺的學術評論；另一是葛羅夫博士（Dr. Grof, 1975）論迷幻藥作用下令人迷惑且刺激的內在體驗。我們有充分的理由相信，個人的內在體驗自成一方探索領域，其廣袤神祕一如外太空令人難以思議的星系與「黑洞」。我熱切希望，創新的教育工作者與學習者拿出勇氣、創意與技能，進入並學習此一內太空世界。

結語

我們今天和未來都面對著一個新議題：以人為本、創新的教育越來越成為一股重要的社會力量，這裡我已經做了一次概述，為此一嶄新以人為中心的學習做了界定，並與傳統教育做了對比；同時，隨著創新教育的不斷發展，我也簡述了教育工作者目前及未來要面對的挑戰。

這些新發展對教育機構所形成的政治威脅，並不常見有人討論，在這裡，我特意強調了創新教育對既有權力的巨大威脅。從研究的領域來看，我提出了一些同樣少為人知的最新發現，並表達了我的希望，研究不應將自身局限於評估，而要認真從事因果本質的關係研究。

最後，我推測，下一個巨大的學習新領域會與西方文化最不重視的能力——直覺與心靈力量——有關。

第十四章

大型團體中的學習及其對未來的意義[1]

本章所談的經驗是我終生難忘的。人的研究中心五位成員組成一個團隊，一九七七年一月前往巴西，舉辦了一系列大型團體研習營。團隊成員相互支持，共同撐起一個八百人參與的大團體，別人看來卻是魯莽愚蠢的冒險。

整個冒險的敘述，分由四人執筆，都是事情過後不久寫成。本章結語部分「對未來教育的影響」，則是我獨處一段時間，有空閱讀一些新材料，有感於西方文化的大方向頗有問題後寫成，時在一九七七年八月。

我只是希望把這次令人振奮的驚險冒險跟讀者分享，我們充分信任大型團體及他們的智慧，是離自己的專業信譽都押下去了。

簡介西克洛[2]

我們的團隊分別在勒西斐（Recife）、聖保羅及里約熱內盧輔導了三個名為「西克洛」的大型團體研習營，這些非常大型團體的具深遠的影響。在我們看來，其影響不僅在於其短期效果，更在於其長程的影響。從這些大型團體學到的東西對未來意義重大，有助於我們擬定教育的長程目標。

為期兩天的西克洛，本來不是我們巴西之行的主要目的，但卻給了我們最令人振奮的新知識。每個西克洛研習營都是由在地團體組成，成員大部分是專業人士，代表不同的組織或利益。目標是招募大批人員，他們繳納費用（通常是免費）報名參加兩天十二小時的西克洛——兩個下午及兩個晚上的課程。反應熱烈，每個城市的參與人數大致相當。下午的一堂課只有五百人，但晚上的課卻有六百至八百人。上課的地方分作多處，適合小型團體之用，也有在正式的或非正式的禮堂。

1 執筆者為瑪麗亞．鮑溫博士〔Maria Bowen〕、莫琳．米勒博士〔Maureen Miller〕、卡爾．羅傑斯及約翰．伍德博士〔John K. Wood〕。

2 譯註：ciclos，葡萄牙文，意為周期、循環。

參與者形形色色，有許多教育工作者，包括小學教師及大學教授，也有諮商師、心理工作者、精神科醫師、學生、家庭主婦，以及各行各業人士；年齡從二十五至七十；從外表判斷，參與者大致上都是中產階級；其中女性約占了四分之三，在巴西對社會科學及人類問題的關注，大體上仍被視為女性議題。

西克洛的內涵

我們有許多不同的資源可以運用，最有影響力的則是一部記錄片《啊，人呀》（*O Gente*），拍的是巴西東北部一群低收入農民，為了應付乾旱帶來的災荒，他們組成了應該可以稱之為以人為本的社群，他們是一個自我指導性的團體，權力由大家共享：「沒有人指揮，沒有人治理。我們全都指揮，全都治理。」他們決策「始終都是討論再討論，直至達成協議為止」。他們養成了傾聽的技巧，幫助有困難的人，他們懂得支持團體的價值：「只要有同伴，就有勇氣，不是嗎？……我們知道自己不再孤獨……而是有許多人同在一起。」與我們的想法驚人相似。這個巴西本土以人為中心的例子可說價值十足，消除了我們的主張的「洋味」。

儘管有許多人是為了「聽卡爾．羅傑斯來的」，但他真正成功的談話卻很短，只是對這部片子如詩一般的評論，指出影片有許多地方充分顯示了以人為本的原則。約翰也為影片做了深度的解析。此外，羅傑斯發表了兩次簡短談話，一在勒西斐，一在里約，但對參與者來說，光只有這些卻令人失望，因為，相對於大型團體內自發性互動的活躍，這些實在顯得太過於靜態，儘管這些談話後的發問相當踴躍，而且頗有見地。

有兩次，瑪麗亞（說葡萄牙語）「現場」示範帶領會心團體，極有價值和助益，毫無疑問地，對自我表達、同理心傾聽，以及最後成為大型團體一部分的輔導都提供了極好的示範。

工作人員有幾次為團體設定了特別的主題。討論的形式：一個女性團體、一個男性團體；探討的議題大致如下：教育、心理治療、社區發展、同性戀、性治療、團體過程及意識演化的團體。

花費時間最多的是大圓圈，包括全體參與者，沒有任何議程，一切都是隨著集體互動進行。在這裡，我們學到的也最多。

大型團體的過程

混亂的起頭

對每個人來說，最困難的階段就是起頭的摸索、困惑、情緒化，這也是大型團體的第一課。不妨想像一下，一個八百人圍成的巨大圓圈，十至十五人一排，坐椅子或地板，像我們五個從美國來的人一樣，把你自己放到人群當中。我們有三個人有隨行翻譯，幫我們瞭解滔滔不絕的葡萄牙話，四個人拿著麥克風拖著長長的線站在空場中，只要有人想要發言就傳遞過去。這種聚會開場時的破碎場面，從一位記者對現場幾乎一字不漏的報導，或許可以看出當時的混亂程度。以下是部分報導：

緊張感開始升高，氣氛熱起來。羅傑斯若有所思，一語不發。許多拿到麥克風的人要求他講話，他沒回應。

一位女士說：「我來就是要聽羅傑斯的，可不是來聽沒有答案的問題。我們都走吧。」

另一位女士：「聽著，我來這裡是為了要付出，不光是接受而已。我想要拿出一些東西來。」

一位年輕人：「這不是一場演講，各位，這是一次體驗，我想我們應該一起來做些事情。」

一位男士，遠遠地夾雜在人群中：「每次都是這樣。大家都期待有個人來，告訴我們該怎麼做。我們總是急著要現成的知識。依我看，我們想要做什麼，我們應該回到自身，到自己內心去找答案。」

一位女士：「我們必須做點事，必須開個頭，必須戰勝我們的焦躁，別讓它戰勝我們牽著我們走。我們不需要答案，而是要做些事。」

參與者不安，興奮，緊張，沉默，期待。

一位女士：「我有辦法了！我們來唱歌，大家都會唱的歌。」有人笑了，有人吐槽。

有人則起鬨，再次要求羅傑斯講話，「因為我們全都是付了錢來的。」

一位男士提議成立工作小組，也有人談起議程。

然後，一位女士分享自己和城裡一群婦女的社群經驗，說這個團體一星期聚會一次。「我們討論生活和自己的焦慮，不是閒嗑牙，聊女傭和孩子。」引起讚許的笑聲。

羅傑斯說：「現在這樣的情況，我也弄不清楚，但我明白，團體知道自己是自由、自主時，就具有巨大的能量及力量。有人說到混亂。我習慣了這種混亂。我認為，只要團體是自主的，這種力量就會湧現，從我們這裡每一個人身上。」

整個屋裡一片寂靜。充滿著期待。

有人提議分組。有人要求一個清楚的架構。有人堅持成立小組，每個小組要有一個工作人員。參與者被分開，有人大聲嚷著要羅傑斯，有人要求要更明確的組織。

然後一位冷靜的年輕女士站起來向大家說：「我認為，從現在這裡的情形我們就可以學到東西了，大家似乎都沒注意到這裡到底發生了什麼事。你們有些人吵著要一個領導人，一個指揮官，我覺得，這樣的人還是像羅傑斯所說，叫輔導者會比較好。從現在這裡的情形我們真的學到了很多，你們有些人自稱是羅傑斯派，但是要你們體驗學習，卻好像要你們的命一樣。」

集會行將結束，羅傑斯站起來說：「這堂課的結果會怎麼樣我不知道，但我很想讓各位明白，不管結果怎樣我都是開放的。剛才這位女士說的我十分認同，從現在這裡發生的情形，我們就可以學到很多了。」

團體發展的模式

無論是對我們或其他人來說，這種起頭的混亂都是最難理解，也最難以忍受，或許我們可以來談談西克洛這種大型團體集會起始的共同點，這些似乎都是團體開始學習運用本身力量時會發生的情形。

會要求有人領導，要有人出來帶頭。

會想要「現成的知識」，協助、忠告、答案，一些可以帶回家的東西。

會要求組織、議程、秩序。

由於期望落空，覺得挫折、憤怒及失望，並（因環境的自由）表達出來。大師沒給出答案！

發言極端破碎。每個人都各說各話，不留意別人的發言，也不聽別人講的。

想要做些事情，什麼都好，只要別停留在不確定及其所造成的焦慮中即可。

想要快點知道答案，讓一切都安頓下來。

當大型團體有意識地想要做成某些選擇，譬如是否要分小組時，就會出現形同癱瘓的情況。唯有等到後來，任其有機地醞釀，自會做出幾項清楚的選擇。

過程是流動的，其結果雖然不知道，但是其中自有令人振奮的事情發生（此所以最精彩的演講一經比較，似乎也都黯然失色了）。

想要參與、付出、帶頭。

開始分享有意義的經驗。

認知到團體力量自會解除狀況，會在每個人的自發運作中展現。

過程中段可以稱之為工作時段。在此一階段——當然，並非清楚劃分——個人開始表達更多對自己及團體的感受，以及自己的問題及憂慮；團體開始願意傾聽。發言者講的雖然是自己的私事，但是無意間也會為參與者中許多人講話，因此，縱使只有極少數人能夠得到發言機會，許多人卻會發現，有人替他們把自己的問題講了出來，因而感到欣慰。

這種對許多共同感受與體驗的認知，為正在建立的群組打下了群體意識的基礎。

到了最後的時段，若屬必要，整個團體已經能夠一致地將注意力放到一個人身上，有種「我們是一體的」群體感確立了，個人開始談論「回家後」要如何應用新的所學，在婚姻上、工作上、與同事、與學生。八百個人當中，絕大多數人凝聚成為一個共同體，儘管有些人還持懷疑態度，也有人公開反對正在進行的事情，但是個人都已經體驗到自己的力量，一路掙扎走來，他們成功地達成了決策。他們是一體的。

大型團體工作人員的職責與動力學

工作人員也是參與者

剛開始的時候，參與者的期望與他們實際體驗的情況間有極大的差距。預期與期望的是，這位「著名的心理學家」與他從美國帶來的「團隊」，定會給自己帶來權威的新知識、新理論，以及解決他們困惑的解答。然而，實際的情況卻是，這五個平平常常的人非但沒帶來解答，反而製造一堆問題，話也講得不多，總是三言兩語，連熱情都談不上，他們擺出來的專業、輔導知識，看起來更是莫名其妙，毫無章法。期望的地毯一旦從參與者腳底抽掉，我們就一同陷入一個複雜的過程。報紙標題做了總結：「心理學家製造了大騷亂——話說得卻不多」。

一旦情緒找到了出口，一種「能量集中」的狀態出現，整個團體從渴望大師開口的被動，轉而體驗自己的創意能量與自己本身的力量。從混亂的起頭中，秩序逐漸開展；情緒表達與接納的能量找到了自己的方向。

工作人員對過程雖未行使權威管理，但是我們還是中規中矩地引導程序進行。碰到質疑、抗拒甚至混亂，團隊成員用心傾聽，專注於每個人的發言，並確保每個人都會獲得回應。

舉例來說，在一次首堂課中，一位婦人大肆批評工作人員，用詞犀利。有人責怪她，約翰立刻拿過麥克風說：「索妮雅，我不會找藉口或理由，但是我並沒有忽略妳。妳的不滿我聽到了，我很在乎。妳的憤怒我也聽到了，我放在心裡。」索妮雅的敵意明顯軟化，她覺得有人傾聽，受到了尊重。

工作人員這樣的作為乃是要喚起整個群組的注意，專注於現場發生的事。簡單的幾句話有著強大的組織效果。在混亂當中，像這樣的話語：「剛才我注意到有幾個人發言，但都沒有得到回應。」或「此刻我覺得不安，也感覺到別人也是，但是不知道該怎麼做。」這些全都有助於喚起對現場的注意。我們注意細節，也注意明顯易見的，有如我們對著團體高舉一支多面鏡，說：「看呀，這就是我們此刻的情形。」沒有必要提出解決，團體的智慧自會處理。

我們也聽微弱的聲音、不同的意見、猶豫的感受，向八百人傳出訊息，現場的每個人都值得傾聽。每個人自有其價值，對許多人來說，這可是嶄新的一次領悟。一旦整個群組將注意力集中於現場整個情況——包括個人與團體——無論團體看起來多麼散漫，下一步自然水到渠成，因為大家的心思匯聚到一塊了。

影響我們工作至深的，還有另一種心態：無論是個人或團體的，結果對我們來說都並非高度優先。我們專注的（或說「有創意地投入」更佳）是輔導一個我們根本無意控制的過程。經驗告訴我們，在這樣的過程中，某些結果一般都可預期，但是我們也知道，有些結果完全出乎意料，並導致參與者個人、整個團體及我們自己的改變。換個方式來說，就工作人員而言，再度走過了一次正向積極的過程就是結果。

我們所做的一切，其中自有我們的理念：在一個輔導環境中，每個人都是可以信任的；啟動一個過程，在其中信任每一個人做自己，自會產生可貴的結果。工作團隊信任自己，信任彼此，就是這種理念的充分表現，這在他們與參與者的關係中也是顯而易見的；這無需教導，在內心深處自會體驗得到。我們有信心，過程將會是正向積極，不會把我們帶向被動消極的態度。無論個人或團隊，我們以各自的方式投入過程，因此，我們知道自己的力量並加以選擇運用。我們參與，但是不會想要去控制結果，而是以一個有思想、感情、直覺及價值的全人，隨著每一時刻的開展積極做出回應。身為人，我們活在當下。

在集會的初始，我們有非常不愉快的時刻；有的時候，我們發現自己成了八百人的靶子，團體的困惑、失望及憤怒全都衝著我們而來。下面是一則日記，一位工作人員寫於一場西克洛研習營結束十小時後，團體過程的甘苦盡在其中：

剛結束的這一期，即使時至此刻，感覺起來還是猶如搭乘著雲霄飛車般，七上八下。心思回到我們度過的群組集會上，起起伏伏如在眼前：混亂、幽默、機智、辯論、說教、情緒爆發、微妙的溝通、眼淚、厭煩、害怕，堪稱一鍋沸騰的人類體驗。

但此刻，內心深處一片平靜，親切互信感油然而生。我們一同呼吸，秩序自在其間，不是那種規則及強制的秩序，而是一種生命系統中有機組織的秩序。群組不僅發現了自己的組織，也發現了自己的力量及柔軟，我不再惶恐。大家相互傾聽，彼此回應，一起度過無言的時刻。

回想起來，我慶幸自己沒有像早先那樣，因為擔心而急著要去控制過程。有一次，我不知所措，真的很想中途叫停，搬出自己的規矩來，把整個情況轉入有點條理的談話！人群激烈指責工作人員不負責任，令我覺得慚愧，但就在我要放棄時，總會有人說些話將我拉回來，跟團體的智慧及其自身的過程搭上線。

如今分別在即。伊莎貝兒說：「從頭到尾我什麼都沒說，現在我忍不住要表達我的歡喜。我無法參加你們舉辦的更長時間的研習營，不過現在這已不重要，你們知道的，我獲得的是我連做夢都想不到的。剛來這裡時，我好沮喪，彷彿一個人活在痛苦及掙扎中。對我來說，一切都太過於沉重，我們人民的窮困、我生活世界的政治現實、自己的婚姻痛苦、我的家人、我的工作，我獨自一人無法應付……現在我知道了，我不是一個人面對這一切。這裡的人總會讓我得到支持，從卡爾・羅傑斯寫的書，到你們雖不同意我的看法卻不離不棄，陪著我一起傷腦筋。我覺得堅強，覺得精神飽滿，現在，我可以繼續走下去；或許這感覺無法持久，但是不管怎麼說，那並不重要。對我來說，重要的是我今天感受到了。」她還繼續說了許多，但此刻我意識到自己流下眼淚，深深吸一口氣，環顧我的朋友們。或許我們並不是瘋了，信任一個八百人的團體可以啟動它自己的建設性過程。當我想到這令人難以置信的十二個小時，我笑了。這真是一次美好的經驗。

西克洛的短期效應

三個西克洛研習營都有正向的結果，前景看好。

約翰在里約帶領的一個團體，參與者都希望繼續分享彼此的經驗。五個月後，團體繼續集會，星期天整日相聚。成員雖有變化，十五個人當中的十二個核心成員都說，聚會對他們來說越來越有幫助。

莫琳在里約帶的兩個婦女團體，對多數人來說，是首次參加這類團體。莫琳得知，這些婦女當中大約有十二個人，如今在一個意識提升團體定期聚會。

在我們工作人員的輔導下，勒希斐的巴西人團體成員向彼此吐露苦澀的情緒，以這樣坦白公開的方式彼此對待，或對待任何同業，這在他們的一生中還是第一次。這個團體——代表不同的在地組織——繼續為其成員扮演支持團體的角色，他們重新打造自己的職業及個人生活，並將此一改變歸功於西克洛研習營的經驗。

一位富有專業人士的妻子，過著巴西女性盡責且無助的生活，日子過得很是掙扎，最後，她終於提起勇氣挑戰角色期待加諸自身的種種限制，要追求自己的人生，她報名了幾個美國的研習營，決定反抗丈夫的最後通牒：「要自己的生涯還是我們的婚姻。」她聽從自己的強烈需求，尋找自己獨立的自我。這段婚姻顯然正在修復中。

一位成功的精神分析師決定接受培訓，做一名人本主義心理學家，西克洛活動結束之後，他覺得，自己的專業導向固然重要，但「身為一個人的力量」也同樣重要，他對自己有信心。

實際上，西克洛接束後的當天晚上，據說有十幾個人就已經發覺，對待自己所愛的人，他們的態度已經有所不同，也更加坦率。

一位巴西心理工作者四個月後寫信給卡爾，做了如下報導：

在里約，一位女性治療師覺得第一天很荒唐，到了第二天，發現有事情要發生了。如今，她改變了自己的工作態度。

我的一位案主無法接受您的教育觀點，還公開對您說了出來，那對她是很重要的體驗，因為，即使在很小的團體，她從來都不敢開口。西克洛讓她看到您（或任何「權威」）並不可怕，這給她帶來了全新的存在意義。

一位精神科醫師說，里約的西克洛非常關鍵，改變了許多人的專業及個人方向，另外還幫助許多人更勇敢地跨出去，做更大的冒險。

另一方面，許多人看來很不滿意，對混亂與無所事事感到生氣，說是無政府狀態。他們認為自己一無所得。

因此，縱使有許多人無動於衷，甚至反對，然而這些團體體驗的整個影響卻是驚人的，畢竟有那麼多的人，時間又那麼短。很明顯地，大型團體確實是一種強有力的模式。

對未來教育可能的影響

既然要談我們的經驗對未來教育的長遠意義，我希望再回頭來看看西方文化的重大社會趨勢。

當今許多最敏銳的思想家都同意，我們正走向歷史時代的終結。威廉・湯普森（William Thompson, 1977）說：後工業時代已經達到其極限。萊夫坦・史塔萊埃諾斯（Leften Stavrianos, 1976）說：我們正接近一個新的、但大有可為的黑暗時代。在史丹福研究中心一項特別深刻的分析中，威里斯・哈曼（Willis Harman, 1977）指出了我們文明的無解問題，我們如果要存活下去，人類及其動機與價值都必須轉型。證據昭昭在目，我們最嚴重的問題並非社會的失敗帶來的，而是由社會的成功造成，因此，過去與當今的典範已經不能再沿用舊的原則，來處理今天的問題。將我們帶到今天這步田地的一些操作原則：不斷增高生產效能、不斷提升工業自動化、加速科技升級，或益趨依賴跨國公司的利益動機，導致財富分配不均日趨嚴重，令數以百萬計的人愈益疏離，或缺乏統一的意志與目標，我們全都束手無策。科學與操作理性根本不足以應付這些問題。

我們的文化有著嚴重難解的分歧，非目前的方法所能解決。當今分歧甚多，這裡只挑幾項重大的來討論：

一、根據報導，若依美國的生活標準，地球只能養活五億人口；但現在的世界人口是三十五億[3]（Stavrianos, 1976, p. 138）。我們的生活標準越加提升，我們的貪婪與浪費更是變本加厲。

二、一八〇〇年，已開發國家的人均所得，是低度開發國家的三倍。一九一四年，兩者差距擴大到七倍。到了今天，已開發國家的個人收入已是低度開發國家的十二倍（Stavrianos, p. 169）。這樣巨大的差異，根本無須挑撥，怒火就足以高漲。

三、在美國，實際失業人口——包括希冀就業的無業者，諸如年輕人、老年人、急於找到工作的人，估計約占潛在勞動人口的百分之二十五至三十五。隨著技術的提升，

---

3 一九八〇年《世界年鑑》估計世界人口為四十三億。

譯註：根據《維基百科》，截至二〇二一年十一月，世界人口已達七十九億。

此一數字勢將增高，而非降低。這也就是說，我們有大約三分之一的潛在勞動人口棄置不用，因此導致的疏離也就用不著驚訝了。

這些日益擴大的裂口——有如地震造成的斷裂——將對我們的文明造成什麼樣的後果？其中的一個可能，就是這個星球上的絕大部分生命將毀於核子毀滅，果真如此的話，夫復何言。

然而，就算擋住了核子及生態浩劫，最有可能發生的還有湯普森（1977）所說的「文明的毀滅」（p. 55），亦即我們的體制將因其本身的重量與複雜而逐漸崩潰。不可能嗎？羅馬人也是這樣想的，他們的大帝國依然分崩離析了，部分因為蠻族的攻擊，更多的則是帝國本身的缺陷與階層體制的複雜。同樣的情形也可能發生在我們身上，大都會中心停電、大城市破產、石油禁運帶來極度恐慌，以及最主要的是我們的無能——甚至我們渾身解數——將我們文化強加於小小的越南，或許都只是這種未來崩解最微弱的一聲嘆息。

面對此一新黑暗時代的動盪，有可能既黯淡又刺激，有什麼能助我們一臂之力呢？什麼才能有助於實現哈曼所說的「即將來臨的轉型」？什麼樣的特質將引導我們存活下去？所有深思過這個問題的人都有著極大的共識，至少有三點必須予以強化。

首先，價值的基礎在於內在的發現，而非外在的物質世界。總之，內在的生活、更高度的覺悟、對創造美好生活的巨大資源在於個人內在的認知，是這個即將來臨的時代的必要特質。

第二項共識，存活的另一關鍵是「強烈的參與意願」。[4] 對於與自己生活有關的選擇、政策的制定、政府與企業組織的運作，人們的參與意願逐漸增強。巨大的階層組織崩解後，政府與產業組織會變得較小，使得參與選擇的機會相對增加。組織將朝向「我們的組織」發展，決策者是「我們」，而非「他們的組織」。

最後一項共識，存活最根本的要素是培養更強烈的合作意識、社會意識，以及為共同利益合作的能力，而不是只謀求自身的擴充。中華人民共和國在此一方向上完成了奇蹟，在教育上從出生就開始強調「戰勝自我，為人民服務」。我們西方文化不妨將之改成「做你自己，建設社會」，或許也可以達成同樣的目標。

情況看來再明白不過，若要以建設性的方式度過這即將來臨的劇烈動盪，形勢要求在我們生活的目的、價值觀、行為及指導原則上做大幅改變。

上述的分析與預測唯一沒有談到的是，人類劇烈變化發生的程序將會如何開展。沒錯，我們若要存活，改變勢不可免，然而其過程又將如何呢？專家們對此沒有答案，僅僅只是強調社會壓力使此一人類的根本轉型勢在必行。談到這一點，從我們的巴西大型團體經驗，我們看到了一個極有希望的小型模型，一個可供未來教育參照的先驅型方案。

我們的經驗顯示，我們知道如何輔導較大的團體參與選擇，決定方向。八百人共聚一

---

4 另一逐間增加的趨勢是依賴：向大師尋求答案，希望生活由別人管理。但參與的意願仍然高於此二者。

堂，決定行動的方式，滿足所有的人，而非多數人或少數人。只要具備對的條件與環境，一群人便可以團結起來共同參與。

在這些西克洛中，一個合作群體的基礎，在短短十二小時內就建立了起來。人們開始朝共同的利益行動起來，競爭式的地位追求與個人追求大幅減少，為所有人能夠舒適地一起工作而努力的奠定基礎，每個人都擁有充分自主的權利。

最重要的或許是一種令人難以思議的轉變，亦即答案及價值之尋求，均訴諸於自身，不再假以外求。非常明顯地，什麼才是有價值的，人們開始訴諸於自己的內在體驗，而不是向外尋求他人賦予的價值。毫無疑問的，他們已開始具備生活在新時代的第一個條件，他們發現，美好生活之源在於自己內在，不在於外界的教條、格言或某些物質形式。

另一方面，非常重要的是，每個人為未來的生活自作安排，養成一種「團體的智慧」，一種行為的自我修正過程。一個團體若是亦步亦趨於奇魅型的領袖、理論或宗教教條，或任何人類的造作，長此以往，均將遭致誤導。隨著時間的流逝，方向將越來越偏差，最終成為其自身目標的毀滅。當團體努力通過選擇的過程，聽取各式各樣的需求，正反各異的意見，逐步彙整所有資料，其所達成的決定便是所有人的想法、需求及意願的結晶。此外，由於決定是出自於自己，每個人都會持續保持開放，接受反饋，當新的資料出現時，自行修正方向。就我們所知，這也可能是最佳的決策防錯模式。

結語

在我們的大型希克洛經驗中，未來教育的重要課題已盡在其中。

我們懂得了，在極短時間內，對我們不確定的未來，人類的大型團體可以開始採行更妥善的因應之道。

他們可以建立一種參與的決策模式，幾乎可以運用於任何情況，包括其本身自我修正的迴轉機制，避免任何已知的決策過程所犯的錯誤。

可以建立一種社群意識，其主調為尊重他人，合作重於競爭。

可以建立一種新的自信，發現價值的本源在於自己的內心，明白美好的生活在乎於自己，無須依賴外在的資源。

我們懂得了，生活於一個解離中的文化，只要我們能夠做到，這些改變自會適時發揮作用，適應改變中的世界。

所有這些認知並非全新的，然而綜合起來，便指出了一條教育的道路，讓我們可以使人類這方面的改變成真，而且這個方法在當下即可施行。總而言之，下一個世紀的教育會變成什麼樣子，我們的經驗提供了一個挑戰的線索。

第四部

展望未來：一個以人為本的腳本

第十五章

明日的世界，明日的人

長久以來，我對未來充滿好奇。這是一個變動的世界，我總喜歡釐清我們今天或未來要走的方向。我們今天正處於一次轉型危機，我們的世界不可能不改變，對此我深信不疑；我也喜歡中文的比喻，同樣一個「機」字，既是「危機」也是「機會」。我有相同的看法——明日的危機同樣代表重大的機會。在這一章我要談的就是這一點。

這篇文章在我自己看來確實相當脆弱，我把自己尚在醞釀中的想法攤開來，好像已經成形似的，其中包含有些理念是我以前沒有深入思考過，很稚嫩，覺得不很牢靠。過去一年由閱讀的星星之火點燃的許多想法，儘管有些模糊，在這篇文章也試圖將它們彙集在一起，特別是開端的部分。

談到未來能夠在這個轉型世界生存的人，我用心地描繪了一幅圖像，所根據的既有自己現在的體驗，也有過去的。

對於這一章，我有著一種不安的感覺，一種以前就有過的感覺。我隱隱覺得，因為我或其他某些人，這裡所談到的東西總有一天會更加興旺起來。這是一個開端，一個大綱，一個建議。因此，儘管其稚嫩得令人尷尬且不完美，我還是要提出來，從今天的角度來看未來的世界。

—●—

未來看起來會是什麼樣子？有許多人把預測未來當作一件大事在做，但所有這類工作充其量也只是推論。科學家幾乎可以絕對準確預測哈雷彗星一九八五年抵達的日期及時間，但人類世界到了那一天會是什麼樣子，誰都不知道。理由何在，一言以蔽之：因為這中間是有選擇的。世界未來學會（World Future Society）主席愛德華·柯尼西（Edward Cornish, 1980）說得好：

> 一九八〇年代——超越之前任何一個年代——將會是人類選擇比以往更具有決定性的時期。技術的快速發展，已將人類自環境及生物條件的奴役中解放出來。人類不再受限於地理位置，可以輕易到達世界的另一邊；可以透過新型的電子設備，與全球各地的人交談；新的生物醫學使人活得更長壽更健康；進步的經濟體系已經消除曾經驅之不散的饑荒危機（至少在許多國家）……我們今天所看到的未來不是一個威脅我們的世界，而是一個我們自己創造的世界。（p.7）

明日的世界

三種腳本

想想這些條件，我們可以看到多年以後的各種不同腳本，最極端的一個可能就是核子戰爭。喬治·布希（George Bush），美國政府高級官員，在我撰寫此文時為共和黨總統候選人，接受《洛杉磯時報》羅伯特·希爾（Robert Scheer）專訪（Scheer, 1980）時冷酷而直白的談話，不由得令我想到核戰的極端恐怖。以下是專訪部分內容：

希爾：我們的戰略武器已經足夠讓我們彼此滅絕好多次，因此，無論今天或未來都不會有人願意使用，對不對？因此，我們的存活率無論是百分之十或百分之二，或更低更高，其實都已經不重要了？

布希：不對，如果你以為核子戰爭中沒有贏家，那就沒什麼好談的了。我不認為如此。

希爾：那麼，如何才能打贏一場核子戰爭呢？

布希：一部分負責指揮的人存活，一部分產業潛力保存下來，一定百分比的人民獲得保護，還有，讓對手受創更重於自己。這一來就有贏家了，蘇聯的核戰贏家計劃就是以這個醜惡的概念為基礎。

希爾：你是說大概有百分之五的人可以存活，或百分之二？

布希：多得多啦——如果每個人都傾其所有，就會有更多人存活。

這些話說明了什麼，且讓我們來看看。若照布希的說法，一旦核戰爆發，頂端的軍事人員及官員將得以存活（無疑地，藏身深山），某些產業大亨及製造工廠得以存活。但我們其餘人呢？就算百分之二至十五活下來吧，那也就是說，包括你和我，超過兩億的其他美國人全都死定了！而布希先生卻說這就是贏！只要讓俄羅斯人遭受更大百分比的毀滅，他也就滿意了。

如果我們再算上加諸於兩國存活者的致命輻射，以及遍布全球的輻射落塵，畫面就將更難以想像了。這樣的腳本看來只有心智十足瘋狂的人才想得出來，但是我們都知道，這的確是美國與蘇聯政府高層及軍方深思熟慮過的想法。就在撰寫此文之際，我們還揚言，如果必要的話，將動用軍事力量保護我們在中東的石油利益，這看來非常有可能發生。因此，這種近乎自殺的腳本我們卻無法排除，儘管其後果之恐怖，是我們大家連想都不願意想的。

就算我們假定世界領袖不會幹下這種全球性的自殺行為，還有其他腳本是可能的。有些事情迄今仍在進行，整個一九八〇年代也將繼續，恐怖主義與犯罪將持續，科學與技術的突破亦然。世界問題的某些方面將變本加厲，但是有些會改善，我們的生活不會有太大改變。

還有另外的場景，我們將會看到自己目眩神迷於最新科技的發展。電腦資訊與決策取得令人難以思議的進步；「試管嬰兒」植入女人子宮，或者完全在人體外生長；基因重組產生新的微觀與宏觀生命物種；穹頂之下的城市，整個環境都由人所控制；人類得以生活在外太空中的完全人工化環境。所有這些新科技都可以影響我們的生活，其共同點則是人類越來越遠離大自然，遠離土地、氣候、太陽、風及一切自然過程。隨著我們致力於人工的選擇，及完全人造的生活與環境，這些改變也將產生難以預料的巨大改變。影響所及，對我們是好是壞，沒人說得準；唯一可以確定的是，我們與自然世界的分離只會越來越大。

另一不同腳本的基礎

還有另一種腳本，其基礎建立於人的改變上。我希望自己能夠生活在這樣的場景中。時至今日，有許多新發展改變了我們對個人潛力的整個概念；改變了我們對「真實」的看法；改變了我們存在與行為的方式；改變了我們的信念系統。這類新的方向，我信手拈來就有許多，其中不乏大家熟知的，當然也不乏陌生的。關於這類趨勢，若要有個生動且完整的瞭解，不妨去看看瑪莉蓮．佛格森（Marilyn Ferguson）挑釁意味十足的《寶瓶同謀》（*The Aquarian Conspiracy*, 1980），書的副標題就更有意思了：「一九八〇年代人與社會的轉型」。

首先，某些發展擴大了我們對人類潛能的看法（我的分類很大程度上有所重疊，但主要是為了方便思考）。

對各種形式的冥想——亦即對內在能量資源的認知與應用——產生強烈的興趣，且有日益增強的趨勢。

越來越尊重直覺，視之為一種強有力的工具，並加以應用。

為數眾多的人體驗過意識的另類狀態，許多是透過藥物，但是越來越多的是透過心理的鍛鍊。我們在這方面的能力開啟了嶄新的世界。

生物反饋研究顯示，我們的無意識意念可以在極短時間內，無須教導，控制單一細胞的活動。透過對一組肌群活動的內視，一般人都可以藉由脊髓內一個細胞控制並改變一組肌群的活動（Brown, 1980）。這種潛能的影響令人刮目相看。

超現實現象諸如心靈感應、預知及透視都已經過充分檢驗，並為科學所接受。此外，有證據顯示，多數人都能夠發現或培養自身的這種能力。

我們現在都瞭解，刻意運用自身的意識及無意識意念，往往可以治癒或減輕許多疾病。全人保健的觀念擴充了我們對人類內在能力的瞭解。

越來越多人關心個人的精神力量及超能力。

關於大腦，先進的科學家一致同意，另有一力量強大的心識，具有巨大的心智活動能力，存在於大腦結構之外（Brown, 1980）。

我們有可能會因演化而具有超意識及超頭腦，其力量超越現在擁有的頭腦及意識

（Brown, 1980）。

接下來，讓我們來看看改變我們對現實看法的其他發展，其中有些與科學有關。

理論物理學與神祕主義——特別是東方神祕主義——有不謀而合之處，兩者都認為，宇宙，包括我們自己，是「一場宇宙之舞」，這個觀點中，物質、時間與空間作為有意義的概念消失了，唯一存在的只是震盪。此一世界觀的概念改變是革命性的。

史丹佛神經科學家卡爾・普里布拉姆（Carl Pribram）所發展出來的大腦功能全息理論（holographic theory〔Ferfuson,1980〕）不僅顛覆了我們有關大腦運作的觀念，而且認為大腦可以創造我們的「現實」。

在新的認識論與科學哲學認知中，我們現行的線性因果科學概念，只是多種認知方式中一個小小的例子而已。特別是在生物科學中，相互因果關係如今已被視為理性科學的唯一基礎。這些嶄新的科學方法將對我們研究及觀察世界的方式做出革命性的改變，特別是生物及人類世界（Ferguson, 1980, p. 163-169）。

科學領域之外，我們對現實的看法也有了新的方式。在死亡與瀕死這一領域尤其如此，我們更能夠接受死亡為一現實，對於將瀕死過程視為生命的高端，也有了大量的研究學習。

另有一些發展也與促成個人的改變有關。這類改變本書已經談過許多，但我還是列舉如下：

在各種意識提升活動中，婦女運動只是其中一例而已，同性戀權利與黑人運動則是其他例子，所有這些運動喚醒人們密切關注我們的各種偏見、假設及刻板印象的形塑，因而促成了我們的改變。

「專注」當下，或充分覺察當下，是過去不被承認的體驗，在心理治療中帶來了心理的及生理的改變，進而促成了行為的改變。

對人有了新的認知：人，是一個**過程**，而不是一組固定不變的習慣。此一認知改變了行為方式，增加了行為的選項。

個人心理治療的擴大應用成為一個強大的趨勢，越來越多的證據顯示，此一經驗帶來了自我及行為的改變。

在各種深度性團體體驗中，許多人經驗了個人及集體的持續改變。此一發展在前面的章節中已有討論。

在教育中，心態更為人本化的趨勢，在學習及其他行為上產生了深遠的影響。這也是有案可稽。

最後要談的一系列現代趨勢，與我們的信念系統的改變有關。這裡提出幾項：

越來越堅持個人選擇的自由，相對地，越加抗拒對權威的服從與接受。

更加反對、厭惡大型機構、公司、官僚組織，更加偏愛並極力促成小型的、合作的團體。

更加不相信化約的科學，反而更為關注早期文明及古代「科學」的古老智慧。

這些趨勢的重要意義

所有這些在現代生活中得以發展的趨勢，其意義何在？

綜合來看，這些趨勢使我們對人與世界的看法有了重大的改變。這樣的人具有超乎意料的潛能，其無意識智慧非常有能力，可控制許多身體的功能，可以治癒疾病，可以創造新的現實，可以穿透未來，見物於遠方，直接傳達思想。這樣的人對自己的力量、能力及實力有一種新的覺察，覺察自我正是改變的過程。這樣的人，生活於一嶄新的宇宙，其間一切熟悉的概念——時間、空間、物體、物質、原因、結果——皆不復存在，唯有震動的能量。

以我所見，這些發展構成一個「臨界質量」，將產生巨大的社會改變。在原子彈的爆炸過程中，溫度及其他條件逐漸升高，直至達到一定的質量；一旦達到此一臨界質量，隨之而來的就是爆炸性的擴張過程。這些發展也具有類似的效應，只不過其過程是發生在人與社會的體系。

另一科學的比喻是「典範轉移」。不管在哪個時代，我們的科學世界觀都依循一個既定的模式。沒錯，有些事件與現象完全跳脫出來，卻遭到忽視，直至開始累積，直到無法再受到忽略；然後，一個哥白尼或愛因斯坦為我們帶來全新的模式，一個嶄新的世界觀。這個新觀念絕非舊典範的某種修補，儘管它吸收了舊典範的養分，卻是一個全新的概念。從舊典範到新典範，不是逐漸的過渡，而是非此即彼的選擇：這就是典範的轉移。典範轉移說明了一個科學界的現象，老一輩的科學家至死都依然抱著先前的典範，但是新生代卻隨著新典範成長，悠游其中。

我這裡所說的是，許多我所列舉的趨勢一旦匯集，典範轉移於焉形成。當然，我們仍然生活在熟悉的世界裡，一如人們知道世界是圓的以後，很長一段時間還是生活在平的世界裡。隨著人與世界對這些概念的接受與理解後，新典範才逐漸成為思考與生活的基礎，轉型也就水到渠成。伊利亞．普里高津（Ilya Prigogine, 1980），比利時化學家，一九七七年諾貝爾獎得主，對這種新的科學觀頗有見地，說出了科學家的心聲：「我們看到了一個新的世界降臨，感受到自己身處一個新時代的黎明，伴隨滿懷的興奮與希望，同時也有萬事起頭難的風險。」

明日之人

在這個完全陌生的世界，誰才能夠生存下去？我認為，是那些心靈年輕的人，當然，還有身體也年輕的人。在我所說的趨勢與觀念中，隨著年輕人的成長，許多人自會成為新人類，適合生活於明日世界，而接受了轉型觀念的老一輩也會加入他們。

當然，不會是所有的年輕人。我聽說今天的年輕人只對工作及安定有興趣，不敢冒險或創新，只是追求「第一」的保守派。或許如此吧。不過就我所知，我所接觸的年輕人卻非如此。不管怎麼說，一定會有一些人繼續留在今天的世界，而另有許多人會生活在明日的新世界。

這些新人類將來自何處？據我的觀察，他們已經存在。我又是在哪裡發現他們的呢？在公司的高階管理階層當中，我看到他們放棄永無休止的競爭、高薪及股票分紅的誘惑，過著簡單的新生活。在身著藍色牛仔褲的男男女女當中，我看到他們抗拒現今多數的文化價值，以新的方式過日子。在教士、修女及牧師當中，我看到他們拋棄體制的教條，過著更有意義的生活。在婦女當中，我看到她們奮力超越社會加諸於她們的種種限制。在黑人、拉丁裔及其他少數族群當中，我看到他們突破幾個世代以來的消極被動，展開堅定積極的生活。在那些體驗過會心團體的人當中，我看到他們在自己的生活中找到了一個安頓感情與思想的地方。在那些有創意但不為學校所容的人當中，我看到他們衝撞進入更高的境界，遠勝過學校貧乏教學所能做到的。在我這樣年紀身為心理治療師的人當中，我也看到了這樣的人，他們的案主為自己選擇了更自由、更能自我指導的人生。也就是在這些地方，我發現了這樣的人，他們或許能夠生存於此一轉型的世界。

明日之人的特質

我親身經歷過這些人，發現他們都有著某些共同的特點。或許不是每個人都擁有所有這些品質，但我相信，既然能夠生活於徹底改變的明日世界，必都具有某些特定的特質。我對這些特質之所見所感，簡述如下：

一、**開放**。這些人對世界敞開，無論內在或外在。對體驗、新的看法、新的生活方式、新的理念及觀念都持開放態度。

二、**企求真誠**。我發現這些人重視溝通，認為有什麼說什麼、實話實說最可貴。他們反對我們文化的虛偽、欺騙及含糊其辭，舉例來說，他們對於自己的性關係保持開放態度，不會搞神祕或腳踏兩條船。

三、**對科學與技術持懷疑態度**。他們極度不信任現在用來征服自然與控制世界人們的科學與技術，另一方面，當科學——諸如生物反饋——用來強化自我覺察及自我控制時，他們卻是死忠支持者。

四、**渴望整合**。這些人不喜歡活在一個二分的世界——身與心、健康與疾病、理性與感情、科學與常識、個人與團體、正常與瘋狂、工作與娛樂。他們追求一個整合的生命，在生活中，思想、感受、體能、精神能量、康復能量全都是一體的。

五、**希求親密**。他們為親近、親密、共識尋找新的形式。在社群這類團體中，他們尋找新的溝通形式——口語的與非口語的、理性的與感性的。

六、**過程人**。他們清楚覺知，關於生命有一件事是確定的，那就是變化——他們永遠都處於過程中，總是在變。他們衷心接受此一存在的風險，面對變化時充滿活力。

七、**關愛**。這些人充滿關愛，只要別人是真正需要，他們絕不吝於援手。這種關愛不誇張、不欲人知、非關道德、非關評判。對職業性的助人工作者，他們敬而遠之。

八、**心向自然**。他們親近、關愛大自然。有生態意識，樂在與自然力量結盟，而非征服自然。

九、**反體制**。這些人厭惡任何高度體制化、僵化與官僚化的機構，在他們的心目中，機構是為人存在的，而非人為了機構存在。

十、**內在權威**。這些人對自己的體驗深具信心，不信任外在權威，他們自有自己的道德判斷，遇到他們認為不公正的事，甚至不惜公開抗拒法律。

十一、**輕忽物質**。這些人基本上對物質的享受與報酬完全不放在心上，金錢與物質的地位象徵非他們所追求，生活可以豐足，但非必要。

十二、**渴慕靈性**。這些明日之人是追尋者，把生命的意義及終極目的看得比個人還重要。他們有些人信仰崇拜，但是更多的人多方檢視人類在個體以外所發現的價值與力量。他們想要過的是內在平和的生活，心目中的英雄是精神性的人物——聖雄甘地、馬丁・路德・金、德日進（Pierre Teilhard de Chardin）。有的時候在另類的意識狀態下，他們體驗宇宙的統一與和諧。

以上這些特質，是我在明日之人身上看到的。我深切明白，具有所有這些特質的人為數極少，我知道自己只是以極少數的人總括全體而已。

引人注目的是，唯有具以上特質的人能夠安適於一個僅由震動能量所組成的世界、一個沒有堅實基礎的世界、一個在過程與變化中的世界、一個心靈在其間覺知並創生新現實的世界。正是他們，將完成典範轉移。

明日之人能夠生存嗎？

我已經描述了這些大異於我們傳統世界的人們，他們能夠（或將得以）存活下去嗎？他們將碰到什麼樣的敵對力量？他們又將如何影響我們的未來呢？

敵對力量

這種新人的出現勢將遭遇對抗，我這裡就拿幾個口號來說明敵對力量所在的根源。

一、「國家至上」。過去十年已有充分證據顯示，在美國和絕大多數國家，統治菁英及其周圍的龐大官僚組織，根本容不下異議人士或不同價值觀與理想的人。無論今日或未來，明日之人飽受騷擾，表達自由遭到打壓，被控陰謀叛逆，因拒絕服從而鋃鐺入獄。若要扭轉此一趨勢，需要有眾多美國公民覺醒——這顯然不太可能。民主過程的核心無他，接納多元價值、生活方式及意見而已，但這在美國已經是明日黃花。因此，對於這些即將出現的人，只要可能，政府必將打壓。

二、「傳統至上」。對任何違反傳統的人，我們的社會體制——教育、公司、教會、家庭——都是站在對立面。大學及地方上的公立學校極有可能是最敵視這些明日之人的機構。新人不願迎合傳統，將會受到排擠，被掃地出門。公司儘管形象保守，多少還會反應社會潮流，縱使如此，對於自我實現優於業績、個人成長優於薪資或盈利、與自然合作優於征服自然的人，他們仍將反對不容。至於教會，比較沒那麼難以對付。而家庭與婚姻傳統，由於已經處於相當混亂的狀態，敵對力量縱使仍然存在，有可能難以施展。

三、**「理性至上」**。這些正在出現的新人所追求的是全人——身體、思想、感情、精神與靈性力量的合一——這將會被視為最嚴重的大逆不道。不僅科學與學術，連政府都一樣，都是建立在認知推理是人類唯一重要功能的假設上，其信念是智力與理性能夠解決任何問題；正是此一信念，將我們引入了越南這片泥淖。科學家、教職員及各個層面的決策者也持同樣的信念。任何人挑戰此一信念的人，無論出之以言詞或行動，他們都將第一個跳出來加以羞辱與貶斥。

四、**「人類應予管教」**。這種對人類的觀點，合理推斷應是現行技術文化的產物。其中包括社會及心理技術的應用，基於後工業時代的社會利益而管制違逆行為。這類管制並非操諸於某一體制的力量，而是由所謂的「戰爭—福利—產業—通訊—警察官僚體制」掌控。很明顯地，一旦馴服的風氣成為主流，此一複雜網絡的首要目的之一，就是控制或消滅我所講的這些人。

五、**「永遠維持現狀」**。改變具有威脅性，其可能性令人們感到恐懼與憤怒，其最純粹的本質可見於極端的政治右派，但是事實上對於變化過程及改變，我們每個人多少都有幾分畏忌。因此，眼看自己的安全世界行將崩解，極端保守的右派因理解而心生恐懼，便會對這種新人發出聲討；而保守的聲音往往得到全民的默許。改變是痛苦的，不確定的。誰會歡迎呢？答案是，**極少數**。

六、**「真理站在我們這邊」**。真正的信仰者也是改變的敵人，這種人無所不在，右派有，左派有，中間派也有。他們無法忍受，一個追尋的人，不確定且溫和；無論年輕或年長，狂熱的左翼或死硬的右翼，必定反對這種追尋真理的人。這類真正的信仰者才擁有真理，這也是無可否認的。

因此，這些明日之人不斷現身，也將不斷發現抗拒和抵制來自這六股頑強的勢力，而且很有可能因此而為之覆滅。

比較樂觀的前景

儘管這些明日之人會遭到反對，我卻越來越有信心，相信不僅他們得以存活，還將在我們的文化中起著一種高度催化的作用。

我之所以樂觀，在於科學、社會及個人的觀點持續在變化，其發展可謂欣欣向榮。理論物理學不會被放到舊紙箱裡去。生物反饋只會一往直前，絕不會倒退，而是繼續開展我們內在及無意識智慧意想不到的力量。越來越多的人將體驗到意識的另類狀態，日積月累，遍及萬方。換句話說，壓力將會不斷堆疊，直至典範轉移應運而生。

明日之人將是能夠理解此一典範轉移的人，並予以吸收為己所用。他們將是生活於新世界的人，雖然其輪廓僅隱約可見。除非我們自我毀滅，這個新世界定然來臨，使我們的文化為之轉型。

此一新世界將更為人道與人本，探索並發展人類心靈與精神的豐沛與大能，由此培養出更完整與全面的個人；這將是珍視每個獨立個人（這正是我們最重要的資源）的世界；這也將是一個更自然的世界，回復對自然的愛與尊重，並以新的更靈活的概念，發展更人性的科學，其技術旨在厚植人與自然，而不在於剝削。隨著個人意識到自身的力量與自由，新世界將使其創造力釋放。

科學、社會與文化的變革風氣已然形成，其勢銳不可當，將我們席捲於此一新世界，此一我所勾勒的明日世界。而人，我所描述的明日之人，則是此一新世界的核心。

這就是未來的以人為本的腳本。我們或可選擇此一世界，但無論我們選擇與否，其仍然無可抗拒的改變我們的文化，而其改變則是朝著更人性化的方向發展。

【附錄一】卡爾・羅傑斯著作年表

以下為卡爾・羅傑斯一九三〇至一九八〇發表之作品：

一九三〇

〈智能：露營活動要素之一〉（Intelligence as a factor in camping activities）C. W. Carsone 共同執筆。*Camping Magazine,* 1930, 3(3), 8-11.

一九三一

《九至十三歲兒童人格調整之計量》（*Measuring personality adjustment in children nine to thirteen*）New York: Teachers College, Columbia University, Bureau of Publications, 1931, 107 pp.

《人格調整測驗》（*A test of personality adjustment*）New York: Association Press, 1931.

〈我們會為金屬製造業付出代價〉（We pay for the Smiths）M. E. Rappaport 共同執筆，*Survey Graphic,* 1931, *19,* 508 ff.

一九三三

〈良好的寄養家庭：其成果與限制〉*Mental Hygiene* 1933, *17,* 21-40。同時也發表於 F. Lowry 所編《社會個案工作》（*Readings in social case work*）Columbia University Press, 1939, pp. 417-436.

一九三六

〈社會工作者與法律〉（Social workers and legislation）*Quarterly Bulletin New York State Conference on Social Work,* 1936, 7(3), 3-9.

一九三七

〈臨床心理工作者對待人格問題的態度〉（The clinical psychologist's approach to personality problems）*The Family,* 1937, *18,* 233-243.

〈兒童治療方法的三個觀察〉（*Amer. J . Orthopsychiat*）1937, *7,* 48-57.

一九三八

〈羅徹斯特青年的診斷研究〉（*N.Y. State Conference on Social Work*）Syracuse: 1938, pp. 48-54.

一九三九

〈權威與個案工作——兩者可以共存嗎？〉（Authority and case work—Are they compatible? ）*Quarterly Bulletin, N.Y. State Conference on Social Work.* Albany: 1939, pp. 16-24.

《問題兒童的臨床治療》（*The clinical treatment of the problem child*）Boston: Houghton Mifflin, 1939, 393 pp.

〈臨床心理工作者訓練不可或缺的重點〉（Needed emphases in the training of clinical psychologists）*J. Consult. Psychol.,* 1939, *3,* 141-143.

一九四〇

〈治療過程〉（The processes of therapy）*J. Consult. Psychol.,* 1940, *4,* 161-164.

一九四一

〈臨床實務心理學〉（Psychology in clinical practice）In J. S. Gray (Ed.), *Psychology in use.* New York: American Book Company, 1941, pp. 114-167.

〈問題症狀的臨床意義〉（The clinical significance of problem syndromes） C. C. Bennett 共同執筆，*Amer. J. Orthopsychiat.,* 1941, *11,* 222-229.

〈治療結果的預測〉（Predicting the outcomes of treatment）C. C. Bennett 共同執筆， *Amer. J. Orthopsychiat.,* 1941, *11,* 210-221.

一九四二

《諮商與心理治療》（*Counseling and psychotherapy*） Boston: Houghton Mifflin, 1942, 450 pp；日文本：Sogensha Press, Tokyo, 1951.

〈三所小學的心理衛生問題〉（Mental health problems in three elementary schools） *Educ. Research Bulletin,* 1942, *21,* 69-79.

〈心理工作者對父母、兒童及社區問題的貢獻〉（The psychologist's contributions to parent, child, and community problems）*J. Consult. Psychol.,* 1942, *6,* 8-18.

〈三所具有代表性小學心理衛生問題研究〉（A study of the mental health problems in three representative elementary schools）收錄於 T. C. Holy 等所編之

《哥倫布公立學校健康與生理教育研究》（*A study of health and physical education in Columbus Public Schools.*）Ohio State Univer., Bur. of Educ. Res. Monogr., No. 25, 1942, pp. 130-161.

〈使用錄音訪談改善心理治療技術〉*Amer. J. Orthopsychiat.,* 1942, *12,* 429-434.

一九四三

〈輔導所內的治療〉（Therapy in guidance clinics）*J. Abnorm. Soc. Psychol.,* 1943,

38, 284-289. 也收錄於 R. Watson 所編的《臨床心理學》（*Readings in clinical psychology*）New York: Harper and Bros., 1949, pp. 519-527.

一九四四

《戰後調整》（*Adjustment after combat*）Army Air Forces Flexible Gunnery School, Fort Myers, Florida. Restricted Publication, 1944, 90 pp.
〈諮商關係中洞察力的發展〉（The development of insight in a counseling relationship）*J . Consult. Psychol.,* 1944, *8,* 331 -341. 也收錄在 A. H. Brayfield 所編的《現代諮商方法》（*Readings on modern methods of counseling*）New York: Appleton- Century-Crofts, 1950, pp. 119-132.
〈退伍人員的心理調整〉（The psychological adjustments of discharged service personnel）*Psych. Bulletin,* 1944, *41,* 689-696.

一九四五

〈諮商〉（Counseling）*Review ofEduc. Research,* 1945, *15,* 155-163.
〈給美國石油勞工的一個諮商觀點〉（A counseling viewpoint for the USO worker）*USO Program Services Bulletin,* 1945.
〈應對個別的美國石油勞工〉（Dealing with individuals in USO）*USO Program Services Bulletin,* 1945.
〈非指導方法：一項社會研究技術〉（The nondirective method as a technique for social research）*Amer. J . Sociology,* 1945, *50,* 279-283.
〈一名教師兼治療師應對一個殘障兒童〉（A teacher-therapist deals with a handicapped child）V. M. Axlinee 共同執筆，*J . Abnorm. Soc. Psychol.,* 1945, *40,* 119-142.
〈諮商的現行趨勢，一項研討會〉（Current trends in counseling, a symposium）R. Dicks & S. B. Wortis 共同執筆，*Marriage and Family Living,* 1945, 7(4).

一九四六

〈心理計量測驗予以案主為中心的諮商〉（Psychometric tests and client-centered counseling）*Educ. Psychol. Measmt.,* 1946, *6,* 139-144.
〈非指導治療的最新研究及其影響〉（Recent research in nondirective therapy and its implications）*Amer. J . Orthopsychiat.,* 1946, *16,* 581-588.
〈以案主為本治療的重要面向〉（Significant aspects of client-centered therapy）*Amer. Psychologist,* 1946, 7 , 415-422。西班牙文翻譯發表於 *Rev. Psicol. Gen. Apl.,* Madrid, 1949, *4,* 215-237.
〈一位飛行員的情緒障礙諮商〉（Counseling of emotional blocking in an aviato），C. A. Muench 共同執筆，*J . Abnorm. Soc. Psychol.,* 1946, *41,* 207-216.
《返鄉軍人諮商》（*Counseling with returned servicemen*），J. L. Wallen 共同執筆，New York: McGraw-Hill, 1946, 159 pp.

一九四七

〈瑪莉．珍妮．提爾頓個案〉（The case of Mary Jane Tilden） W. U. Snyder 編著《非指導諮商個案》（*Casebook of nondirective counseling*）Boston: Houghton Mifflin, 1947, pp. 129-203.

〈心理治療現行趨勢〉（Current trends in psychotherapy）W. Dennis 編著《心理學現行趨勢》（*Current trends in psychology*）University of Pittsburgh Press, 1947, pp. 109-137.

〈人格組織的一些觀察〉（Some observations on the organization of personality）*Amer. Psychologist,* 1947, 2, 358-368. 也見於 A. Kuenzli 編著《現象學問題》（*The phenomenological problem*）New York: Harper and Bros., 1959, pp. 49-75.

一九四八

《社會緊張之處理：以案主為本的諮商處理人際衝突》（*Dealing with social tensions: A presentation of clvent<entered counseling as a means of handling interpersonal conflict*）New York: Hinds, Hayden and Eldredge, Inc., 1948, 30 pp. 也見於《宗教心理學》（*Pastoral Psychology*） 1952, 3(28), 14-20; 3(29), 37-44.

〈改善矯正方法的不同趨勢〉（Divergent trends in methods of improving adjustment）*Harvard Educational Review,* 1948, *18,* 209-219. 也見於《宗教心理學》（*Pastoral Psychology*）1950, i(8), 11-18.

〈心理治療之研究：圓桌〉（Research in psychotherapy）Round Table, 1947. *Amer. J. Orthopsychiat.,* 1948, *18,* .96-100.

〈以案主為本的諮商對大學院校人事業務的意義〉（Some implications of client-centered counseling for college personnel work）*Educ. Psychol. Measmt.,* 1948, *8,* 540-549. Also published in *College and University,* 1948, and in *Registrar's Journal,* 1948.

〈自我理解在行為預測上的角色〉（The role of self-understanding in the prediction of behavior）B. L. Kell & H. McNeil 共同執筆，*J . Consult. Psychol.,* 1948, *12,* 174-186.

一九四九

〈在以案主為本的治療中諮商師的心態與價值取向〉（The attitude and orientation of the counselor in client-centered therapy）*J . Consult. Psychol.,* 1949, *13,* 82-94.

〈心理治療的協調研究：理論入門〉（A coordinated research in psychotherapy: A non-objective introduction. *J . Consult. Psychol.,* 1949, *13,* 149-153.

一九五〇

〈現行以案主為本的治療及其模式〉（A current formulation of client-centered therapy.）*Social Service Review,* 1950, *24,* 442-450.

〈自我看待的心態與觀念之重要性〉（Significance of the self-regarding attitudes and perceptions）收錄於 M. L. Reymert 編著的《感受與情緒》（*Feelings and* emotions）New York: McGraw-Hill, 1950, pp. 374-382. 也見於 L. Gorlow & W. Katkovsky 編著的《矯正心理學》（*Readings in the psychology of adjustment.* New York）McGraw-Hill, 1959.

〈基本的職業關係為何？〉（What is to be our basic professional relationship?）*Annals of Allergy,* 1950, 8, 234-239. 也見於 M. H. Krout 編著的《心理學、精神病科與公共權益》（*Psychology, psychiatry, and the public interest*）University of Minnesota Press, 1956, pp. 135-145.

〈諮商的基本導向〉（A basic orientation for counseling）R. Becker 共同執筆，*Pastoral Psychology* 1950, *1(1),* 26-34.

〈黑人資產規畫專業協會的政策與方法〉（ABEPP policies and procedures）D. G. Marquis & E. R. Hilgard 共同執筆，*Amer. Psychologist,* 1950, 5, 407-408.

一九五一

〈以案主為本的治療：一種協助過程〉（Client-centered therapy: A helping process）*The University of Chicago Round Table,* 1951, 698, 12-21.

《以案主為本的治療及其現行做法、影響與理論》（*Client-centered therapy: Its current practice, implications, and theory*）Boston: Houghton Mifflin, 1951, 560 pp. 日文譯本 Iwasaki Shoten Press, 1955.

〈以案主為本的治療及其組織紋理〉（Perceptual reorganization in client-centered therapy）R. R. Blake & G. V. Ramsey 編著的《感知：一條對人格認知的途徑》（*Perception: An approach to personality*）New York: Ronald Press, 1951, pp. 307-327.

〈以案主為本的心理治療研究之三：歐克夫人案——研究分析〉（Studies in client-centered psychotherapy III: The case of Mrs. Oak—A research analysis）*Psychol. Serv. Center J.,* 1951, *3,* 47-165，也見於 C. R. Rogers & R. F. Dymond 編著的《心理治療與人格改變》（*Psychotherapy and personality change*）University of Chicago Press, 1954, pp. 259-348.

〈案主之所見〉（Through the eyes of a client）*Pastoral Psychology,* 1951, 2(16), 32-40; (17) 45-50; (18) 26-32.

〈臨床治療何去何從〉（Where are we going in clinical psychology?）*J. Consult. Psychol.,* 1951, *15,* 171-177.

〈以案主為本的心理治療研究之一：心理研究計畫之開發〉（Studies in client-centered psychotherapy I: Developing a program of research in psychotherapy）T. Gordon, D. L. Grummon, & J. Seeman 共同執筆，*Psychol. Serv. Center J.,* 1951, *3,* 3-28，也見於 C. R. Rogers & R. F. Dymond 編著的《心理治療與人格改變》（*Psychotherapy and personality change*）University of Chicago Press, 1954, pp. 12-34.

一九五二

〈以案主為本的心理治療〉（Client-centered psychotherapy）*Scientific American,*

1952, *187,* 66-74.
〈溝通及其障礙與促進〉(Communication: Its blocking and facilitation) *Northwestern University Information,* 1952, *20,* 9-15. 轉載 *ETC,* 1952, *9,* 83-88; *Harvard Bus. Rev.,* 1952, *30,* 46-50; *Human Relations for Management,* E. C. Bursk 編著，New York: Harper and Bros., 1956, pp. 150-158. 法文譯本 *Hommes et Techniques,* 1959.
〈以案主為本治療的個人模式〉(A personal formulation of client-centered therapy) *Marriage and Family Living,* 1952, *14,* 341-361 也見於 C. E. Vincent 編著的《婚姻諮商》(*Readings in marriage counseling*) New York: T. Y. Crowell Co., 1957, pp. 392-423.
《以暗助為中心的治療》(*Client-centered therapy: Parts I and II*) R. H. Segel 合著，十六釐米有聲電影，State College, Pa.: Psychological Cinema Register, 1952.

一九五三

〈心理治療業務的吸引力〉(The interest in the practice of psychotherapy) *Amer. Psychologist,* 1953, 8, 48-50.
〈一項以案主為本治療的研究計畫〉(A research program in client-centered therapy) *Res. Publ. Ass. Nerv. Ment. Dis.,* 1953, *31,* 106-113.
〈治療的方向與目標〉(Some directions and end points in therapy) 收錄於 O. H. Mowrer 編著的《心理治療：理論與研究》(*Psychotherapy: Theory and research*) New York: Ronald Press, 1953, pp. 44-68.
〈消除與員工良好溝通的障礙〉(Removing the obstacles to good employee communications)，With G. W. Brooks, R. S, Driver, W. V. Merrihue, P. Pigors, & A. J. Rinella 共同執筆，*Management Record,* 1953, 15(1), 9-11, 32-40.

一九五四

〈成為一個人〉(Becoming a person.) 奧柏林學院 (Oberlin College) Nellie Heldt 講座，Oberlin: Oberlin Printing Co., 1954. 46 pp. 轉載：the Hogg Foundation for Mental Hygiene, University of Texas, 1966；也見於 *Pastoral Psychology,* 1956, 7(61), 9-13, and 1956, 7(63), 16-26. 及 S. Doniger 編著的 *Healing, human and divine.* New York: Association Press, 1957, pp. 57-67.
〈貝伯先生個案：一個失敗個案的分析〉(The case of Mr. Bebb: The analysis of a failure case) 收錄於 C. R. Rogers & R. F. Dymond 編著的 *Psychotherapy and personality change.* University of Chicago Press, 1954, pp. 349-409.
〈行為習慣的改變與治療的關係〉(Changes in the maturity of behavior as related to therapy) 收錄於 C. R. Rogers & R. F. Dymond 編著的 *Psychotherapy and personality change.* University of Chicago Press, 1954, pp. 215-237.
〈綜觀未來的研究及一些問題〉(An overview of the research and some questions for the future) 收錄於 C. R. Rogers & R. F. Dymond 編著的《心理治療與人格改變》(*Psychotherapy and personality change*) University of Chicago Press, 1954, pp.

413-434.

〈創意理論之探討〉（Towards a theory of creativity）《普通語意學評論季刊》（*ETC: A Review of General Semantics*）1954, *11,* 249-260. 轉載：H. Anderson 編著的《創意及其培養》（*Creativity and its cultivation*）New York: Harper and Bros., pp. 69-82.

《心理治療與人格改變》（*Psychotherapy and personality change*）與 R. F. Dymond 合編，University of Chicago Press, 1954, 447 pp.

一九五五

〈個人對心理工作者所面對的一些問題的看法〉（A personal view of some issues facing psychologists）*Amer. Psychologist,* 1955, *10,* 247-249.

〈心理治療與人格改變〉（Personality change in psychotherapy）*The International Journal of Social Psychiatry,* 1955, *1,* 31-41.

〈人還是科學？一個哲學問題〉（Persons or science? A philosophical question）*Amer. Psychologist,* 1955, *10,* 267-278，轉載：*Pastoral Psychology,* 1959, *10,* (Nos. 92, 93).

《心理治療上路了：林先生個案》（*Psychotherapy begins: The case of Mr. Lin*）與 R. H. Segel 合製十六釐米有聲電影，State College, Pa.: Psychological Cinema Register, 1955.

〈心理治療進行中：蒙小姐個案〉（*Psychotherapy in process: The case ofMissMun*）與 R. H. Segel 合製十六釐米有聲電影，State College, Pa.: Psychological Cinema Register, 1955.

一九五六

〈以案主為本的治療：現行觀點〉（Client-centered therapy: A current view）收錄於 F. Fromm-Reichmann & J. L. Moreno 編著的《心理治療的進展》（*Progress in psychotherapy*） New York: Grune & Stratton, 1956, pp. 199-209.

〈一個對人類問體的諮商方法〉（A counseling approach to human problems）*Amer. J . of Nursing,* 1956, *56,* 994-997.

〈在行為預測與控制上最新進展的影響〉（Implications of recent advances in the prediction and control of behavior）*Teachers College Record,* 1956, 57, 316-322 收錄於 E. L. Hartley & R. E. Hartley 編著的《心理學外篇》（*Outside readings in psychology*）New York: T. Y. Crowell Co., 1957, pp. 3-10. 也收錄於 R. S. Daniel 編著的《當代普通心理學》（*Contemporary readings in general psychology*） Boston: Houghton Mifflin, 1960.

〈純理性的心理治療〉（Intellectualized psychotherapy）評 George Kelly 的《個人建設的心理學，當代心理學》（*The Psychology of personal constructs, Contemporary Psychology*）1956, *1,* 357-358.

〈評 Reinhold Niebuhr 的《自我與歷史的戲劇》（Review of Reinhold Niebuhr's *The self and the dramas of history*），*Chicago Theological Seminary Register,* 1956, *46,* 13-

14，轉載：*Pastoral Psychology,* 1958, *9,* No. 85, 15-17.

〈人類行為控制的幾個問題〉（Some issues concerning the control of human behavior）（與 B. F. Skinner 專題討論）*Science,* November 1956, *124,* No. 3231, 1057-1066，也收錄於 L. Gorlow & W. Katkovsky 編著的《矯正心理學》（*Readings in the psychology of adjustment*）New York: McGraw-Hill, 1959, pp. 500-522.

〈成為一個人所指為何〉（What it means to become a person）收錄於 C. E. Moustakas 編著的《自我》（*The self*）New York: Harper and Bros., 1956, pp. 195-211.

〈行為理論與一個諮商個案〉（Behavior theories and a counseling case）E. J. Shoben, O. H. Mowrer, G. A. Kimble, & J. G. Miller 共同執筆，*J. Counseling Psychol.,* 1956, *3,* 107-124.

一九五七

〈治療促成人格改變的必要與充分條件〉（The necessary and sufficient conditions of therapeutic personality change）*J. Consult. Psychol.,* 1957, *21,* 95-103. 法文翻譯刊於 *Hommes et Techniques,* 1959.

〈談人的本質〉（A note on the nature of man）*J. Counseling Psychol.,* 1957, *4,* 199-203. 也刊於 *Pastoral Psychology,* 1960, *11,* No. 104, 23-26.

〈談教學與學習〉（Personal thoughts on teaching and learning）*Merrill-Palmer Quarterly,* Summer, 1957, *3,* 241-243，也刊於 *Improving College and University Teaching,* 1958, *6,* 4-5.

〈一個治療師談良好的生活〉（A therapist's view of the good life）*The Humanist,* 1957, *17,* 2 9 1 - 300.

〈如何訓練一個人融入治療〉（Training individuals to engage in the therapeutic process）刊於 C. R. Strother 所編《心理學與心理衛生》（*Psychology and mental health*）Washington, D.C.: Amer. Psychological Assn., 1957, pp. 76-92.

《傾聽》（*Active listening*）R. E. Farson 共同執筆，University of Chicago, Industrial Relations Center, 1957, 25 pp.

一九五八

〈助人關係的特質〉（The characteristics of a helping relationship）*Personnel and Guidance Journal,* 1958, *37,* 6-16.

〈心理治療過程的構想〉（A process conception of psychotherapy）*American Psychologist,* 1958, *13,* 142-149.

一九五九

〈以案主為本的治療〉（Client-centered therapy）刊於 S. Arieti 所編《美國精神病學手冊》（*American Handbook of Psychiatry*）Vol. 3. New York: Basic Books, Inc., 1959, pp. 183-200.

〈論幾個個案〉（Comments on cases）刊於 S. Standal & R. Corsini 所編《心理治療中的緊要事件》（*Critical incidents in psychotherapy*）New York: Prentice-Hall, 1959.

〈心理治療的本質：一個以案主為本的觀點〉（The essence of psychotherapy: A client-centered view. *Annals of Psychotherapy,* 1959, *1,* 51-57.

〈我在個人諮商中學到的教訓〉（Lessons I have learned in counseling with individuals）刊於 W. E. Dugan 所編《現代學校的實務，系列三，諮商觀點》(*Modern school practices, Series 3, Counseling points of view*) University of Minnesota Press, 1959, pp. 14-26.

〈治療與教育中的重要課題〉（Significant learning: In therapy and in education）*Educational Leadership,* 1959, *16,* 232-242.

〈心理治療計量的暫行量表〉（A tentative scale for the measurement of process in psychotherapy）刊於 E. A. Rubinstein & M. B. Parloff 所編《心理治療研究》（*Research in psychotherapy*）Washington, D.C.: Amer. Psychological Assn., 1959, pp. 96-107.

〈一項有關治療、人格與人際關係的理論：發展中的以案主為本的體系〉（A theory of therapy, personality, and interpersonal relationships, as developed in the client-centered framework）刊於 S. Koch 所編《心理學：一種科學研究，卷三，人與社會網絡之形成》（*Psychology: A study of a science*，Vol. III. *Formulations of the person and the social context*） New York: McGraw-Hill, 1959, pp. 184-256.

〈我行即我在〉（The way to do is to be）評羅洛・梅（Rollo May）等人的《存在：精神病學與心理學的一個新面向》（Existence: A new dimension in psychiatry and psychology） in Contemporary Psychology）1959, 4, 196-198.

《心理治療與人際關係》（*Psychotherapie en Menselyke Ver-houdingen*）G. Marian Kinget 合著。Utrecht: Uitgeverij Het Spectrum, 1959, 302 pp.

〈時間限制，以案主為本的心理治療：兩個個案〉（Time-limited, client-centered psychotherapy: two cases），M. Lewis & J. Shlien 共同執筆，刊於 A. Burton 所編《諮商與心理治療個案研究》（*Case studies of counseling and psychotherapy*）Prentice-Hall, 1959, pp. 309-352.

一九六〇

〈馬丁・布伯與卡爾・羅傑斯對談〉（Dialogue between Martin Buber and Carl Rogers）*Psychologia,* December 1960, 3(4), 208-221.

《心理治療：諮商者與案主》（*Psychotherapy: The counselor,* and *Psychotherapy: The client*）十六釐米有聲電影。發行人 Bureau of Audio- Visual Aids, University of Wisconsin, 1960.

〈以案主為本取向治療的重要趨勢〉（Significant trends in the client-centered orientation）刊於 D. Brower & L. E. Abt 所編《臨床心理學的進展》（*Progress in clinical psychology*） Vol. IV. New York: Grune & Stratton, 1960, pp. 85-99.

〈個人目標：一個治療師的觀點〉（A therapist's view of personal goals）Pendle Hill Pamphlet, No. 108. Wallingford, Pennsylvania, 1960, 30 pp.

〈心理治療中計量改變過程量表之發展〉（Development of a scale to measure process changes in psychotherapy）A. Walker & R. Rablen 共同執筆，*J. Clinical Psychol.,* 1960, i 6 (l), 79-85.

一九六一

〈現代人的孤獨：以「愛倫·韋斯特個案」為例〉（The loneliness of contemporary man, as seen in "The Case of Ellen West"）*Review of Existential Psychology & Psychiatry,* May 1961, 7(2), 94-101，擴充版也刊於 C. R. Rogers & R. L. Rosenberg, *A Pessoa Como Centro,* Sao Paulo, Brazil: Edito-ria Pedagogica e Universitaria Ltda., 1977.

《成為一個人》（*On becoming a person*）Boston: Houghton Mifflin, 1961, 420 pp.（Also in Sentry Edition, softcover.）

〈以案主為本療法對應某些心理治療問題〉（Panel presentation: The client-centered approach to certain questions regarding psychotherapy）*Annals of Psychotherapy,* 1961, 2, 51-53.

〈人在一個行為改變新世界中的位置〉（The place of the person in the new world of the behavioral changes）*Personnel and Guidance Journal,* February 1961, 39(6), 442-451.

〈心理治療過程方程式〉（The process equation of psychotherapy）*American Journal of Psychotherapy,* January 1961, 75(1), 27-45.

〈心理治療精神分裂之理論及其實證研究的一個建議〉（A theory of psychotherapy with schizophrenics and a proposal for its empirical investigation）In J. G. Dawson, H. K. Stone, & N. P. Dellis (Eds.), *Psychotherapy with schizophrenics.* Baton Rouge: Louisiana State University Press, 1961, pp. 3-19.

〈兩個分道揚鑣的趨勢〉（Two divergent trends）刊於 R. May 所編《存在心理學》（*Existential psychology*）New York: Random House, 1961, pp. 85-93.

〈我們所知道的心理治療〉（What we know about psychotherapy）*Pastoral Psychology,* 1961, 72, 31-38.

一九六二

〈評 F. L. Vance 大作〉（Comment (on article by F. L. Vance)）*J. Counsel. Psychol.,* 1962, 9, 16-17.

〈人際關係的要訣〉（The interpersonal relationship: The core of guidance）*Harvard Educ. Rev.,* Fall 1962, 32(4), 416^*29.

〈尼布爾論人的本質〉（Niebuhr on the nature of man）刊於 S. Doniger 所編《人的本質》（*The nature of man*）New York: Harper and Brothers, 1962, pp. 55-71（與 B. M. Loomer, W. M. Horton, & H. Hofmann 共同討論）.

〈心理治療在精神分裂研究上的幾個心得〉（Some learnings from a study of

psychotherapy with schizophrenics）*Pennsylvania Psychiatric Quarterly,* Summer 1962, pp. 3-15.

〈治療造成精神分裂與正常人改變的研究：設計與方法〉（A study of psychotherapeutic change in schizophrenics and normals: Design and instrumentation）*Psychiatric Research Reports,* American Psychiatric Association, April 1962, 75, 51-60.

〈治療關係：最近的理論與研究〉（The therapeutic relationship: Recent theory and research）洛杉磯臨床心理工作者協會在加州比佛利山主辦之講座，January 19, 1962。自行發表。

〈成為一個充分運作的人〉（Toward becoming a fully functioning person）刊於 A. W. Combs 所編《覺知、行動、成為，一九六二年鑑》（*Perceiving, behaving, becoming, 1962 Yearbook*）Association for Supervision and Curriculum Development. Washington D.C., 1962, pp. 21-33.

〈心理治療與人際關係：非指導治療的理論與實務〉（Psychotherapie et relations humaines: Theorie et pratique de la therapie non-directive）G. M Kinget 共同執筆，Louvain, Belgium: Publications Universitaires, 1962, 319 pp.

一九六三

〈實現傾向與「動機」及意識的關係〉（The actualizing tendency in relation to "motives" and to consciousness）刊於 M. Jones 所編《內布拉斯加一九六三「動機」研討會》（*Nebraska Symposium on Motivation, 1963*）University of Nebraska Press, 1963, pp. 1-24.

〈何謂充分運作的人〉（The concept of the fully functioning person）《心理治療：理論、研究與實務》（*Psychotherapy: Theory, Research, and Practice*）1963, 7(1), 17-26.

〈學習的自由〉（Learning to be free）刊於 S. M. Farber & R. H. Wilson 所編《衝突與創意：心識的管理，第二卷》（*Conflict and creativity: Control of the mind, Part 2*）New York: McGraw-Hill, 1963, pp. 268-288.

〈學習的自由〉（Learning to be free，前書簡要版）*Nat. Educ. Ass. J.*, March 1963.

〈今日之心理治療：我們從何而來？〉（Psychotherapy today: Or, where do we go from here?）*American Journal of Psychotherapy,* 1963, 77(1), 5-16.

一九六四

〈自由與承諾〉（Freedom and commitment）*The Humanist,* 1964, 24(2), 37-40.

〈有效人際溝通的要素〉（Some elements of effective interpersonal communication）加州理工學院演講，November 1964。未發表。

〈現代價值之建立：成熟的人如何建立自己的價值〉（Toward a modern approach to values: The valuing process in the mature person）*J. Abnorm. Soc. Psychol.,* 1964, 68(2), 160-167。

〈人的科學〉（Toward a science of the person）刊於 T. W. Wann 所編《行為主義與

現象學：現代心理學兩個截然相異的基礎》（*Behaviorism and phenomenology: Contrasting bases for modern psychology*）University of Chicago Press, 1964, pp. 109-140.

一九六五

〈與卡爾・羅傑斯午後晤談〉（An afternoon with Carl Rogers）*Explorations,* 1965, *3,* 104.

〈如何諮商成功？一個建議〉（Can we meet the need for counseling? A suggested plan）*Marriage and Family,* September 1965, 2(5), 4-6. 澳大利亞昆士蘭，澳大利亞國家婚引輔導協會。

〈心理焦慮的處理〉（Dealing with psychological tensions）*J . Appl. Behav. Sci.* 1965, *1,* 6-24.

〈《兒童與青少年的創意》序〉（Foreword. In H. Anderson, *Creativity in childhood and adolescence*）Palo Alto: Science and Behavior Books, 1965, pp. v-vii.

〈人的人本概念〉（A humanistic conception of man）R. E. Farson 所編《科學與人事》（*Science and human affairs*）Palo Alto, California: Science and Behavior Books, 1965, pp. 18-31.

〈心理學與教師培訓〉（Psychology and teacher training）刊於 D. B. Gowan & C. Richardson 所編《五個領域與師範教育》（*Five fields and teacher education*）Ithaca, New York: Project One Publications, Cornell University, 1965, pp. 56-91.

〈人本心理學的幾個問題與挑戰〉（Some questions and challenges facing a humanistic psychology）*J . Hum. Psychol.,* 1965, 5, 105.

〈治療關係：最新的理論與研究〉（The therapeutic relationship: Recent theory and research）*Australian Journal of Psychology, 1965, 17,* 95-108.

〈（一位人妻眼中的卡爾・羅傑斯）〉（(A wife's-eye view of Carl Rogers. *Voices,* 1965, *1(1),* 93-98.)）Helen E. Rogers 著。

一九六六

〈以案主為本的治療〉（Client-centered therapy）S. Arieti 所編《精神病學美國手冊增補》（*Supplement to American handbook of psychiatry*）Vol. 3. New York: Basic Books, Inc., 1966, pp. 183-200. (See also 1959.)

〈麥克・波拉尼與卡爾・羅傑斯對談〉（Dialogue between Michael Polanyi and Carl Rogers）San Diego State College and Western Behavioral Sciences Institute July 1966, 8-page pamphlet.

〈保羅・田立克與卡爾・羅傑斯對談〉（Dialogue between Paul Tillich and Carl Rogers, Parts I and II）San Diego: San Diego State College, 1966, 23-page pamphlet.

〈輔導學習〉（To facilitate learning）刊於 M. Provus 所編《教學與創新》（*Innovations for time to teach*）Washington, D.C.: National Education Association, 1966, pp. 4-19.

一九六七

〈自傳〉（Autobiography）刊於 E. W. Boring & G. Lindzey《心理學史，自專篇》（*A history of psychology in autobiography*）Vol. V. New York: Appleton-Century-Crofts, 1967.

〈卡爾・羅傑斯談團體與人文科學的缺陷，訪談〉（Carl Rogers speaks out on groups and the lack of a human science. An interview）*Psychology Today,* December 1967, *1,* 19-21, 62-66。〈Client-centered therapy〉刊於 A. M. Freedman & H. I. Kaplan 所編《精神病學綜合手冊》（*Comprehensive textbook of psychiatry*）Baltimore: Williams & Wilkins, 1967, pp. 1225-1228.

〈重點學習的輔導〉（The facilitation of significant learning 刊於 L. Siegel 所編《當代教學理論》（*Contemporary theories of instruction*）San Francisco: Chandler Publishing Co., 1967, pp. 37-54.

〈輔導學習中的人際關係〉（The interpersonal relationship in the facilitation of learning）刊於 R. Leeper 所編《人性化教育》（*Humanizing education*）National Education Association, Association for Supervision and Curriculum Development, 1967.

〈教育體系中自我指導改變計畫〉（A plan for self-directed change in an educational system）*Educ. Leadership,* May 1967, *24,* 717-731.

〈基本會心團體的過程〉（The process of the basic encounter group）刊於 J. F. T. Brugental 所編《人本心理學的挑戰》（*The challenges of humanistic psychology*）New York: McGraw-Hill, 1967, pp. 261-278.

《治療關係及其影響：精神分裂心理治療的研究》（*The therapeutic relationship and its impact: A study of psychotherapy with schizophrenics*）與 E. T. Gendlin, D. J. Kiesler, & C. Truax 和著，University of Wisconsin Press, 1967, 625 pp.

《人與人的關係》（*Person to person*），B. Stevens 等人和著， Moab, Utah: Real People Press, 1967.

一九六八

〈輔導學習中的人際關係〉（The interpersonal relationship in the facilitation of learning）*The Virgil E. Herrick Memorial Lecture Series.* Columbus, Ohio: Charles E. Merrill Publishing Co., 1968.

〈人際關係：美國二〇〇〇年〉（Interpersonal relationships: USA 2000）*J . Appl. Behav. Sci.,* 1968, 4(3), 265-280.

〈教育改革：一項可行的計畫〉（A practical plan for educational revolution）刊於 R. R. Goulet 所編《教育改革：現實與前景》（*Educational change: The reality and the promise*）（國家創新研討會上的報告，檀香山，July 1967.）New York: Citation Press, 1968, pp. 120-135.

〈評詹姆斯・卡瓦納的《一個今日神職人員眼中過時的教會》〉（Review of J. Kavanaugh's book, *A modern priest looks at his outdated church*）*Psychology Today,* 1968, p. 13.

〈致日本讀者，羅傑斯十八本日譯系列導讀〉（To the Japanese reader. Introduction to a series of 18 volumes of Rogers' work translated into Japanese）Tokyo: Iwasaki Shoten Press, 1968.

《人與科學的人》（*Man and the science of man*）與 W. R. Coulson 合編，Columbus, Ohio: Charles E. Merrill Publishing Co., 1968, 207 pp.

一九六九

〈保持關係〉（Being in relationship）刊於《學習的自由：教育的展望》（*Freedom to learn: A view of what education might become*）Columbus, Ohio: Charles E. Merrill Publishing Co., 1969.

〈群組：團體〉（Community: The group）*Psychology Today,* Del Mar, California: CRM Books, Inc., December 1969, *3.*

《學習的自由：教育的展望》（*Freedom to learn: A view of what education might become*）Columbus, Ohio: Charles E. Merrill Publishing Co., 1969, 358 pp. Available in hardcover or softcover.

〈研究所的心理學教育〉（Graduate education in psychology: A passionate statement）刊於 *Freedom to learn: A view of what education might become.*

〈心理學家逐漸增加社會問題的參與：正面與負面評論〉（The increasing involvement of the psychologist in social problems: Some comments, positive and negative）*J. Appl. Behav. Sci.,* 1969, *5,* 3-7.

〈密集團體體驗〉（The intensive group experience）In *Psychology today: An introduction.* Del Mar, California: CRM Books, Inc., 1969, pp. 539-555.

〈明日之人〉（The person of tomorrow）Sonoma State College Pamphlet, 1969.（畢業典禮演講，June 1969.）

〈教育工作者的自我指導改變：實驗與影響〉（Self-directed change for educators: Experiments and implications）刊於 E. Morphet & D. L. Jesser 所編《準教育工作者如何應對迫切需求》（*Preparing educators to meet emerging needs*）（為州長未來教育會議所撰，一項八個州的計畫）New York: Citation Press, Scholastic Magazine, Inc., 50 West 44th Street, 1969.

一九七〇

《卡爾・羅傑斯論會心團體》（*Carl Rogers on encounter groups*）New York: Harper & Row, 1970, 168 pp. Available in hardcover or softcover.

J. T. Hart & T. M. Tomlinson 所編《以案主為本治療的新方向》（*New directions in client-centered therapy*）的前言與第九、十六、二十二、二十五、二十六、二十七章，Boston: Houghton Mifflin, 1970.（除前言與第二十七章，其餘均另行發表於〈回顧與前瞻：與卡爾・羅傑斯對談〉〔Looking back and ahead: A conversation with Carl Rogers〕J. T. Hart 主持）。

一九七一

〈學校能夠使人成長嗎？〉（Can schools grow persons?）*Educational Leadership,* December 1971，社論。

〈忘掉自己是老師，卡爾．羅傑斯如此說〉（Forget you are a teacher. Carl Rogers tells why）*Instructor* (Dans-ville, New York), August/September 1971, pp. 65-66.

〈訪談卡爾．羅傑斯〉（Interview with Dr. Carl Rogers）刊於 W. B. Frick 所編《人本心理學：訪談馬斯婁、墨菲與羅傑斯》（*Humanistic psychology: Interviews with Maslow, Murphy & Rogers*）Columbus, Ohio: Charles E. Merrill Publishing Co., 1971.

〈心理失調 vs. 持續成長〉（Psychological maladjustments vs. continuing growth）*Developmental Psychology.* Del Mar, California: CRM Books, Inc., 1971.

〈有效人際溝通的幾個要素〉（Some elements of effective interpersonal communication）*Washington State Journal of Nursing,* May/June 1971, pp. 3-11.

一九七二

《成為伴侶：婚姻及其變項》（*Becoming partners: Marriage and its alternatives*）New York: Dela-corte, 1972, 243 pp.

〈學習中思想與感受兼顧〉（Bringing together ideas and feelings in learning）*Learning Today,* Spring 1972, 5, 32-43

〈評布朗與特德斯基之文〉（Comment on Brown and Tedeschi article）*J . Hum. Psychol.,* Spring 1972, 72(1), 16-21.

〈推薦《我的會心團體體驗》（*My experience in encounter group*）〉作者：H. Tsuge，日本女子大學女生學監。*Voices,* Summer 1972, 8(2), Issue 28.

〈明日之人〉（The person of tomorrow）*Colorado Journal of Educational Research,* Fall 1972, 72(1). Greeley, Colorado: University of Northern Colorado.（畢業典禮演講：Sonoma State College, June 1969.）

〈以案主為本治療的研究計畫〉（A research program in client-centered therapy）* 刊於 S. R. Brown & D. J. Brenner 所編《科學、心理學與溝通：獻給威廉．史帝文森》（*Science, psychology, and communication: Essays honoring Willliam Stephenson*）New York: Teachers College Press, Teachers College, Columbia University, 1972, pp. 312-324. 本文最初發表於《精神病治療》（*Psychiatric treatment*）卷 31，《神經與心理疾病研究協會系列》（*Proceedings of the Association for Research in Nervous and Mental Disease*）Baltimore: Williams & Wilkins, 1953, pp. 106-113.

〈某些令我憂心的社會問題〉（Some social issues which concern me）*J . Hum. Psychol.* Fall 1972, 72(2), 45-60.

（Wood, J. T. Carl Rogers, gardener, *Human Behavior,* November/ December 1972, 7, 16 ff.）

一九七三

〈論皮茲論文〉（Comment on Pitts article）*J. Hum. Psychol.* Winter 1973, *13,* 83-84.。

〈邂逅卡爾・羅傑斯〉（An encounter with Carl Rogers）收錄於 C. W. Kemper 所編 *Res Publica* Claremont Men's College, Spring 1973, 7(1), 41-51.

〈美好人生：不斷改變的過程〉（The good life as an ever-changing process）報紙系列《美國與人類未來》（*America and the Future of Man*）第九篇，加州大學校務長委刊，Copley News Service 發表。

〈有助於精神分裂的人際關係〉（The interpersonal relationship that helps schizophrenics）美國心理學會「心理治療有益於精神分裂」研討會，Montreal, August 28, 1973.

〈我對人際關係的看法及其成長〉（My philosophy of interpersonal relationships and how it grew）*Hum. Psychol.* Spring 1973, 73(2), 3-15.

〈幾個新的挑戰〉（Some new challenges）*American Psychologist,* May 1973, 28(5), 379-387.

〈活得充實〉（To be fully alive）*Penney's Forum,* Spring/Summer 1973, p. 3.

〈以個人為本的治療〉（Client-centered therapy）B. Meador 共同執筆，收錄於 R. Corsini 所編《今日心理治療》（Current *psychotherapie*）Itasca, Illinois: F. E. Peacock, 1973, pp. 119-166.

（Mousseau, J. Entretien avec Carl Rogers. *Psychologie,* January 1973, *6,* 57-65.）

一九七四

〈學習可以涵蓋思想與感受嗎？〉（Can learning encompass both ideas and feelings?）*Education,* Winter 1974, 95(2), 103-114.

〈洞穴〉（The cavern）（未發表）

〈前言〉（Foreword）A. dePeretti 所著《卡爾・羅傑斯的理論與實務》（*Pensee el Verite de Carl Rogers*）Toulouse: Privat, 1974, pp. 20-27.

〈前言〉（Foreword）日譯《人際關係》（*Person to Person*）Tokyo, 1974.

〈四十六年回顧〉（In retrospect: Forty-six years）*American Psychologist,* February 1974, 29(2), 115-123.

〈訪談論「成長」〉（Interview on "growth."）收錄於 W. Oltmans 所編《論成長：人口與資源縮減危機之探討》（*On growth: The crisis of exploring population and resource depletion*）New York: G. R Putnam's Sons, 1974, pp. 197-205.

〈無瑕的心：一項自我指導改變實驗〉（The project at Immaculate Heart: An experiment in self-directed change）*Education,* Winter 1974, 95(2), 172-196.

〈若我是老師，我會問自己的問題〉（Questions I would ask myself if I were a teacher）*Education,* Winter 1974, 95(2), 134-139.

〈論以案主為本的未來〉（Remarks on the future of client-centered therapy）收錄於 D. A. Wexler & L. N. Rice 所編《以案主為本治療的創新》（*Innovations in client-centered therapy*）New York: John Wiley & Sons, 1974, pp. 7-13.

〈以案主為本治療理論的改變〉（The changing theory of client-centered therapy）J. K. Wood 共同執筆，收錄於 A. Burton 所編《人格的操作理論》（*Operational theories of personality*）New York: Brunner/Mazel, Inc., 1974, pp. 211-258.

一九七五

〈以案主為本治療〉（Client-centered psychotherapy）收錄於 A. M. Freedman, H. I. Kaplan, & B. J. Sadock 所編《精神病學綜合教科書》（*Comprehensive textbook of psychiatry, Vol. II*）Baltimore: Williams & Wilkins, 1975, pp. 1831-1843.

〈新人的出現：一場新革命〉（The emerging person: A new revolution）收錄於 R. I. Evans 所編《卡爾．羅傑斯：其人與思想》*Carl Rogers: The man and his ideas*）New York: E. R Dutton, 1975, pp. 147-176.

〈同理心：一條未受重視的存在之道〉（Empathic: An unappreciated way of being）*The Counseling Psychologist,* 1975, 5(2), 2-10.

〈前言〉，刊於 To Thi Anh 的《東方與西方文明的價值》（*Eastern and Western cultural values*）Manila, The Philippines: East Asian Pastoral Institute, 1975.

〈訪談〉，收錄於 R. I. Evans 所編《卡爾．羅傑斯：其人及其思想》（*Carl Rogers: The man and his ideas*）New York: E. R Dutton, 1975.

〈訪談卡爾．羅傑斯博士〉（An interview with Dr. Carl R. Rogers）*Practical Psychology for Physicians,* August 1975, 2(8), 16-24.

〈團體緊張的人本解決之道〉（A person-centered approach to intergroup tensions）。人本心理學協會會議論文，Cuernavaca, Mexico, December 19, 1975.（未發表）

〈一項自我決定權的實驗〉（An experiment in self-determined fees）J. K. Wood, A. Nelson, N. R. Fuchs, & B. Meador 共同執筆（未發表）

一九七六

〈教育的分水嶺之外〉（Beyond the watershed in education）*Teaching-Learning Journal,* Winter/Spring 1976, pp. 43-19.

一九七七

〈分水嶺之外：現在在何處？〉（Beyond the watershed: And where now?）*Educational Leadership,* May 1977, 34(8), 623-631.

《卡爾．羅傑斯論人的力量》（*Carl Rogers on personal power*）New York: Delacorte Press, 1977, 299 pp.

〈愛倫．韋斯特與孤獨〉（Ellen West—And loneliness）收錄於 C. R. Rogers and R. L. Rosenberg 合著的《以人為本》（*A Pessoa Como Centro*）Sao Paulo, Brazil: Editoria Pedagogica e Universitaria Ltda., 1977.（寫於 1974）

〈存在的自由：一個人本的取向〉（Freedom to be: A person-centered approach）《人的研究》（*Studies of the Person*〔日文〕），1977, 3, 5-18. Japan Women's University, Department of Education, Tokyo.

〈變老還是成長〉（Growing old—Or older and growing,）（未發表）
〈南希的悲傷〉（Nancy mourns）收在 D. Nevill 所編《人本心理治療》（*Humanistic psychology: New frontiers*）New York: Gardner Press, 1977, pp. 111-116.
〈人的力量〉（Personal power at work）*Psychology Today,* April 1977, *10(11),* 60 ff.（《卡爾・羅傑斯論人的力量》第八章簡要版）
〈教育的政治〉（The politics of education）*J . Hum. Educ.* January/February 1977, 7(1), 6-22.
《治療與案主》（*Therapeut and Klient*）Munich, West Germany: Kindler-Miinchen, 1977.（文選，德文譯本）
〈向 Haruko Tsuge 教授致敬〉（Tribute to Professor Haruko Tsuge）《人的研究》（*Studies of the Person*，日文本）1977, 3, 35-38. Japan Women's University, Department of Education, Tokyo.
〈人本人格理論〉（Person-centered personality theory）收錄於 R. Corsini 所編《當今人格理論》（*Current personality theories*）Itasca, Illinois: F. R. Peacock, 1977, pp. 125-151.
《以人為本》（*A Pessoa Como Centro*）Sao Paulo, Brazil: Editoria Pedagogica e Universitaria Ltd a., 1977, 228 pp.（導言與第二及第五由 R. L. Rosenberg 執筆，其餘為羅傑斯所撰之譯本）
（Holden, C. Carl Rogers:〈讓人做自己〉（Giving people permission to be themselves）*Science,* October 1977, 798(4312), 32-33.）

一九七八

〈卡爾・羅傑斯的作品〉（Carl R. Rogers' Papers）刊於《國會圖書館季刊》（*The Quarterly Journal of the Library of Congress*）October 1978, 35, 258-259.（本文敘述羅傑斯贈與國會圖書館之所有作品、錄音及影片等）
〈現實只有「一個」嗎？〉（Do we need "a" reality?）*Dawnpoint,* Winter 1978, 7(2), 6-9. (Written in 1974.)
〈教育：人的活動〉（Education—A personal activity）（未發表）
〈型塑傾向〉（The formative tendency）*J . Hum. Psychol.,* Winter 1978, *18,* 23-26.
〈將心比心：有效人際溝通的幾個要素〉（From heart to heart: Some elements of effective interpersonal communication）*Marriage Encounter,* February 1978, 7(2), 8-15.（加州理工學院講演，一九六四年十一月九日，改寫自《學習的自由》第十一章）
〈輔導人需要滿足的需求〉（Meeting my needs as a facilitator）（未發表）
〈我的政治立場〉（My political stance）（未發表）
〈人格改變：治療的必要與充分條件〉（The necessary and sufficient conditions of therapeutic personality change）（1957）摘要與評論。*Current Contents,* 1978, 78(27), 14.（No. 27 of〈精選文集〉）
〈層級分析法的幾個方向〉（Some directions in AHR）（未發表）

〈幾個新的方向：個人的觀點〉（Some new directions: A personal view）（未發表）

〈人本工作坊的發展方向〉（Evolving aspects of the person-centered workshop）M. V. Bowen, J. Justyn, J. Kass, M. Miller, N. Rogers, & J. K. Wood 共同執筆，*Self and Society* (England), February 1978, 6(2), 43-49.

一九七九

〈人本導向的基礎〉（Foundations of the person-centered approach）*Education,* Winter 1979, *100(2),* 98-107.

〈兩個文明中的團體〉（Groups in two cultures）*Personnel & Guidance Journal,* September 1979, 38(1), 11-15.

〈保全員：小品〉（The security guard: A vignette）（未發表）

〈幾個新的方向：個人觀點〉（Some new directions: A personal view）收錄於 T. Hanna 所編《人類的探索者》（*Explorers of humankind*）San Francisco: Harper & Row, 1979.

〈人本工作坊的發展方向〉（Evolving aspects of the person-centered workshop）M. V. Bowen, J. Justyn, J. Kass, M. Miller, N. Rogers, & J. K. Wood 共同執筆，*AHP Newsletter,* January 1979, 11-14.

〈大團體中的學習：對未來的影響〉（Learnings in large groups: The implications for the future）M. V. Bowen, M. Miller, & J. K. Wood 共同執筆，*Education,* Winter 1979, *100(2),* 108-116.（寫於 1977）

（H. Kirschenbaum：《卡爾・羅傑斯傳》（*On becoming Carl Roger*）New York: Delacorte Press, 1979, 444 pp. 這本傳記包括羅傑斯多本著作摘錄，從青少年至七十六歲）

一九八〇

〈建立人本社區：對未來的影響〉（Building person-centered communities: The implications for the future）收錄於 A. Villoldo & K. Dychtwald 所編《重估人類潛力：展望二十一世紀》（*Revisioning human potential: Glimpses into the 21st century*）（付梓中）

【附錄二】參考文獻與出處

第二章

- Buber , M. *Pointing the way*. New York: Harper & Row, 1957.
- Bynner , W. (Translator). *The way of life according to Laotzu*. New York: Capricorn Books, 1962.
- Friedman, M. *Touchstones of reality*. New York: E. P. Dutton,1972.
- Rogers , C. R . The necessary and sufficient conditions of therapeutic personality change. *Journal of Consulting Psychology*, 1957, 21, 95-103.

第三章

- Koch, S. (ED.). *Psychology: A study of a science* (6 vols.). New York: McGraw-Hill, 1959-1963.
- Richards, F, &Richards, A. C. *Homonovus: The new man*. Boulder, Colo.: Shields, 1973.
- Rockfeller, J. D., in. *The second American Revolution: Some personal observations*. New York: Harper & Row, 1973.
- Rogers , C. R . A theory of therapy, personality, and interpersonal relationships, as developed in the client-centered framework. In S. Koch (Ed.), *Psychology: A study of a science* (Vol. 3, *Formulations of the person and the social context*). New York: McGraw-HiU, 1959.
- Rogers , C. R . Freedom and commitment. *The Humanist*, 1964, 24(2), 37-40.
- Rogers , C. R. The emerging person: A new revolution. In R. I. Evans (Ed.), Carl Rogers: *The man and his ideas*. New York: E. P. Dutton, 1975.
- Shostrom , E. (ED.). *Three approaches to psychotherapy* (Film No. 1). Orange, California: Psychological Films, 1965.
- Skinner , B. F. *Beyond freedom and dignity*. New York: Knopf, 1971.
- Station WQED, Pittsburgh. *Because that's my way* (60-minute color film). Lincoln: GPI Television Library, University of Nebraska, 1971.

第四章

- Mitchell, A. Quoted in *Los Angeles Times*, February 28, 1977.
- Moody, R. A., JR. *Life after life*. New York: Bantam Books, 1975.
- Stanford Research Institute. *Changing images of man*. Pol icy Research Report No. 3.

Menlo Park, California, 1973.
- Toynbee, A. Why and how I work. *Saturday Review*, April 5,1969, p. 22.

第五章

- Castaneda, C. *The teachings of Don Juan: A Yaqui way of knowledge*. New York: Badantine Books, 1969.
- Castaneda , C. *A separate reality: Further conversations with Don Juan*. New York: Pocket Books, Division of Simon & Schuster, 1971.
- Jung, C. G. *Memories, dreams, reflections*. New York: Vintage Books, 1961.
- Lilly, J. C. *The center of the cyclone*. New York: Doubleday, 1971.
- Monroe, R. A. *Journeys out of the body*. New York: Bantam Books, 1973.
- Whyte, L. L. *The universe of experience*. New York: Harper Torchbooks, 1974.

第六章

- Adler, A. Social interest: *A challenge to mankind*. New York: Capricorn Books, 1964. (Originally published in 1933.)
- Angyal, A. *Foundations for a science of personality*. New York: Commonwealth Fund, 1941.
- Angyal, A. *Neurosis and treatment*. New York: John Wiley & Sons, 1965.
- Aspy, D. *Toward a technology for humanizing education*. Champaign, Illinois: Research Press, 1972.
- Aspy, D., & Roebuck, F. M. *A lever long enough*. Washington, D.C.: National Consortium for Humanizing Education, 1976.
- Capra, F. *The Tao of physics*. Boulder, Colorado: Shambala, 1975.
- Don, N. S. The transformation of conscious experience and its EEG correlates. *Journal of Altered States of Consciousness*, 1977-1978, p.147.
- Ferguson, M. Special issue: Prigogine's science of becoming. *Brain/Mind Bulletin*, May 21, 1979, 4(13).
- Freud, S. Instincts and their vicissitudes. *In Collected papers* (Vol. 4). London: Hogarth Press and Institute of Psycho analysis, 1953, pp. 60-83.
- Gendlin, E. T. *Focusing*. New York: Everest House, 1978. GOLDSTEIN, K. Human nature in the light of psychopathology. Cambridge: Harvard University Press, 1947.
- Grof , S., & Grof , J. H. *The human encounter with death*. New York: E. P. Dutton Co., 1977.
- Lilly, J. C. *The center of the cyclone*. New York: Bantam Books, 1973. (Originally Julian Press, 1972.)
- Maslow, A. H. *Motivation and personality*. New York: Harper and Brothers, 1954.
- Murayama, M. Heterogenetics: An epistemological restructuring of biological and social sciences. *Acta biotheretica*, 1977, 26, 120-137.
- Pentony, R Rogers' formative tendency: an epistemological perspective. Unpublished

manuscript, University of Canberra, Australia, 1978.

- Prigogine, I. *From being to becoming.* San Francisco: W. H. Freeman, 1979.
- Rogers, C. R. A theory of therapy, personality and interpersonal relationships. In S. Koch (Ed.), *Psychology: A study of a science* (Vol. 3). New York: McGraw-Hill, 1959, pp. 184-256.
- Rogers, C. R. Toward becoming a fully functioning person. In *Perceiving, behaving, becoming*, 1962 Yearbook, Associa tion for Supervision and CurriculumDevelopment. Washington, D.C.: National Education Association, 1962, pp. 21-23.
- Rogers, C. R. The actualizing tendency in relation to "motives" and to consciousness. In M. Jones (Ed.), *Nebraska Symposium on Motivation*, Lincoln: University ofNebraska Press, 1963, pp. 1-24.
- Rogers, C. R. The formative tendency. *Journal of Humanistic Psychology*, 1978, 78(1), 23-26.
- Smuts, J. C. *Holism and evolution.* New York: Viking Press,1961. (Originally published 1926.)
- Szent-Gyoergyi, A. Drive in living matter to perfect itself. *Synthesis*, Spring, 1974, pp. 12-24.
- Tausch, R. Facilitative dimensions in interpersonal relations: Verifying the theoretical assumptions of Carl Rogers. *College Student Journal*, 1978, i2(l), 2-11.
- Whytle, L. *The universe of experience.* New York: Harper & Row, 1974.

第七章

- Aspy, D. *Toward a technology for humanizing education.* Champaign, Illinois: Research Press, 1972.
- Aspy, D., & ROEBUCK, F. From humane ideas to humane technology and back again, many times. *Education*, 1974, 95(2), 163-171.
- Barrett-Lennard, G. T. Dimensions of therapist response as causal factors in therapeutic change. *Psychological Monographs*, 1962, 76(43, Whole No. 562).
- Bergin, A. E., & Jasoer, L. G. Correlates of empathy in psychotherapy: A replication. Journal of Abnormal Psychology, 1969, 74, 477-481.
- Bergin, A. E., & Solomon, s. Personality and performance correlates of empathic understanding in psychotherapy. In J. T. Hart & T. M. Tomlinson (Eds.), *New directions in client- centered therapy*. Boston: Houghton Mifflin, 1970.
- Bergin, A. E., & Strupp, H. H. Changing frontiers in the science of psychotherapy. Chicago: Aldine-Atherton, 1972.
- Blocksma, D. D. *An experiment in counselor learning.* Unpublished doctoral dissertation, University of Chicago, 1951.
- Cartwright, R. D., & Lerner, B. Empathy, need to change, and improvement in psychotherapy. In G. E. Stollak, B. G. Guerney, Jr., & M. Rothberg (Eds.), *Psychotherapy research: Selected readings*. Chicago: Rand McNally, 1966.

- Fiedler, F. E. *A comparative investigation of early therapeutic relationships created by experts and non-experts of the psychoanalytic, non-directive, and Adlerian schools*. Unpublished doctoral dissertation, University of Chicago, 1949.
- Fiedler, F. E. A comparison of therapeutic relationships in psychoanalytic, non-directive and Adlerian therapy. *Journal of Consulting Psychology*, 1950, 14, 4 3 6 - 4 4 5 . (a) Fiedler, F. E. The concept of the ideal therapeutic relationship. Journal of Consulting Psychology, 1950, 14, 2 3 9 -245. (b)
- Fiedler, F. E. Quantitative studies on the role of therapists' feelings toward their patients. In O. H. Mowrer (Ed.), *Psychotherapy theory and research*. New York: Ronald Press,1953.
- Gendlin, E. T. *Experiencing and the creation of meaning*. New York: The Free Press of Glencoe, 1962.
- Gendlin, E. T., & Hendricks, M. Rap manual, *Changes*. Chicago, Illinois, mimeographed document, undated.
- Guerney, B. G., JR., Andrpnico, M. P , & Guerney, L. F. Filial therapy. In J. T. Hart & T. M. Tomlinson (Eds.), *New directions in client-centered therapy*. Boston: Houghton Mifflin, 1970.
- Halkides, G. *An experimental study of four conditions necessary for therapeutic change*. Unpublished doctoral dissertation, University of Chicago, 1958.
- Kurtz, R. R., & Grummon, D. L. Different approaches to the measurement of therapist empathy and their relationship to therapy outcomes. *Journal of Consulting and Clinical Psychology*, 1972, 39(1), 106-115.
- Laing, R. D. *The divided self*. London: Tavistock, 1960. Pelican edition, 1965.
- Mullen, J., & Abeles, N. Relationship of liking, empathy, and therapist's experience to outcome of therapy. *In Psychotherapy*, 1971, an Aldine annual. Chicago: Aldine-Atherton, 1972.
- Quinn, R. D. Psychotherapists' expressions as an index to the quality of early therapeutic relationships established by representatives of the non-directive, Adlerian and psychoanalytic schools. In O. H. Mowrer (Ed.), *Psychotherapy theory and research*. New York: Ronald Press, 1953.
- Raskin, N. Studies on psychotherapeutic orientation: Ideology in practice. *AAP Psychotherapy Research Monographs*, Orlando, Florida: American Academy of Psychotherapists, 1974.
- Rogers, C. R. The necessary and sufficient conditions of therapeutic personality change. *Journal of Consulting Psychology*, 1957, 21, 95-103.
- Rogers, C. R. A theory of therapy, personality and interpersonal relationships as developed in the client-centered framework. In S. Koch (Ed.), *Psychology: A study of a science* (Vol. 3, Formulations of the person and the social context). New York: McGraw-Hill, 1959.
- Rogers, C. R., Gendlin, E. T., Kiesler, D. J., & Truax, C. B. (EDS.) *The therapeutic*

relationship and its impact: A study of psychotherapy with schizophrenics. Madison, Wisconsin: University of Wisconsin Press, 1967.

- Tausch, R. Personal communication, 1973.
- Tausch, R., Bastine, R., Bommert, H., Minsel, W.R., Nickel, H., &Langer, i. Weitere Untersuchung der Auswirkung und der Prozesse klientenzentrierter Gesprachpsychotherapie. *Zeitschrift fiir Klinische Psychologie*, 1972, 1(3), 232 - 250 .
- Tausch, R., Bastine, R., Frises, H., & Sander, K. Variablen und Ergebnisse bei Psychotherapie mit alternierenden Psychotherapeuten. *Verlag fur Psychologie*, 1970, *XXIII*, Gottingen.
- Truas, c. B. Effective ingredients in psychotherapy: An approach to unraveling the patient-therapist interaction. In G. E. Stollak, B. G. Guerney, Jr., & M. Rothberg(Eds.), *Psychotherapy research: Selected readings*. Chicago: Rand McNally, 1966.
- Truax, c. B. A scale for the rating of accurate empathy. In C. R. Rogers, E. T. Gendlin, D. J. Kiesler, & C. B. Truax (Eds .) , *The study of psychotherapy with schizophrenics*. Madison , Wisconsin: University of Wisconsin Press, 1967.
- Truax, c. B., & CARKHUFF, R. R. *Toward effective counseling and psychotherapy: training and practice*. Chicago: Aldine- Atherton, 1967.
- Van Der Veen, F. Client perception of therapist conditions as a factor in psychotherapy. In J. T. Hart & T. M. Tomlinson (Eds.), *New directions in client-centered therapy*. Boston: Houghton Mifflin, 1970.

第八章

- Binswanger, L. Der Fall Ellen West. *Schweizer Archiv fur Neurologie and Psychiatrie*, 1944, 53, 255-277; 54, 69 -117, 330-360; 1945, 55, 16-40 .
- Binswanger, L. The case of Ellen West. In May, R., Angel, E., & Ellenberger, H. F. (Eds.), *Existence: A new dimension in psychiatry and psychology*. New York: Basic Books, 1958.
- May, R., Angel, E., & Ellenberger, H. F. (EDS.) E*xistence: A new dimension in psychiatry and psychology*. New York: Basic Books, 1958.

第九章

- Bowen, M., Justyn, J., Kass, J., Miller, M., Rogers, C. R., Rogers, N., & Wood, J. K. Evolving aspects of person-centered workshops. *Self and Society* (London), February 1978, 6, 43-49.
- Mcgaw, W.H., Rice, C. R, & Rogers, C. R. *The Steel Shutter*. Film. Center for Studies of the Person, La Jolla, California, 1973.
- Rogers , V. R. *Carl Rogers on encounter groups*. New York:: Harper & Row, 1970.
- Rogers , C. R. *Carl Rogers on personal power*. New York: Dela- corte Press, 1977.
- Slater , P *The pursuit of loneliness*. Boston: Beacon Press, 1970.
- Whye , L . *The universe of experience*. New York: Harper & Row, 1974.

第十章

- Rogers , C. R. *Carl Rogers on encounter groups*. New York: Harper & Row, 1970.

第十一章

- Castaneda, C. *The teachings of Don Juan: A Yaqui way of knowing*. New York: Ballantine Books, 1968.
- Castaneda , C . *A separate reality: Further conversations with Don Juan*. New York: Simon & Schuster (A Touchstone Book), 1971.
- Coulson, W.R., &Rogers, C. R. (EDS.) *Man and the science of man*. Columbus, Ohio: Charles E. Merrill, 1968.
- Dagenais, J. J. *Models of man*. The Hague, Netherlands: Martinus Nimhoff, 1972.
- Hanna, T. *Bodies in revolt: A primer in somatic thinking*. New York: Holt, Rinehart, & Winston, 1970.
- Hanna , T. The project of somatology. Paper presented at the annual meeting of the Association for Humanistic Psychology, Washington, D.C., September 1971.
- James . W , *The varieties of religious experience*. London: Longmans, Green, 1928.
- Koch, s. Epilogue. In S. Koch (Ed.), *Psychology: A study of a science* (Vol. 3). New York: McGraw-Hill, 1959.
- Leshan, L. *Toward a general theory of the paranormal*. New York: Parapsychology Foundation, 29 W. 57th Street, New York, 1969.
- Oppenheimer, R. *Analogy in science. American Psychologist*, 1956, 11, 127-135.
- Ostrander, s., & Schroeder, L. *Psychic discoveries behind the Iron Curtain*. New York: Bantam Books, 1971.
- Polanyi, M. *Personal knowledge*. Chicago: University of Chi cago Press, 1958.
- Rogers, C . R . Persons or science? A philosophical question. *American Psychologist*, 1955, 10, 2 6 7 - 2 7 8 .
- Rogers, c. R. Toward a science of the person. In T. W. Wann (Ed.), *Behaviorism and phenomenology: Contrasting bases for modern psychology*. Chicago: University of Chicago Press, 1964.
- Schilpp, R A. (ED.) *Albert Einstein: Philosopher-scientist*. New York: Harper Torchbooks, 1959.
- Schulttz , D. R (ED.) *The science of psychology: Critical reflections*. New York: Appleton-Century-Crofts, 1970.
- Skinner, B. F. A case history in scientific method. In S. Koch (Ed.), *Psychology: A study of a science* (Vol. 2). New York: McGraw-Hill, 1959.

第十二章

- Aspy, D. N. A study of three facilitative conditions and their relationship to the achievement of third grade students. Unpublished doctoral dissertation, University of Kentucky, 1965.

- Aspy, D. N. Counseling and education. In R. R. Carkhuff (Ed.), *The counselor's contribution to facilitative processes*. Urbana, Illinois: Parkinson, 1967.
- Aspy, D. N. The effect of teacher-offered conditions of empathy, positive regard, and congruence upon student achievement. *Florida Journal of Educational Research*, 1969, 11(1), 39-48.
- Aspy, D. N. Supervisors, your levels of humanness may make a difference. Unpublished.
- Aspy, D. N. *Toward a technology of humanizing education*. Champaign, Illinois: Research Press, 1972.
- Aspy, D. N., & Hadlack, W. The effect of empathy, warmth, and genuineness on elementary students' reading achievement. Reviewed in Truax, C. B., and Carkhuff, R. R. *Toward effective counseling and psychotherapy*. Chicago: Aldine, 1967.
- Aspy, D. N., & Roebuck, F. N. An investigation of the relationship between student levels of cognitive functioning and the teacher's classroom behavior. Unpublished manuscript, University of Florida, Gainesville, 1970.
- Aspy, D. N., & Roebuck, F. N. The necessity for facilitative inter personal conditions in teaching. Unpublished manuscript, University of Florida, Gainsville.
- Barrett-Lennard, G. T. Dimensions of therapist response as causal factors in therapeutic change. *Psychological Monographs*, 1962, 76(Whole No. 562).
- Brownfield, C. A. *Humanizing college learning: A taste of hemlock*. New York: Exposition Press, 1973.
- Carr, J. B. Project freedom. *The English Journal*, March 1964, pp. 202-204.
- Department of Research and Evaluation, Louisville Independent School District, 1972-73 Final Evaluation Report, Louisville, Kentucky, 1973 (mimeographed).
- Dickenson, W. A., et al. A humanistic program for change in a large inner-city school system. *Journal of Humanistic Psychology*, Autumn 1970, 10(2), 111-120.
- Foster, c, & Back, J. A neighborhood school board: Its infancy, its crises, its growth. *Education*, Winter 1974, 95(2), 145-162.
- Hudiburg, R. Some frank comments on openness. *ES/ESTPP Newsletter* No. 3. Burbank Junior High School, Boulder, Colorado.
- Lieberman, M., YALOM, I., & MILES, M. *Encounter groups: First facts*. New York: Basic Books, 1973.
- Lyon, H. C., J R . *Learning to feel—feeling to learn*. Columbus, Ohio: Charles E. Merrill, 1971.
- Moon, S . F . Teaching the self. *Improving College and University Teaching*. Autumn 1966, 14, 213-229.
- Pierce , R . An investigation of grade-point average and therapeutic process variables. Unpublished dissertation, University of Massachusetts, Amherst, 1966. Reviewed in Carkhuff, R. R., & Berenson, B. G., *Beyond counseling and therapy*. New York: Holt, Rinehart & Winston, 1967.
- Reston, J. *The New York Times*, November 29, 1970.

- Rogers, C . R . The necessary and sufficient conditions of therapeutic personality change. *Journal of Consulting Psychology*, 1957, 21, 95-103.
- Rogers, C . R. *Freedom to learn*. Columbus, Ohio: Charles E. Merrill, 1969.
- Rogers, C. R. *Carl Rogers on encounter groups*. New York : Harper & Row, 1970.
- Schmuck, R. Some aspects of classroom social climate. *Psychology in the Schools*, 1966, 3, 59-65.
- Swenson, G. Grammar and growth: A "French connection. "*Education*, Winter 1974, 95(2), 115-127.
- Tausch, R. Facilitative dimensions in interpersonal relations : Verifying the theoretical assumptions of Carl Rogers in school, family education, client-centered therapy, and encounter groups. *College Student Journal*, Spring 1978, 72(1), 2-11.
- White, A. M. Humanistic mathematics. *Education*, Winter 1974, 95(2), 128-133.

第十三章

- Aspy, D. N„ & Roebuck, F. N. From humane ideas to humane technology and back again many times. *Education*, Winter 1974a, 95(2), 163-171.
- Aspy, D. N., Roebuck, F. N., ET AL. *Interim reports* 1, 2, 3, 4. Monroe, Louisiana: National Consortium for Humanizing Education, 1974b.
- Clark, F. V. Exploring intuition: Prospects and possibilities. *Journal of Transpersonal Psychology*, 1973, 5(2), 156-170.
- Grof, S. *Realms of the human unconscious: Observations from LSD research*. New York: Viking Press, 1975.
- Waters, F. *The man who killed the deer*. Chicago: Sage Books, The Swallow Press, 1942.

第十四章

- Harman, w. w. The coming transfiguration. *The Futurist*, February 1977, 11(1), 4-12; and April 1977, 11(2), 106+.
- Stavrianos, L. S. *The promise of the coming Dark Age*. San Francisco: W. H. Freeman, 1976.
- Thompson, w. i. Auguries of planetization. *Quest*, July/August 1977, 1 (3), p. 55-60, 94-95.

第十五章

- Brown, B. Supermind: *The ultimate energy*. New York: Harper & Row, 1980.
- Cornish, E. An agenda for the 1980s. *The Futurist*, February 1980, 14, 5-13.
- Ferguson, M. *The Aquarian conspiracy: Person and social transformation in the 1980s*. Los Angeles: J. P Tarcher, 1980.
- Prigogine, I. Einstein: Triumphs and conflicts. *Newsletter*, February 1980, p. 5.
- Scheer, R. *Los Angeles Times*, January 24, 1980.

各章原始出處

Chapter 1, "Experiences in Communication," copyright 1969 by Charles E. Merrill Publishing Co. Published in Carl Rogers, *Freedom to Learn: A View of What Education Might Become*, Columbus, Ohio: Charles E. Merrill Publishing Co., 1969; and in *Marriage Encounter*, February 1978, Vol. 7, No. 2, pp. 8–15, under the title "From Heart to Heart: Some Elements of Effective Communication."

Chapter 2, "My Philosophy of Interpersonal Relationships and How It Grew," copyright 1973 by Association for Humanistic Psychology. Published in *Journal of Humanistic Psychology*, Spring 1973, Vol. 28, No. 5, pp. 3–15.

Chapter 3, "In Retrospect: Forty-Six Years," copyright 1974 by the American Psychological Association. Reprinted by permission. Published in *American Psychologist*, February 1974, Vol. 29, No. 2, pp. 115–123.

Chapter 5, "Do We Need "A" Reality?" copyright 1978 by Association for Humanistic Psychology. Published in *Dawnpoint*, Winter 1978, Vol. 1, No. 2, pp. 6–9.

Chapter 6, "The Foundations of a Person-Centered Approach," copyright 1979 by Project Innovation. Published in *Education*, Winter 1979, Vol. 100, No. 2, pp. 98–107. Pages 124–126, under the heading "A Broader View: The Formative Tendency," copyright 1978 by Association for Humanistic Psychology; from Carl Rogers, "The Formative Tendency," *Journal of Humanistic Psychology*, Winter 1978, Vol. 18, pp. 23–26.

Chapter 7, "Empathic: An Unappreciated Way of Being," copyright 1975 by The Counseling Psychologist. Published in *The Counseling Psychologist*, 1975, Vol. 5, No. 2, pp. 2–10.

Chapter 8, "Ellen West—And Loneliness," copyright 1961 by Association of Existential Psychology and Psychiatry. Published under the title "The Loneliness of Contemporary Man as Seen in the Case of Ellen West," in *Review of Existential Psychology & Psychiatry*, May 1961, Vol. 1, No. 2, pp. 94–101. In its present expanded form, it has been published in C. R. Rogers and R. L. Rosenberg, *A Pessoa Como Centro*, São Paulo, Brazil: Editoria Pedagógica e Universitária Ltda., 1977.

Chapter 9, "Building Person-Centered Communities: The Implications for the Future," will also be published in A. Villoldo & K.

Dychtwald (Eds.), *Millenium: Glimpses into the 21st Century,* March 1981, J. P. Tarcher, Los Angeles.

Chapter 10, "Six Vignettes": 'I Began to Lose Me,' copyright 1975 by Williams and Wilkins; published as part of a chapter entitled "Client-Centered Psychotherapy," in A. M. Freedman, H. I. Kaplan, & B. J. Sadock (Eds.), *Comprehensive Textbook of Psychiatry,* Second Ed., pp. 1839–1843 reproduced by permission; further reproduction prohibited. 'Nancy Mourns,' copyright 1977 by Gardner Press, New York; published in D. Nevill (Ed.), *Humanistic Psychology: New Frontiers,* pp. 111–116. Pp. 226–228, "What I Really Am Is Unlovable," from *Carl Rogers on Encounter Groups* (pp. 111–113), by Carl R. Rogers, Ph.D., copyright 1970 by Carl R. Rogers. Reprinted by permission of Harper & Row Publishers, Inc. Barbara Williams, the author of the letter describing 'A Kids' Workshop,' is currently a therapist at the Centennial Center for Psychological Services, 1501 Lemay #3, Ft. Collins, Colorado, 80512.

Chapter 11, "Some New Challenges to the Helping Professions," copyright 1973 by the American Psychological Association. Reprinted by permission. Published under the title "Some New Challenges," in *American Psychologist,* May 1973, Vol. 28, No. 5, pp. 379–387.

Chapter 12, "Can Learning Encompass both Ideas and Feelings?" copyright 1974 by Project Innovation. Published, in slightly different form, in *Education,* Winter 1974, Vol. 95, No. 2, pp. 103–114.

Chapter 13, "Beyond the Watershed: And Where Now?" copyright © 1977 by the Association for Supervision and Curriculum Development. Reprinted with permission of the Association for Supervision and Curriculum Development and Carl R. Rogers. All rights reserved. Published, in abbreviated form, in *Educational Leadership,* May 1977, Vol. 34, No. 8, pp. 623-631.

Chapter 14, "Learnings in Large Groups: Their Implications for the Future," copyright 1979 by Project Innovation. Published in *Education,* Winter 1979, Vol. 100, No. 2, pp. 108–116.

Chapter 15, "The World of Tomorrow, and the Person of Tomorrow": Quotation by Edward Cornish from "An Agenda for the 1980s," *The Futurist,* February 1980, Vol. 14, p. 7. *The Futurist* is published by the World Future Society, 4916 St. Elmo Avenue, Washington, D.C. 20014.

【附錄三】

延伸閱讀

- 《成為一個人：一個治療者對心理治療的觀點》（2014），卡爾・羅哲斯（Carl Rogers），左岸文化。
- 《動機與人格：馬斯洛的心理學講堂》（2020），亞伯拉罕・馬斯洛（Abraham Maslow），商周。
- 《自卑與超越：生命對你意味著什麼》（2020），阿爾弗雷德・阿德勒（Alfred Adler），好人。
- 《我們時代的病態人格》（2019），卡倫・荷妮（Karen Horney），小樹文化。
- 《榮格的最後歲月：心靈煉金之旅》（2020），安妮拉・亞菲（Aniela Jaffé），心靈工坊。
- 《當我遇見一個人：薩提爾精選集1963-1983》（2019），薩提爾（Virginia Satir）、約翰・貝曼（John Banmen），心靈工坊。
- 《意義的呼喚：意義治療大師法蘭可自傳》（2017），維克多・法蘭可（Viktor E. Frankl），心靈工坊。
- 《生命的禮物：給心理治療師的85則備忘錄》（2021），歐文・亞隆（Irvin D. Yalom），心靈工坊。
- 《短期團體心理治療：此時此地與人際互動的應用》（2018），歐文・亞隆（Irvin D.

Yalom），心靈工坊。

- 《成為我自己：歐文・亞隆回憶錄》（2018），歐文・亞隆（Irvin D. Yalom），心靈工坊。
- 《一日浮生：十個探問生命意義的故事》（2015），歐文・亞隆（Irvin D. Yalom），心靈工坊。
- 《日漸親近：心理治療師與作家的交換筆記》（2004），歐文・亞隆（Irvin D. Yalom）、金妮・艾肯（Ginny Elkin），心靈工坊。
- 《我們為何彼此撕裂？：從大團體心理學踏出和解的第一步》（2021），沃米克・沃爾肯（Vamık D. Volkan），心靈工坊。
- 《談病說痛：在受苦經驗中看見療癒》（2020），凱博文（Arthur Kleinman），心靈工坊。
- 《聆聽的力量：臨床哲學試論》（2022），鷲田清一，心靈工坊。
- 《懂得的陪伴：一個資深心理師的心法傳承》（2022），曹中瑋，心靈工坊。
- 《遇見完形的我：用覺察、選擇、責任與自己和好，解鎖人生難題》（2020），曹中瑋，究竟。
- 《敘事治療私塾學堂》（2022），黃素菲，心靈工坊。
- 《存在催眠治療》（2022），李維倫，心靈工坊。
- 《人本主義與人文學科（二版）》（2021），洪鎌德，五南。
- 《文化心理學的尋語路：邁向心理學的下一頁》（2020），宋文里，心靈工坊。
- 《心理學與理心術：心靈的社會建構八講》（2018），宋文里，心靈工坊。
- 《靈性的呼喚：十位心理治療師的追尋之路》（2017），呂旭亞、曹中瑋等，心靈工坊。
- 《瘋狂與存在：反精神醫學的傳奇名醫 R. D. Laing》（2012），安德烈・連恩（Adrian Laing），心靈工坊。

心靈工坊 PsyGarden
Master 087

存在之道：人本心理學家卡爾・羅傑斯談關係、心靈與明日的世界

A Way of Being: The Founder of the Human Potential Movement Looks Back on a Distinguished Career

卡爾・羅傑斯（Carl R. Rogers）—著　　鄧伯宸—譯

出版者—心靈工坊文化事業股份有限公司
發行人—王浩威　總編輯—徐嘉俊
執行編輯—趙士尊　特約編輯—陳斐翡　封面設計—黃怡婷
內頁排版—龍虎電腦排版股份有限公司
通訊地址—10684 台北市大安區信義路四段 53 巷 8 號 2 樓
郵政劃撥—19546215　戶名—心靈工坊文化事業股份有限公司
電話—02）2702-9186　傳真—02）2702-9286
Email—service@psygarden.com.tw　網址—www.psygarden.com.tw

製版・印刷—彩峰造藝股份有限公司
總經銷—大和書報圖書股份有限公司
電話—02）8990-2588　傳真—02）2990-1658
通訊地址—248 新北市新莊區五工五路二號
初版一刷—2023 年 2 月　ISBN—978-986-357-277-0　定價—650 元

國家圖書館出版品預行編目 (CIP) 資料

存在之道 : 人本主義心理學家卡爾・羅傑斯談關係、心靈與明日的世界 /
卡爾・羅傑斯 (Carl Rogers) 著 ; 鄧伯宸譯 . -- 初版 . -- 臺北市 : 心靈工坊文化事業股份有限公司 , 2023.02
面 ;　公分 . -- (Master ; 87)
譯自 : A Way of Being
ISBN 978-986-357-277-0（平裝）

1.CST: 人本主義　2.CST: 人本心理學

143.47　　111022255